MINDFUL PARENTING

正念教养：如何不焦虑、不内耗地与孩子相处

徐莉 明淙 ———— 著

ZHEJIANG UNIVERSITY PRESS
浙江大学出版社

图书在版编目（CIP）数据

正念教养：如何不焦虑、不内耗地与孩子相处/徐莉,明淙
著.--杭州：浙江大学出版社，2022.7（2024.11重印）
ISBN 978-7-308-22627-1

Ⅰ.①正… Ⅱ.①徐… ②明… Ⅲ.①家庭教育
Ⅳ.①G78

中国版本图书馆CIP数据核字(2022)第083231号

正念教养：如何不焦虑、不内耗地与孩子相处

徐 莉 明 淙 著

策　　划	杭州蓝狮子文化创意股份有限公司
责任编辑	张　婷
责任校对	顾　翔
封面设计	JAJA Design
出版发行	浙江大学出版社
	（杭州市天目山路148号　　邮政编码　310007）
	（网址：http://www.zjupress.com）
排　　版	杭州林智广告有限公司
印　　刷	杭州钱江彩色印务有限公司
开　　本	880mm×1230mm 1/32
印　　张	11.5
插　　页	2
字　　数	295千
版 印 次	2022年7月第1版 2024年11月第9次印刷
书　　号	ISBN 978-7-308-22627-1
定　　价	62.00元

父母和孩子从来都不该处于对立的局面，他们最好的关系是彼此陪伴支持，互相成就。这本书的故事和观点都非常精彩，两位作者所谈论的正念思维，能帮助父母们从矛盾、争吵、焦虑中找回平静，顺畅、轻松地与孩子沟通。希望每位父母都能体会到这种平静与轻松，毕竟，成为父母，是我们人生中最珍贵的经历。

——崔璀 / 个人管理实战专家、Momself 创始人、优势星球发起人

内卷时代，父母都不可避免地陷入不同程度的焦虑中，而《正念教养》这本书就像是一剂良药，让家长们看到，科学的养育方式、顺畅的亲子沟通或许没有那么难。书里的 5 个故事脱胎于两位咨询师亲身经历的咨询个案，在娓娓道来的讲述中，读者们可以看到咨询师是如何工作的，5 段家庭关系又如何从冲突、逼仄的状态最终变得积极而温暖。相信书中传递的 5 种正念思维可以给家长们带去些许启发。

——青音 / 作家、家庭治疗学派心理专家

这是一本对父母来说很有启发的书，"正念"意味着带着觉知，关注当下的感受和体验，"正念养育"给父母带来的就是带着觉知的，不念过往、不畏将来、关注当下的养育方法，让父母们不焦虑、不恐慌，从而更稳定的支持孩子。

——闫珺 / 国家二级心理咨询师、
P.E.T. 父母效能训练资深讲师、父母游戏力®认证讲师

推荐序：亲子沟通的优质范本

当今社会多元发展，作为社会基础单元的家庭，我们正承受着日新月异的自然环境和社会环境变化带来的压力。很多家庭，尤其是城市里的新移民，对孩子的教养方式可谓千差万别。不同的父母教养方式，孩子们的认知、情绪和人格都受到较大的影响。父母是孩子的第一任老师，家庭是孩子心灵的港湾。民主平等的教养方式能够培养一个阳光、积极、乐观、自信的孩子，控制拒绝的教导方式可能将一个孩子推向阴郁、消极、悲观和自卑的状态中，有些孩子甚至出现人格障碍或焦虑抑郁障碍等心理问题。

在长期的心理学临床实践中，特别是在青少年心理健康优化方面，我深深地感受到，许多青少年的心理行为问题多与父母亲的教养方式有关。我们不禁要问："作为家长，我们应该怎样帮助孩子获得身心健康成长？"

本书作者徐莉和明淙长期致力于心理咨询工作，具有丰富的实战经验。他们根据大脑的本能大脑、情感大脑与理性大脑三个维度，提出采用"平等思维"和"爱"化解亲子之间的权力之争，主张元认知思维养育法中长大的孩子，更有能力在平凡的生活中不断积累宝贵的成功经验，以更大的勇气去面对和处理自己所遇到的问题。

本书的书体是五个丰富有趣的故事。作者将理论与现实故事极富逻辑地结合一起，在展开每一个家庭画卷的同时，也将"自我内核思维""流动思维""软性外沿思维""心域思维"和"平等思维"这五大思维方式展现给读者。

在该书中，家长能够找到教养孩子的正确方法，能够与孩子进行有效的沟通，实现培养孩子德智体美劳心健康发展的目标。

正如作者所言："真相是最有力量的。"这部著作是彷徨家长的养育锦囊，是亲子沟通的优质范本。

中国心理学会医学心理专业委员会 主任委员　杨艳杰

2022 年 3 月 26 日

自　序

如果您已经读过很多育儿方面的书籍，再读这本书，可能还会看到一些令人觉得眼前一亮的崭新内容。因为这本书所阐释的元认知思维养育法，一方面承自东方先贤和西方心理学先驱令人为之心折的遗泽，另一方面也在其基础上建立了原创的思维体系，用科学严谨的态度探索适合中国人思维方式、行为习惯和家庭关系的育儿理念，用轻松愉悦的故事形式讲出来给大家听，让焦虑、迷茫的父母感受到正念教养的力量，学会不焦虑、不内耗地与孩子相处。

01 元认知思维养育法来自哪里

对健康育儿理念的探索贯穿了母亲养育我的整个过程。感谢我的母亲，这使我的成长充满了愉悦的瞬间，而其给我最珍贵的馈赠莫过于使我不断地生发出内在的力量，让我在每个人生阶段都不惧艰难，专注地追寻自己想做的事。无论是在求学的过程中还是在工作后，在无数个五点半的清晨，我常常独自起床开始读书和工作，不觉得苦，反而充满价值感并且乐在其中。这样的内生力量就来自于自身的元认知能力在成长过程中的不断稳固，也来自父母养育方式中不断使用的元认知思维。

从源头说来，母亲对于元认知思维养育法的探索过程始于 30 年前，是年幼的我学习钢琴的事件引发了她最初的思考。

　　当时我很喜欢音乐，于是父母为我请了一位音乐系的老教授教我弹钢琴，那是一位烫着时髦卷发的优雅老奶奶。学会五线谱的第一周，我在小纸片上写下一段旋律拿给她，老教授惊喜地说："这孩子对音乐的感觉很好，你好好学，以后奶奶教你作曲。"听到这句鼓励后，母亲心里自然是喜滋滋的，她开始把我的钢琴练习当作头等要事来抓，去上课时她听得非常认真，下课后督促我练琴，随时指出我指法和节奏的错误。大家可以猜到后来发生了什么吗？我对音乐的喜爱渐渐被练琴的痛苦替代，每天的练琴成了我们母女最敌对的时间，我感觉自己就像在被监视着劳作。在我眼里，卷头发的老奶奶不再有光芒般的吸引力，去上课的脚步也越来越沉重。

　　显然，"练琴"这件事让我们一家人都承受着不同的痛苦并且对其疏于感知。父母很快意识到：如果一件事无法让其中的任何一个人感到有价值、快乐和满足，那么这件事一定是哪里出了问题。

　　母亲从钢琴作业和指法指导当中抽离出来，开始审视整件事。她让我学琴的初衷，是希望我能获得用艺术愉悦自己的心理状态，但"学琴"这个具体的事件一旦开始，它的走向就不再跟随人的意志，从每首曲子的练习过程、和同学之间的比较，到参加比赛的名次，等等，一个个事件将母亲带离了对真实状态的感知，在冲突和痛苦中偏离了初衷，并越跑越远。觉察到这些，母亲果断停止了我已经不再喜欢的学琴，并且从中总结出对我人生至关重要的一个道理：

　　在任何时候，都不要让注意力完全卷入到事件当中，而应该聚焦在真实的内心状态上。

　　来自外部的压力消失以后，我对音乐的爱好沉寂了很多年，直到2008年，我去美国读书。在一个偶然的机会下，我开始了解肖邦、舒伯特和一众交响乐大师，在纯净的旋律中静静地体味缠绵、悲伤与波澜壮阔。为了随心所欲地创造音符，我重新开始练习演奏。音乐对于成年以后的我，不再代表着无穷无尽的作业和技巧，而是与作曲家跨越时空的情感交流。虽然学钢琴这件事没有按照当初母亲计划的路径实现，但"希望音乐给我带来愉悦"的目标却以当年想象不到的方式达成了。一次旅行中，我去明尼阿波利斯探访一位中学同学，她也是从小学琴，并通过了钢琴十级的考试，这在 2000 年是非常值得称道的一件事。我很期待与她讨论音乐，但当我兴致勃勃地开始这个话题时，她却淡淡地说："钢琴，我从考过十级之后就没再碰过了。"这令我内心一阵唏嘘。

就像牛顿的苹果一样，练琴事件只是探索过程的开始，真的很感恩我的父母，他们通过不断地向内思考和修炼，从一次次事件扰乱的迷雾中脱离出来，启动元认知的能力和思维方式回归当下的真实，不偏不倚地在最有意义的方向发挥他们的力量。

02 元认知思维养育法的理论基础

20 世纪 70 年代，美国认知心理学家弗拉维尔（John Hurley Flavell）首次提出了"元认知"（metacognition）的概念，对其进行了高度凝练的概括："元认知即对认知本身的认知与调节。"以科学为基础的现代正念减压方法是同时期由乔·卡巴金（Jon Kabat-Zinn）创立的，他采用正念冥想的方式不加评判地觉察自身的感受和思维，并从科学角度进行阐释和传播，指出这种觉察对减轻压力有很好的效果。半个世纪来，心理学家在这两方面的探索共同构成了元认知思维养育法的坚实基础。在实践中，我们将"元认知"的概念与"正念"进行了结合，并上升至思维方式的层面，形成了一套理论体系用以指导具体行为。

同时，元认知思维运用在亲子关系中的实践，在很大程度上也是基于心理学家对个体心理特征的研究。20 世纪初期，儿童精神分析先驱温尼科特（Donald W.Winnicott）对客体心理学在母婴关系中的使用作了详细分析，并且提出"抱持性环境"是母亲适应孩子的需求，发挥母性本能，给予孩子完全照料和成长自由的温暖环境，是最利于孩子真实心理自体成长的外部环境。关于真实自体和假性自体的区分，对我们建立元认知思维养育法中构建自我内核的方法提供了启示。同时期，个体心理学创始人阿德勒（Alfred Adler）提出"课题分离"理论，有力地帮助我们拨开了人际关系中情感纠缠的迷雾，清晰地看到每个个体在当下所感受到的真实状态。此外，人本主义心理学和儿童发展心理学的研究成果，焦点解决技术与非暴力沟通的实践指导，也对元认知思维养育法起了重要作用。

母亲和我在此衷心感谢所有给予我们启迪与指导的导师、研究者和践行者们，使我们得以一窥心理学殿堂的瑰丽，并且贡献自己微薄的力量为其添砖加瓦。

03 这本书中您将看到什么

这本书诞生于深圳漫卷心理中心的沙发上。多年来，无数家庭在这里向我们讲述了他们的烦恼，也在我们的陪伴中渐渐打开心扉，从沉郁、封闭的内心世界走出来，将家庭关系从冲突、逼仄的状态转向积极和温暖。感谢每一位曾对我们投以信任的来访者，共同见证了元认知思维养育法的诞生，是大家的故事共同描绘出书中一张张可爱面孔（书中来访者的名字均为化名）。

为了在有限的篇幅中更清晰地向大家传递元认知思维养育法的理念和使用，本书所描述的场景在心理咨询的基础上做了一些加工。我们发起了一项"思维挑战"，并且向大家详细讲述了 5 个家庭每次在咨询室发生的故事和对话，共同走过一段意义非凡的成长之路。

每个家庭都在某一个维度上有所侧重，元认知思维养育法也在故事当中从自我内核思维、流动思维、软性外沿思维、心域思维和平等思维5 个层面展开，帮助家庭成员摘掉对真实状态的种种扭曲和偏离，回归到自然健康的心理状态。

在本书中，咨询师在言语的使用上与真实的心理咨询场景有一些差异，在倾听与疏导的同时，更多地承担了讲述和引导的责任，提出观点并给予建议。甚至有时，我们会向参与思维挑战的家庭成员抛出新的问题来引发思考。真诚地希望这种形式的分享会对您有所启发和帮助。

04 致谢与祝福

在此，母亲与我满怀感恩之情，感恩我们的来访者；感恩大家与我们一起践行元认知思维养育法，并验证了这套思维方式的可行性和有效性；感恩大力支持本书出版的咪咕数字传媒有限公司、杭州蓝狮子文化创意股份有限公司和浙江大学出版社，尤其是为本书的出版在各环节竭尽心力的何瑶琴、宣佳丽、傅雅昕和其他工作人员，是大家的努力才有这本书的面世；感恩给予我们爱和关怀的同事和朋友；感恩一直支持我们的家庭成员，他们给了我们最适宜的工作环境和最温暖的港湾。向所有曾经为了本书辛勤付出的人致敬！

放眼全球，我们生活的时代并不安宁。一方面，灾害级的海啸、地震、台风频频出现，新冠病毒横行全球，很多人的生命受到威胁，生活节奏被打乱，社会扰动不安。另一方面，都市生活的心理压力越来越大，焦虑和烦躁广泛地埋藏在现代人的内心，随时准备伺机而动。借由这本书发行的契机，献上我们衷心的祝福，诚挚祝愿各位家庭和睦，祝愿我们共同的家园无灾无难，人皆平安。

明淙
2022 年于深圳

contents
目　录

思维挑战邀请信

亲爱的朋友：

很高兴您能看到这封信。

在这里，我们想向您发出一个有趣的"思维挑战"。如果您正受到子女养育问题的困扰，这次思维挑战可能为您的问题提出根源层面的解答。

多年以来，徐莉和明淙共同致力于帮助改善家庭关系。我们见过形形色色的家庭，其中有的亲子矛盾严重，甚至到了无法共处的地步；有的父母为教育用尽了力气却收效甚微，还有的家庭成员承受着失眠、焦虑或网瘾等问题带来的痛苦。经过大家的共同印证，我们发现解决每个家庭问题的答案并不在别处，就隐藏在每个家庭成员此时此刻的真实状态当中。开启答案的钥匙，就是元认知。

本书中，元认知的含义是指我们对自己和他人当下心理状态的觉察能力。在研究和实践中我们发现，亲子之间的关系，归根结底是心理状态之间的关系。无论是一个人自身的内耗，还是家庭成员之间的对抗，都来自我们对当下真实的心理状态缺乏完整的认知，不能清晰准确地了解自己和对方正在需求什么和感受什么。在多数情况下，我们戴着厚厚的"滤镜"与世界互动，以至于常常生活在幻想中，任凭大脑本能地驱使我们离真相越来越远。解决这些问题最简单的方法，就是用元认知思维回到问题的源头去观察和分析。

我们从中总结出了最有效、最清晰的逻辑链条，将这套方法命名为"元认知思维养育法"。并且从自我内核思维、流动思维、软性外沿思维、心域思维和平等思维，5个维度来展开。

这套方法并不复杂，相反，它是简单而深入的。很多家庭尝试使用后，父母和孩子都从内心深处放松下来，消融了家庭矛盾，拥有了内在的活力。曾有一位母亲这样描述："我就像是一个在沙漠旅行的人，水粮已经断绝了几天，内心充满了绝望。这个时候终于找到了绿洲，生机盎然。这样的喜悦该怎样形容呢？实在难以想象会有人体验过这样的生活后还要退回到沙漠中去。我会一直对未来充满希望。"

在思维挑战的过程中，徐莉和明淙会与家庭成员保持每周至少一次会面，有针对性地帮助家庭成员摘掉正在困扰他们内心的种种幻觉，如其所是地感知和理解真相。真相本身是最有力量的，当我们不再主动扭曲和偏离，心理状态就能自然地回归健康顺畅。我们之间的关系与心理咨询师和普通来访者的关系稍有不同，挑战本身会给您已有的思维方式带来一些冲击。

这不是单纯的心理咨询，而将是一段神奇和震撼的心灵旅程。相信大多数家庭在完整地经历这个过程以后，会感受到前所未有的畅快、放松和愉悦。只要我们将内心打开，所看到的一切就会豁然开朗，不再有任何阻滞。

如果您和您的家人都愿意参加这项挑战，请赶快致信我们。

第一章

CHAPTER 1

自我内核思维：找到真正属于孩子的内驱力

徐莉和明凉老师：

　　你们好！

　　感谢你们发起了这项挑战。

　　不瞒您说，我对儿子鸿宜一直有很高的期待。我自己创立了一家企业，这些年发展得不错。虽然事业很忙，但我对鸿宜的成长非常上心，从小就悉心管控他生活中的方方面面，不只是学习而已。

　　鸿宜是我最大的孩子，也是唯一的男孩，我希望他能读一所好学校的管理专业，未来将我们的家族企业发扬光大。鸿宜也一直非常听话。在我的细心培养下，他4岁的时候就能在社交场合像个"小大人"一样，一板一眼地应对自如，未来在商界一定大有可为。他说话做事常常被亲戚朋友交口称赞，大家都说我教子有方。

　　现在，鸿宜初二了，已经长成个大小伙子。问题发生在两个月前。从那时开始，鸿宜就像是换了一个人一样，白天昏昏沉沉地只想睡觉。一开始我以为他只是作息时间问题，坚持把他白天的任务排得满满当当，又带他去运动，以为累了自然就会睡。但是他到了夜晚，又清醒得不得了。后来我意识到这是病，开始领他看医生，吃各种药物，所有方法都用遍了，就是没办法让他在前半夜入睡。睡眠障碍发展到现在，鸿宜已经没法去上学了，每天在家里闭门不出，功课落下了很多，也越来越沉默寡言。我这个做父亲的，真像在火上烤着一样，不知道还能怎么办。

　　我很希望通过参与这次挑战，把鸿宜从睡眠障碍中解救出来，恢复正常的作息，并且重返学校。我与儿子都很爱对方，非常期待这段经历带给我们的改变。

挑战参与者

父亲：乔阜

儿子：乔鸿宜

第一节　少年的睡眠障碍

　　这是一个南国的夏天，落地窗外，太阳显得格外炎热。天上没有一丝云彩，向上一瞥，目光就会落入湛蓝悠远的虚空。办公室的中央空调温度宜人，我起身将香槟玫瑰插入小花瓶中，倒了两杯新鲜的苹果汁，安静地等待年轻客人的到来。

　　时钟刚过约定好的下午 3 点，门铃就响了。鸿宜对我笑笑，走了进来。他是个很清瘦的男孩子，穿着干净的 Polo 衫和运动裤，虽然天气炎热，但他领口的扣子都工整地系住，与他这个年龄的惯常风格不太相同。他的眉毛很粗，挺直的鼻子上有一大颗红红的青春痘。

　　"鸿宜，你好呀！来喝点苹果汁，好吗？"我引他坐到沙发上。

　　"好的，谢谢。"鸿宜温和地回答，端起苹果汁喝了一大口，显然是路上有些渴了。

　　我看着他的脸："看起来，今天的精神状态还不错。"

　　"嗯，我刚起床不久。"

　　我看了一眼时钟，笑问："你是为了来这里才特意起床的吗？"

　　鸿宜不好意思地笑笑："老师，我晚上睡不着，所以每天都起得很晚，基本上要到下午 3 点多才起床，今天确实算早的了。"

　　"哦，原来是这样。那你每天几点睡觉呢？"

　　"早上四五点吧。"

　　"这么说，睡眠的时长也是足够的，应该不会对健康有什么大的影响。"我说。

鸿宜闪烁着眼睛看着我，"要是我爸也这么想就好了！"

"爸爸对你现在的状态不太满意，对吗？"

"当然啊！我爸很生气。"他边说，边把一只手搭在另一只胳膊上轻轻揉搓着，"我爸说非要给我扳过来才行。但是不管他怎么扳，我晚上就是睡不着，那也没有办法。"

我默默点了点头。

鸿宜又喝了一口果汁，问道："老师，你好像一直都没喝苹果汁，是不爱喝吗？"

"你的观察好细致！"我低头看了一眼面前的果汁杯，说，"我不是不爱喝苹果汁，正因为我爱喝，才要放在这慢慢地喝。有时候，我们的身体会自然地做出选择，选让自己放松愉悦的，回避让自己紧张害怕的。比如现在，我没有用大脑来控制自己什么时候喝果汁，但身体意识到我们的聊天可能会持续很久，所以在自发地控制喝果汁的节奏，使它能均匀地覆盖整个聊天过程。看，身体也很'聪明'呢。"

鸿宜一怔，沉默了一会后忽然抬起头："老师，你说我会不会……睡不着觉也是被身体在操控着呢？就像一个机器人一样？"

我笑了起来："是的，很有这个可能。睡不着觉可能是我们身体趋利避害的自然选择，只是我们还没有意识到而已。如果用机器人来打比方，你的身体可算是最智能的机器人了。"

看得出来，鸿宜是个思维非常活跃、清晰并且细腻的年轻人。为了更好地走进他的内心世界，我邀请他为我画一幅画。"鸿宜，你愿意在这上面画一个房子、一棵树和一个人给老师看看吗？"我递给鸿宜一张A4纸。

"我画不好。"鸿宜拒绝道。

"没关系的，老师也画不好。要不这样，我们一人一半。"我把纸对折撕成两半，"咱们一起画。"

鸿宜点头同意了。

鸿宜的"房树人"画作

"你画得比老师好多了。"我赞美道，鸿宜报以羞涩的一笑。

房树人测验 (House-Tree-Person Technique，HTP) 是 1948 年由美国心理学家约翰·巴克（John Buck）提出的一种测试工具，房树人测试在陪伴孩子的过程中非常简单有效。当孩子将大脑中的感受具象化成一幅图片时，更容易抛开现实生活中禁锢自己的种种定义、判断和标签，与咨询师建立真实深刻的沟通。在绘画过程中，孩子的精神是放松的，这种表达方式本身就带有纾解和疗愈的效果。

这幅画的画面非常整洁完整，体现了鸿宜的周到和有条理，生活中他按照既定的剧本饰演着属于他的角色，中规中矩。

我问道："这座山上，只有这一所房子吗？"

"是的，只有这一个。"

"你的朋友们有没有住在附近的房子中？"

鸿宜叹了口气，语气中透着疲惫："我很忙的，没什么时间交朋友。现在不忙了，又没有力气交朋友了。"

"可是爸爸在信里说，你很会交朋友，大家都喜欢你。"我轻声说。

"那是他的朋友，不是我的朋友。"鸿宜放下了笔，右手用力揉搓着左手臂，"我有时会陪爸爸去见那些重要的人，和这些人聊天，说的都是他们想听的，不是我自己的话。我怕他们觉得我幼稚。"画作中侧身的人物体现了鸿宜内心真实的声音并没有被听到，他甚至不敢正面表达，担心被人看穿。

"即使是成年人，也有欲言又止，担心别人觉得自己幼稚的时候，这样的感受是很正常的。"我说道，"身边同龄的同学们是怎么看你的呢？"

"我的同学都很羡慕我，因为我爸很成功。但我宁愿他别那么成功，我时刻都在担心。"

"担心什么？"

"嗯……"他低头看着自己被搓红的手臂，"担心做不好事情，让爸爸失望吧。比如学习成绩不好，跟他出去见人时的表现，或者在家里的表现，都担心。我取得好成绩，他就可高兴了。我成绩不理想，他就很失望。他希望我门门成绩都是特别好，但我特别不喜欢数学，我数学很差。"

"你喜欢上学吗？"

"我以前喜欢。我的小学老师很喜欢我，让我当班干部，那个时候我是喜欢上学的。现在初中，成绩下滑了，班主任也不喜欢我。我不太想去上学。"

"现在的班主任对你很不好吗？"

"嗯，我对数字不敏感，不太会计算类的题目，老师说我不是学习的料。不知道为什么，他越是这么说，我就越是真的觉得学习没意思，上学没意思了。"鸿宜回答。

"看来这个老师对你的影响很大。"我端起苹果汁喝了一口。

"老师，你喝果汁还是太慢了，现在还没到一半。"鸿宜看着我的杯子说。

"还真的是，看来我的身体调节节奏的能力很一般嘛！"我笑着，提出了我内心的疑问，"鸿宜，大部分你这个年龄的孩子不太会关心别人的水杯里喝掉了多少，而你一直都在关注，对吗？这是为什么？"

鸿宜的半边嘴角微微翘起，做出一个很不对称的表情："我爸教的。吃饭的时候，要时常留意别人的酒或者饮料喝掉了多少。"

鸿宜说得很轻松，但从这个细节我就能感受得到他的父亲乔阜对他的严格培养。显然餐桌上大到语言，小到眼神，父亲都对他进行了标准化训练。

鸿宜补充道："爸爸说，一个人是成功还是失败，通过一顿饭就全都能体现出来，这是一名优秀的企业家必备的素养。"

"爸爸给你的压力很大吗？"

"是啊！他希望我未来各个方面都很强，很有成就，就像他一样，甚至比他还要好。我现在做每一件事都要先想一下，爸爸会怎么看这事。这样，也挺累的……"鸿宜深深地埋下了头。

本节知识点总结

　　我们的身体也很"聪明"，会在大脑无意识的状态下自发调节动作和节奏，选取自己喜欢的，规避自己不喜欢的。

　　如果希望与未成年来访者打开交流的通道，可以使用简单有效的"房树人"测验。操作方式是，咨询师拿出一支笔和一张白纸，请来访者在上面画一座房子、一棵树和一个人，并且对画面内容进行解读，根据画面内容有针对性地提出话题，这样可以加深对孩子的了解。其中至关重要的一点是，咨询师需要完全保有开放与接纳的心态，了解分析方法并不是万能的，更重要的是与来访者之间真实的交流和感知，避免在过程中给来访者下任何定义、评判或标签。

第二节　捏泥人的养育方式

随着时间渐渐流逝，比墙上的钟表更明确地做出反应的，是面前的两杯苹果汁。现在，它们已经氧化成了深褐色。

"鸿宜，这里画的是晚上吗？"我指着画作左上角弯弯的月牙。

"嗯，是。"

"你喜欢夜晚吗？晚上你一般都干点什么？"

鸿宜将上半身向后靠在沙发上，淡淡地道："有时候玩游戏，有时候看直播或者短视频。看多了手机也会无聊，就躺在床上发呆，但就是舍不得去睡。"

"是不是白天的压力太大，晚上让你感觉更静谧和轻松？"

鸿宜想了想，用力点了点头。画作中有两棵很特别的树，树冠就像一片片的乌云，并被刻意地涂上黑黑的阴影，揭示着孩子心中所感受到的压力。

我问道："你看直播或者短视频，喜欢看什么题材呢？"

"我喜欢看跑酷或者高空挑战这一类的，很刺激很自由，飞一样的感觉。"鸿宜回答。

"这个很不错，有空你也可以试试。"我看着眼前比我还高还壮实的小伙子。

"我吗？我可不行，我肢体是僵硬的。"鸿宜摇摇手表示拒绝，"你知道吗？我就像泥人。"

"什么泥人？"

"你听过'女娲造人'的故事吗？女娲用泥巴捏了很多小人出来，都有头有脸，有四肢。但是，它们都是泥塑的，不会动，也没有表情。有一天我梦到了这个故事，我是其中的一个泥巴小人，动也动不了。"

鸿宜的眼神很清澈，看着他，我的内心突然涌出一阵感动：这个孩子有着深刻的见解，只是没有机会表达而已。

我笑了："我猜，当年女娲捏这些泥巴小人的时候，应该是很用心的吧！手臂要比大腿细一些，女性的腰部有线条才好看。"

鸿宜也露出孩子气的笑容："对对，有的小人是双眼皮，有的是单眼皮，连睫毛都向上卷翘着，一根一根的……"

一直以来，鸿宜的父亲很用心地雕刻着儿子外在展现的形态，从学校的学习，到与人交往的动作，再到生活中的习惯。父亲认为，只要鸿宜在每一件事上都能做得像个成功人士一样，未来当然就可以走向成功。而他没有意识到，自己其实一直所做的事，本质上都不是在培育良才，而是在"捏泥人"。

现代社会中，很多父母秉持着和鸿宜的父亲同样的养育方式，担心孩子走弯路，所以始终在尝试着控制孩子的行为，就像是在捏一个"泥人"一样。我们忽略了孩子是一个独立的、有思想的个体，应该有自己的主体性。即使沟通过程再温柔且坚定，手段措施再缜密，也会使孩子的真实感受被压抑和埋藏，我们称之为"阻断"。这种阻断发展到一定程度，就会以某种不健康的形态在父母或孩子身上清晰地呈现出来，就像鸿宜的睡眠障碍一样。他被封印的情绪在内心堆积，用回避、背离和疏远来消极反抗父亲的控制。最后身体知道答案，潜意识中自己选择了夜晚的清醒和白天的昏睡。

*

与鸿宜见面后的第二天，我约了鸿宜的父亲乔阜来聊聊。他的皮肤比一般人黑一点，这天穿着米白色的休闲上衣，上半身很宽，给人一种敦实的感觉。

"来喝杯茶。"我笑着和他打招呼，泡了一杯茶递到他的面前。

乔阜把茶杯端起来却没有喝，又放回了桌面上，开门见山道："老师，我很期待和您的见面。您已经见过我儿子了，他现在睡眠时间昼夜颠倒，我已经给他办理休学了。您看，我们应该怎样做，才能帮到他？"

"您别着急。鸿宜的睡眠障碍并不是身体机能上的问题，通过我们共同的努力是可以很快调整回来的。简单来说，我们要给鸿宜一个很好的理由，让他看到参与正常白天生活的吸引力和价值。"

"您的意思是说，是鸿宜自己不想起床，故意选择昼伏夜出吗？"乔阜问道。

"哦，并不完全是这样。您误会了，他不是主动在和您作对。只是，他的大脑正在无意识地选择一种半休眠的自救模式。这是一个信号，说明他的成长过程已经出现了一点问题——他的内驱力是缺失的。"

"内驱力，是指让他主动学习吗？"

"嗯嗯，内驱力是他的主观意愿，并且不只存在于学习领域，而是驱动他去做任何有意义、有价值的事情的内部力量。鸿宜过去一直是个很乖的孩子，对吗？您让他做什么，他都会好好照做。您的要求、学校老师和同学的认可，这些共同构成了鸿宜成长过程中的驱动力，但这些都是来自外部的。在学习方面，来自学校老师的反馈可能尤为重要。"

"您这么说，我想起来了！"鸿宜父亲说道，"鸿宜小学的时候是当班长的，老师确实很喜欢他。刚上初中的那个学期，班主任是数学老师，鸿宜一直对计算都不太在行，数学题经常不会做，这对鸿宜的打击比较大。"

我回答道："是啊，鸿宜上了初中以后，班主任可能对鸿宜有一些负面评价。外驱力忽然消失了，甚至变成了负向的反馈，这件事破坏了鸿宜的学习欲望。加上家庭给他的一些压力，他越来越对白天的生活产生了一种潜在的抵触情绪。所以我们看到的睡眠障碍，只不过是身体对这种心理状态的自然反应而已。"

乔阜听着，若有所思地点点头。

我继续说道："其实这种情况非常普遍，很多孩子甚至成人都是靠他人的认可来肯定自己的。当一个人依赖外驱力去行动的时候，这种动力就会比较脆弱，这样的自我肯定需要借由外部的环境来不断地给予新的鼓励，反复印证。一旦外部的力量撤掉了，驱动力很容易忽然坍塌，就像鸿宜遇到初中数学老师后，学习动力突然消失的状况。"

乔阜的眼睛炯炯有神："那我要做的是培养他的内驱力，是吗？"

我微笑道："没错，这就是我今天想和您着重探讨的内容：自我内核思维。怎样将一个人做有价值的事情的驱动力从外部的正向反馈，转换为来自内部的正向反馈。对于鸿宜来说，就是怎样帮助他重新期待和享受白天的生活。"

乔阜皱着眉头说："我还是不太明白，听起来好像很不容易。"

我解释道："这其实也不复杂。您有过这样的体验吗？在通过努力完成了一件自己很看重的任务的时候，会感觉很有价值、很开心、很满足？"

"我在工作中，有时候能体会到您说的这种感觉。"

"这就是来自内部的正向反馈。这样一个个的正向反馈的瞬间，就像连点画的一个个点一样，引领着我们一步步地走向未来的成功。对于孩子也是同样的道理，以学习为例，假如孩子在学习过程中，通过自己的努力能够经常体会到价值感、愉悦感和满足感同时出现的瞬间，他就会充满动力，为了追求更深的知识而学习下去，不需要您的监督或管理。"

"这可真是我梦寐以求的状态了。"中年男人半开玩笑地笑着说，"只是现在，鸿宜离这种状态似乎还有很大的距离。抛开他现在已经休学在家不谈，即使是以前他状态最好的时候，也是我和他妈妈一点点陪着他学出来的。靠他自己，从来都没办法专注学习。"

面前的茶凉了，我重新泡了一壶，为乔阜添了一杯："累了会想玩、想休息，这是人之常情啊。对于孩子来说，自我控制的能力比大人弱一点，这是由大脑的结构决定的。"

本节知识点总结

　　如果排除大脑机能障碍等原因，可以观察失眠是否是由身体自发选择的结果。身体选择了昼伏夜出，用以规避白天环境中令自己感到压力和痛苦的人和事。

　　当父母将主要精力用于雕刻孩子的语言、动作、形态和生活习惯，尝试控制孩子的行为，就像是"捏泥人"一样，忽略了孩子是一个独立的、有思想的个体，即使过程精巧，也不可避免地会使孩子的真实感受被压抑和埋藏，即"阻断"。这种阻断发展到一定程度，就会以某种不健康的形态在父母或孩子身上清晰地呈现出来。

第三节　大脑的构造

　　2000 多年前，苏格拉底和柏拉图就曾经讨论过人类灵魂的三重本质。当时，苏格拉底把人的灵魂分成了三个部分，给出了一个非常精彩的比喻。他们把人类的灵魂比喻成一驾马车，黑马和白马拉着这驾马车，车上的骑手通过缰绳与两匹马相连，黑马、白马和骑手代表着人类灵魂的三个层次。

苏格拉底和柏拉图提出的骑手、白马、黑马模型示意图

黑马指的是本能灵魂，白马指的是情绪灵魂，骑手指的是理智灵魂。在那个没有脑科学研究结论支持的年代，先贤们用自己卓越的智慧，构建了人类灵魂的分解图。

到了心理学发展的早期，西格蒙德·弗洛伊德（Sigmund Freud）提出了现代心理学的基础理念：人格结构由三部分组成，即本我、自我和超我。这是基于对人的心理和行为的观察和分析提出的理论，与黑马、白马和骑手的概念刚好可以粗略地一一对应。

直到 19 世纪 70 年代，脑科学发展到了新的阶段，人们才清晰地意识到，这三个不同的"我"分别对应着人类大脑的三个区域。脑干区域主导我们的本能，可称之为本能脑；边缘系统区域主导我们的情绪，可称之为情绪脑；大脑前额叶区域主导我们的理智，可称之为理智脑。

我打开电脑，向乔阜展示了一个大脑的分解示意图。

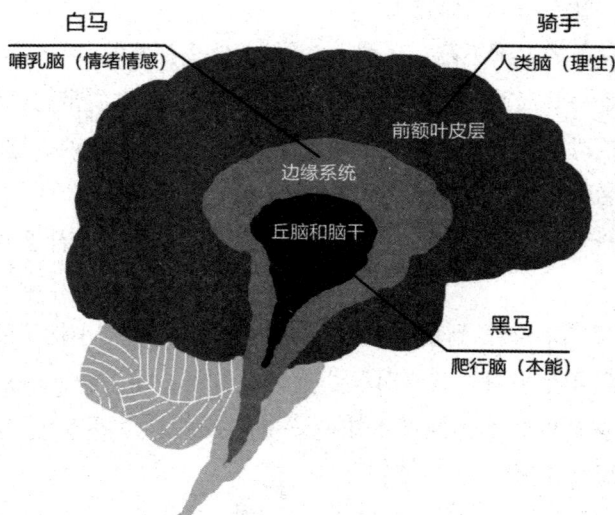

白马
哺乳脑（情绪情感）

骑手
人类脑（理性）

前额叶皮层

边缘系统

丘脑和脑干

黑马
爬行脑（本能）

大脑分解示意图

"看，中间偏下的部分，是脑干和丘脑区域，也被称为旧脑。这部分大脑主导我们的本能反应，这些本能在鳄鱼一类的爬行动物身上就已经具备了，也就是我们所说的'黑马'。"

作为本能大脑的代表，鳄鱼的反应链条其实非常有趣。在《财富自由之路》一书中，作者李笑来将它总结为由五个"F"开头的词。想想看，当一只鳄鱼待在自己的领地中，这时进入了一个入侵者。鳄鱼会怎样判断和反应呢？

1. 如果入侵者与自己是同类，性别相同，并且比自己更加弱小，那么，fight（打它）。

2. 如果入侵者与自己是同类，性别相同，但是比自己更加强壮，那么，flee（逃跑）。

3. 如果入侵者与自己是同类，性别相反，那么，fuck（交配）。

4. 如果入侵者不是同类，那么不管它是同性还是异性，只要不比自己更加强壮，就 feed（吃掉它）。

5. 如果以上情况都不符合，那么 freeze（什么都不做）。

以上就是一些最简单的本能反应的写照。当心脏供血带着新鲜的氧气泵入大脑的时候，首先达到的就是本能脑的位置。这就很好地帮助我们解释了生活中的一些现象。

"比如您年轻的时候，第一次看见自己喜欢的姑娘，是什么感觉？"我问乔阜。

"哈哈，我第一次见到我老婆那一天，她穿着白色带小格子的裙子，长头发上面戴了个发箍。我当时脑袋就像被打了一拳一样，一片空白。我平时很会说话的，那时候都不知道该说什么好了。"乔阜想起陈年旧事，不好意思地笑笑。

"这么美好的回忆，真是值得永远珍藏啊。"我笑着说，"这就是您的本能脑受到了强烈刺激，开始充血，导致主导语言功能的理智脑缺氧了。"

我继续介绍道："在旧脑区域上方和外围的这一条，是大脑中的边缘系统，主导着各种情绪，比如害怕、气愤、压抑、喜悦，等等。它也被称为'哺乳脑'，是猴子等哺乳动物所拥有的情感中枢，是我们比喻中的'白马'。"

边缘系统是外部信息进入大脑的"链接通道"。这也是为什么很多信息在被处理的时候，都已经沾染了情绪色彩，就像在大脑的大门口放了一个"染缸"一样。我们喜欢的，就会沾染开心；我们不喜欢的，就会沾染反感。这也是我们的思维时常脱离真相的一个很重要的原因。

比如，当我们面试一个求职者，听他说了几句话之后，情绪就开始出现了："这个人很自大，我很讨厌他。""这个人很有才华，感觉很不错。"同样的一个人，被"染"成了不同的颜色，就会走入不同的大脑处理模式中。我们对喜欢的人，会愿意多和他交流，多听他说话。我们对不喜欢的人，会想要远离，甚至他好心说的话也会被误认为是炫耀或攻击。

这些讨厌、喜欢、开心、生气和难受等情绪都出自边缘系统的情感脑支配。通常在我们的理智脑开始思考之前，情感脑就已经被激活了。大多数的人在做决策时，并不是凭借最优化的计算和思考，而是凭借自己内心情感的选择。情感脑在供血系统中，同样是优先于理智脑的。所以，如果人们感受到极度快乐、极度愤怒或极度焦虑时，是连注意力都无法集中的，更别提做出正确的决策了。这个过程就是情感脑受到强烈刺激而充血，导致大脑前额叶部分缺氧，难以正常地思考和工作。

大脑最外圈的区域，是大脑皮层，它的前额叶也就是与"爬行脑""哺乳脑"相对应的"人类脑"。在苏格拉底的比喻之中，这就是"骑手"的部分。

语言、知识、科学等所有人类的高阶能力，都发展于大脑前额叶这个位置。理智脑的出现是人类成为高级动物最重要的凭据。但同时，每一个人的理智脑对自己大脑运作的掌控力都有非常大的差异。

在小娃娃刚刚出生的时候，他们的理智脑还处在萌芽状态。理智脑的发育要持续很多年。简单来说，他这驾由两匹马驾驶着的小车，还只有白马和黑马具有力量，骑手还非常稚嫩。所以我们会看到，小朋友的好恶驱使着他的一切动作，当他想要玩某一样东西却拿不到手时，他就会哭。我们仿佛看到情绪的小白马带领着小车一骑绝尘。任凭别人怎样去劝说，他都没有办法用自己的骑手来控制自己的白马。因为骑手还是个小宝宝呢！

"还真是这样！"乔阜突然"噗嗤"地一笑。当回忆起过去，他的脸上布满柔情："鸿宜两三岁的时候，特别爱吃西瓜。有一天晚上他正在听故事，突然嚷着要我给他买西瓜。大冬天的去哪里买西瓜？我找了一个多小时，把远近的水果铺都逛遍了，也没找到。那次他哭得可凶了，怎么哄都哄不好。这应该就是他的'白马'在拉车吧？"他笑着看着我。

"没错。是这样的。"我回赠给他肯定的笑容。

在孩子的成长过程中，大脑内部随时都在发生物理变化。通过核磁共振成像技术，科学家发现，当受到新的刺激时，大脑前额叶的神经元就会不断地生成和增长，神经之间的连接也越来越紧密，孩子的分析和判断力在探索和观察中逐步提高，理智脑逐渐强大起来。这就像本来驾驶着马车的骑手是非常孱弱的，甚至连缰绳都找不到，而生活和成长中积累出来的经验，正在慢慢地让这个骑手不但可以找到缰绳，而且还能逐步掌握驾驶的技巧，达到普通成年人的水平。

如果任凭黑马和白马驾驶着这辆马车横冲直撞，那么可以想象，这辆马车将会给人生带来非常大的不确定性。每当小小的挫折来临，哪怕只是微不足道的不如意，都会让人轻易地放弃自己正在做的事和此前的一切努力，直接陷入痛苦当中。但我们需要特别注意的是，骑手和黑马、白马之间的关系是平等的。只有三者团结协作，一个人才能达到最好的状态。

乔阜突然说："我在做企业管理的时候，经常遇到要用理智战胜情感、战胜本能的情况。比如明明已经很累了，还要继续工作到深夜。面对大环境低迷，公司经营非常艰难的时候，虽然自己也觉得很烦，但还是要打起精神斗志昂扬地安抚和鼓励员工，让大家觉得没问题。这些都是骑手在操控马车，没有由着黑马和白马乱跑。"

"是啊，您的大脑中，骑手力量很强大。"我说，"骑手力量强大的人，体现出来的就是理性和自律。同时我们也要注意，骑手对待白马和黑马是需要理解和友善的，否则大脑内部会形成严重的内耗，这一点我们可以后续再讨论。现在，我们要帮助孩子在未来获得令自己感到满意的人生，首要的事就是帮助孩子的骑手成长起来。"

▌本节知识点总结

　　人类大脑分为三层结构。最内层是脑干和丘脑区域主导本能反应，被比喻为"黑马"；中间的边缘系统主导情绪思维，被比喻为"白马"；外侧的大脑皮层的前额叶主导理智思维，被比喻为"骑手"。大脑就像是骑手驾驶着由黑马和白马牵引的马车，在向前奔跑。

　　婴儿的黑马、白马力量很强大，而骑手非常弱小。随着不断地学习和练习，孩子的骑手能力逐步成长，而成功人士展现出的自律与理性，就是骑手能力强大的体现。

　　我们要帮助孩子在未来获得令自己感到满意的人生，最重要的事就是帮助孩子的骑手成长起来。

第四节　孩子骑手的成长

讨论到这里，乔阜从沙发上挺直了身体，微微前探着。他诚恳地说："其实，我一直以来的教育理念就是希望鸿宜成为一个理智和自律的人。我让他每天早起锻炼身体，规律地把握学习的时间，而且我还事无巨细地教导他怎么正确对待每一件事，就像每一个成功人士所做的一样。在鸿宜小的时候，这种方法非常奏效。鸿宜表现得比亲朋好友家的孩子都要好，那段时间我特别开心。只是他上了初中以后，问题才慢慢出现。过去我怎么都不会想到，鸿宜会是一个有问题的孩子。"说到这，中年男人显得有些黯然。

"别担心，以我对鸿宜的了解，他自己也有变得更好的期望，我们可以一起帮助他，会好起来的。"我安慰道，"现在，我们其实可以一起简单分析一下，您在事无巨细地指导他做每一件事的时候，他的大脑中正在发生什么。我们来举个例子。"

比如，一天鸿宜放学回家，他觉得自己很想休息一会，看看电视。这个时候，父亲告诉他："要先把作业写完。"这个时候在鸿宜的大脑中发生了怎样的故事？有可能是这样的：

黑马：只想去玩，本能地抵抗写作业。

白马：因为要写作业，没办法去玩而感到烦躁、失落甚至苦闷。

骑手：轮不到我来做决定，爸爸都帮我决定好了。

我们此前将这类的养育方式比喻为"捏泥人"，它的本质就是父母把自己的目光聚焦在孩子的行为上，希望通过控制孩子的每一个动作，来达成自己期待的结果。但由于孩子的黑马和白马时常渴望休息、渴望游戏，就会造成他们的真实渴望与父母所安排的行为之间，相背离的情况多，相吻合的情况少。

这样日复一日，孩子的骑手发现生活中并没有太多的事情需要自己来做决策。所有的决策都已经由父母为自己想好了，并且安排停当。稚嫩的骑手并没有太多可以做选择的空间，骑手的力量就难以得到锻炼，从而一直停留在非常虚弱的状态。

"孩子们总会长大的，会脱离父母的羽翼。"我轻声说，"您知道当父母不能再贴身为他包办一切时，会发生什么吗？"我问乔阜。

"他可能会报复性地娱乐吧？"乔阜紧锁着眉头低声说。

"是啊。假如他的骑手对于如何做决策，如何安排自己的生活都缺乏经验，那时，他很可能不知道怎样积极地去学习、生活和工作。甚至，可能会失去人生的目标，就像捏出来的小泥人一样，不懂得自己应该怎样走路。"

"我花这么多年给他培养的这些好习惯，难道未来都没有用吗？"乔阜有些失落。

"并不完全是没用的，这么多年您通过自己的努力，使鸿宜'知道了'积极的生活状态应该是怎样的。只是没有来自内在的驱动力支撑，这些习惯会比较僵硬和脆弱。您愿意听我分享一个真实的故事吗？"

"好啊，愿闻其详。"

几年前，一位名叫雪晴的女生来找过我，她是一所985大学的大四学生，就读于人力资源管理专业。

她告诉我说，这四年来，她完全没有用心去学过任何一门课，每次考试之前她都采用突击复习的方式，努力使自己成绩及格，但还是挂了几门课。她没有去上课的动力，只要老师不点名，她就旷课，和朋友一起出去吃和玩。

雪晴曾经对我说："按道理讲，这样自由自在不被管束的生活，我应该感到快乐才对。可是，我的痛苦却大于快乐。和朋友热热闹闹地在一起时好像是快乐的，但每天躺在床上，被后悔和自责啃噬的滋味却非常难受。曾经千百次下决心明天开始好好学习，但明天又是今天的重复。"

雪晴有这样的自我觉察力是值得称赞的。

雪晴出生在一个县城，双薪家庭，条件一般，父母倾注所有的精力与资源来栽培这个独生女，给她请最贵的补习老师。她什么都不需要做，只要学习好就足够了，父母包揽了所有的后勤工作来保障她的学习环境。这样十几年如一日的培养，把她送进了这所好大学。离开家乡前的谢师宴很隆重，她成为父母的骄傲，亲戚朋友都对她的美好前途充满期待和祝福。

但是，四年过去了，考研失败的她感到没法向父母交代：为什么自己到了大学以后，学习状态一落千丈，明明曾经是学霸，现在竟然过上了学渣的生活？

"我们学校的学生普遍都很勤奋，这也是我对找工作没有信心的原因，我已经和他们拉开了四年的距离。我想考研，但复习不下去，结果还是没考上。"说起这些，雪晴就渐渐激动起来。

我问她："你喜欢你的专业吗？"

"我原来不知道这个专业是做什么的。高三那时，我什么都不用管，是爸妈给我报的志愿，他们说这个专业适合女孩子，旱涝保收。上了大学才发现，我非常不喜欢这个专业。"

"一般到大学后，是有调整专业的机会的，你尝试过吗？"

"在大二时，我是想换一个专业，但我又怕在新的专业也学不好，就算了。"雪晴认真地思考了一下，诚实地说，"如果我换了专业还学不好，就是我自己的责任，父母会责备我的。"

雪晴在和我分享内心的时候非常真诚，让我看到了一个真实的她，也给了我帮助她翻转人生的信心。我问："这四年来，想过其他出路吗？"

"想过很多种，比方说，有一段时间尝试去做家教，我喜欢当老师，可以向这个方向努力。可是妈妈在电话里说，家里不缺你做家教的钱，你就好好学习吧。我从没做过爸妈不支持的事，所以就放弃了。"

雪晴父母采用的就是典型的捏泥人教养方式，雪晴现在所呈现的心理状态就是这种养育方式的常见结果。由于成长过程中几乎不需要孩子自己来做任何决定，骑手在做决策的方面没有成长，停留在相对稚嫩的水平上。一旦离开父母的控制，就失去了好好安排自己生活的能力，被动地被游戏、视频网站和购物网站吞噬注意力，虽然她能够意识到这样的生活状态有问题，但仍然无法自拔。

听了雪晴的故事，乔皋很沉默。

我继续说道："环顾我们的身边，会发现这样的青年人比比皆是，甚至成为高等学府里学生的常态。所以我才说，捏泥人的教养方式并不是在培养孩子的骑手，恰恰相反，这是在阻止它的正常成长，会让孩子骑手的成长非常缓慢。最重要的是，这并不是孩子内心真实想追求的状态。孩子在娱乐的同时，也在不断地感受痛苦并自我攻击。"

"老师，我明白您的意思了。"乔皋艰难地说，"我应该怎么做？"

我郑重地说："自我内核思维的第一项挑战，就是将主动权还给孩子。家长要做的，不是替代孩子的骑手工作，而是陪伴孩子的骑手成长。既然我们希望骑手存在，就要给予孩子自己做决策的空间和自由，即使这会在短期内影响学习的效果，但也是非常值得的。"

"没问题！我接受这个挑战。"中年男人坚定地说。

┏ 本节知识点总结

　　在捏泥人的教养方式下，父母代替孩子安排好他生活中的一切，看起来是帮助孩子建立了精细而良好的生活习惯，但这种习惯却是比较脆弱的。

　　孩子的理性思维找不到机会自己做决定，会一直停留在相对稚嫩的水平上。其结果常常是孩子一旦脱离父母的掌控，就失去了好好安排自己生活的能力，被动地被游戏、视频网站和购物网站吞噬注意力而无法自拔。

　　父母践行自我内核思维，首先一步是将主动权还给孩子，给予孩子自己做决策的空间和自由，即使这会在短期内影响学习的效果，但也是非常值得的。

第五节　元认知和冥想

　　连日来的闷热令人觉得浑身湿答答的，企盼秋天快点到来。很多人24小时躲在空调房中享受冷气，形成了"空调病"，周身酸痛不得舒坦。在这样的夏天，我常常会关掉空调，打开窗子，安静地坐在蒲团上冥想。当内心渐渐安静下来，清凉感就会从心底渐渐蔓延到全身。冥想结束后，浑身的热汗已经消去，安静地体会到大自然本来的温度其实也没有那么酷热难熬。古语说"心静自然凉"，就是对冥想者心理状态的完美形容。

　　客人到来之前，我预先打开了空调，调整到舒适的温度。这天，乔阜显然没有上班，穿了一件胸前印花的短袖 T 恤，显得相当年轻有朝气。

　　"老师，上午好呀！"乔阜见到我，爽朗地打招呼。

　　"上午好，来，快请坐。"我直接进入主题，"这周感觉怎么样？"

　　"我听您的，放松了对孩子的很多管制。虽然一周的时间还没看到什么效果，但是我相信他会慢慢感受到变化。"

　　"真的很棒！"我竖起了大拇指。

　　"老师，这一周我都在想您说的三层大脑理论，我有一个问题想不明白。"乔阜说。

　　我很开心他会主动提出问题，快速地回应道："什么问题？"

　　"我意识到，在我自己大脑中的骑手、白马和黑马之间基本上是失联的状态，各干各的，甚至有时互相是冲突的，常常谁也干不掉谁。知道了三层大脑的框架以后似乎更增添了困扰。这个问题不知道有没有办法解决呢？"

"这个问题问得真棒。"我由衷地赞许，"这就涉及元认知这个核心概念了。我们要让大脑中的这驾马车正常行驶，只有骑手的肌肉力量是不够的，还有一项不可或缺的因素，和骑手力量有同等重要的作用。可以说，这项能力是一个人的自控力、决断力、创造力、领导力等所有高阶能力的基石，但是大部分人终其一生，都对这项能力没有丝毫了解。"

"这是什么能力？"我的介绍引起了乔阜的好奇心。

"这项能力可以理解为马车的缰绳。一驾马车，如果没有缰绳，即使骑手再有力量，也难以自如地驾驶马车啊。这条缰绳的名字，叫作元认知（metacognition）能力。"

"元认知？这个名字听起来很深奥。"乔阜说道。

"元认知这个概念是由美国心理学家约翰·弗拉维尔（John Hurley Flavell）最早提出的。词根'元'（meta-）的含义是后设的意思，表示对某个原始标的进行研究的动作。比如，描述戏剧过程的戏剧，就是'元戏剧'；描述语言本身的语言，就是'元语言'，等等。元认知也称为"后设认知"，就是对认知过程的再认知，包括对自己的感知、记忆、思维等认知活动的再感知、再记忆、再思维。简单来说，就是知道自己此刻大脑在想什么、有怎样的感受，正处在怎样的状态，这就是元认知能力。元认知被认为是认知活动的核心，在认知活动中起着重要的作用。"

我继续说道："其实，大部分人在大部分时间中都是缺失元认知的。比如我们的注意力被吞噬在电子游戏、短视频平台等内容中不能自拔的时候，是白马和黑马在掌控自己的行为，骑手与它们之间的联系被切断了。可能一晃两个小时过去了，骑手完全觉察不到自己正在做什么。骑手与两匹马之间被分割开来，你是你，我是我，这种状态十分常见。"

乔阜说道："确实是这样的。我也经常失去控制，比如对鸿宜发火，过了很久才意识到自己刚才失态了，而这个时候，已经产生了不可弥补的后果。这也是元认知能力缺失吗？"

"没错，这就是元认知能力暂时缺位了。锻炼元认知能力最快捷的方式，就是科学地正念冥想，这个方法以不加评判地观察当下为核心。乔布斯曾经说，他在做所有重要决策之前或每一次重要的演讲之前，都要先冥想一会，就是为了唤醒自己的元认知能力，在最清醒、对自己的大脑活动看得最清楚的情况下，让最优的选择自然浮现，避免受到短期情绪的扰动做出让自己后悔的决定。"

"乔布斯的事迹我看到过，他是个很伟大的企业家。我知道他一直都推崇冥想。"

我点了点头："是的。乔布斯说，当我们坐下来静静观察，就会发现自己的心灵有多焦躁。但冥想时间久了会渐渐平静下来，心里就会有空间让我们聆听真实的声音。这时我们的直觉开始发展，看事情就会更加透彻，我们的世界会极大地延伸，能看到之前留意不到的东西。"

乔阜笑着说："看来天才的头脑，确实能看到常人所看不到的东西。"

我也笑了："天才很多时候也并不是生而天才，这是可以训练的。看到自己和世界本来的样子，这就是元认知的功能。它就像肌肉一样，可以在练习过程中越来越强健。只是现代人的大脑往往需要同时处理很多事情，即使是一天结束了，躺下休息的时候大脑仍处在忙乱的状态，很难有余力去观察自己的思维，使骑手与黑马、白马之间形成连接。这也是为什么人们的元认知能力普遍比较薄弱的原因。训练元认知的方法可以从不断观察自己大脑中的思维活动开始。"

"哦。"乔阜显得有些意兴阑珊，"只是，我一直都不太理解，为什么冥想要这个样子？我的意思是说，坐在这里，像老僧入定一样？"

"这个嘛，很简单。当我们想着重练习这块肌肉的时候，"我用手指了指自己的肱二头肌，"我们会选择跑步吗？"

"当然不会，"乔阜轻松地回答，"应该是举哑铃。"

"没错。当我们要练习肱二头肌，最有效的方法是搁置身体的所有其他部位肌肉，用举哑铃的动作来强化这块肌肉的收缩和舒展。同样的道理，当我们想要练习自己的元认知能力，最好能够搁置所有其他的感官，专心地强化对自己心念和感受的感知。所以才要在一个安静和安全的地方坐下来，闭上眼睛，让视觉、听觉、触觉、嗅觉和味觉都暂时关闭，在这样的情况下，全身上下只有一个地方还在运动，那就是我们的呼吸。所以，我们选择去观察呼吸，将心念专一地锚定在这个唯一还在律动起伏的部分。"

"您的意思是，正念冥想就是要专注地观察呼吸吗？如果我这个人心思比较乱，没办法专心观察呼吸怎么办？是不是冥想的效果就不好了呢？"

"有这样疑惑的人有很多，其实是对正念冥想的目的出现了误解。就像我们举哑铃的目的并不是让哑铃产生位移，而是为了锻炼自己的手臂肌肉。同样的道理，冥想的目的也不是'观察呼吸'本身，而是通过'呼吸'这个锚定物，来观察我们自己的心念和感受，观察骑手、白马和黑马此刻正在做什么。有了这个锚定物，每当思想走神的时候我们就更加容易发现它，并且轻轻地将走神的念头从天南海北的思绪中拉回到呼吸上来。这个动作就是我们的骑手'举了一次哑铃'。元认知的力量就是在这一次次的练习中增强的，直到它的力量足够保护我们的人生。"

乔阜喝了一口茶水，说道："看来我过去还是误会了这种练习，元认知能力无论对养育孩子，还是对经营公司，都会有很大的帮助。"

"是的，许多商界名人都是采用正念冥想来自我调节，除了乔布斯以外，还有好莱坞知名演员兼导演克林特·伊斯威特伍德、松下电器创

办人松下幸之助，等等。有一个统计数据是说，全球百强名人榜有 80%
的上榜者有正念冥想的习惯。欢迎你也开始这样的练习！"每当有一个
新的人开启锻炼元认知能力的大门，我都觉得非常开心，"在开始练习
冥想的时候，不用很多时间，每天只要 5-10 分钟就足够了。您会感受
到自己的元认知能力在这一过程中不断增强。"

　　"那么，我可以带着鸿宜一起做冥想练习吗？"乔阜想到了他的
儿子。

　　"可以，如果他自己愿意的话。只不过，青少年的感知能力相对比
较弱，如果您想更好地帮助他，还要做一件更加重要的事。"

本节知识点总结

　　连接骑手与两匹马的"缰绳"是元认知能力，即我们对大脑认知的再认知，使理智思维能够准确地意识到，进而影响到自己的情感与本能在当下的感受。

　　现代人的大脑往往需要同时处理很多事情，即使一天结束后躺下休息时大脑仍处于忙乱的状态。因此，现代人的元认知能力普遍比较薄弱，骑手与白马和黑马之间失去连接。

　　正念冥想是练习元认知能力的一种比较简单有效的方法，通过安静地暂时搁置其他感官的方式，以呼吸为锚定物，来观察我们自己的心念和感受。每次意识到自己走神并且轻轻把心念拉回呼吸的过程，就像是"举了一下哑铃"，使元认知能力在这一过程中得到增强。

扫描二维码，获取本节附带冥想引导音频1：
关注呼吸的基础冥想练习。

第六节　构建孩子的元认知

"现在，我们已经大致讨论了元认知能力在个体上的普遍作用。接下来，可以引申地讨论一下怎样协助鸿宜构建他的元认知能力了。"我笑着说。

"对啊老师，我该怎么做？"

"有两方面的建议。第一个方面，正像您刚才说的，我们可以从理论上协助孩子了解元认知的概念和好处，如果他愿意的话，带着他做一些简单的正念冥想练习。神经科学家认为，冥想可以建立新的神经突触关系和神经通路，这对大脑还在发育的未成年人有很大的好处。"

乔皋问道："您的意思是，我可以和他一起坐在这里观察呼吸吗？"

"在实操层面，我更建议你们各自去做，可以采用同样的冥想引导音频。因为冥想是很个人的一件事，是完全发生在一个人大脑中的锻炼，外力是完全无法强迫的。需要鸿宜自己对这件事感兴趣才行。如果他暂时还不能接受，也不要强求。"

"假如他不愿意，我该怎么办呢？"乔皋想了想，忽然说道，"如果是以前的我，发现一种这么好的练习方法一定会直接让他去做，把每天冥想的时长和要求给他规定清楚。但是这一周，我听了您的建议尽量把决策权还给他，反倒觉得有些不知所措了。"

我为他竖起大拇指："看来第一项挑战的课题您真的进行得很好，这样的意识已经清晰地印在你做每个决策的过程中了。"

乔卓不好意思地笑笑："我也是说得比做得好吧。"

我继续道："这个问题的答案就是自我内核思维的第二项挑战。那就是在孩子的骑手能力和缰绳（元认知能力）都还非常欠缺的时候，父母要为他做一个好的示范。"

"怎样的示范？"

"在生活中尽量多去'看见'鸿宜内心的真实感受，就是这样。"我认真地道，"对于孩子来说，他们的元认知能力需要通过模仿父母对孩子的观察来习得。每当自己的真实感受被父母表达出来的时候，孩子都会有一种'被看见、被理解'的轻松感，同时他也才会明白：哦，原来我的感受是这样的！"

"我不太明白，怎么去看到孩子的真实感受？"

"孩子的真实感受包括他们的需求、想法、情绪、感受、对他人和世界的认知等，而且并不仅仅局限于此。我们来举个例子。您上次提到鸿宜小的时候想吃西瓜，您下楼走了很远的路去买，这就是一次很温暖的'看见'，您用自己的行动'看见'并回应了鸿宜内心的需求。这个过程可以用行动，也可以用语言或是眼神。如果在每件事中父母都能如实看见孩子内心的感受，并且把它表达出来，无论这个需求是否被满足，对孩子的元认知养成都会有巨大的帮助。我这里还有一个反向的例子。鸿宜曾经告诉我他的性格比较孤僻。但是，鸿宜从 4 岁开始就很会与人交往了呀！当我问他为什么认为自己孤僻的时候，他说这是您说的。"

"是吗？我有这样说过吗？"乔卓奇怪地瞪大了眼睛。

"是啊，在鸿宜内心，确实有这样的自我评价。"

一直以来，乔卓都很希望鸿宜能在人群中游刃有余，获得卓越的社交能力，这也是在商界打拼的一项必备能力。为了培养鸿宜这一点，父亲下了很多工夫。但鸿宜还是一个孩子，尤其是到了青春期，总有些时候不爱见人，不爱说话，也不愿意出门。每当这样的时候，父亲就会对他说："你这是孤僻。你看，姑姑家隔壁有个老爷爷一个人住，多孤单多可怜啊？连个说话的人都没有。这都是因为他性格孤僻，没人愿意和他在一起。你想和他一样吗？"

实际上，鸿宜阶段性地不想见人，不想交谈，这是很正常的心理需求。别说孩子，即使是心智成熟的成人也会有很多需要独处的时光，不希望被人打扰。而鸿宜合理的心理需求被父亲贴上了"孤僻"的标签，久而久之，他自己也相信了，认为"我有些孤僻"，这个认知显然是不符合实际情况的。

乔皋听了我的描述，若有所思地说："确实，我从来都没有用心去想想，鸿宜那个时候到底为什么不想见人。当时我所有的心思都放在'怎样让他愿意去见人'上面了。"

"是的，这是很多父母在养育过程中都会出现的状况，过于急切地解决现实的问题，忽略了背后真实的心理状态。鸿宜年纪还小，白马的真实感受不被父亲看见，他自己的骑手也看不见，骑手和两匹马之间没有连接，马车无法发展出缰绳，这就是元认知能力的缺失。"

"那我应该怎么做呢？"

"可以试试看，下次当鸿宜不愿意见人的时候观察一下他的真实感受，并且把它们说出来。"我满怀期待地鼓励乔皋，"比如，您可以说：'你现在是不是不愿意见人？是不是觉得和别人打交道有点累，想休息了？或者是担心对方的反应，会对你品头论足？'这样如何？"

"我要是这么说，这小子能高兴得蹦起来。"乔皋忍不住笑。

"哈哈，那就对了。这就是'看见'的力量。请记得，看见不等于不能表达您的想法。您'看见'他，也可以协助他来'看见'您。您可以说：'虽然你已经很累了，但马上要来家里的这个人对爸爸来说很重要，你如果不打个招呼的话，爸爸会觉得很尴尬的。'"

"这真的是个很新颖的交流方式，我从来都没试过这样和他说话。"

乔阜的笑容更大了，露出了八颗雪白的牙齿。

"所以才说，这是一项'挑战'，是您可以为他做的一件非常棒的事。其实，鸿宜本身并不是一个很内向、孤僻的孩子啊！他在人际交往中，是可以获得价值、愉悦和满足的。只是他的骑手被蒙蔽了双眼，看不见自己的真实感受而已。"

"真的是这样的吗？"乔阜的眼睛放出了光芒。

"是的。他需要立足于真实的感受，做出真正属于自己的最好的决定。这样的决定对他来说才是稳定的，在未来并不会因为外界的压力而变化，这就是他的自我内核。而完成这个过程的第一步，就是陪伴他去'看见'自己的真实感受。包括美好的部分，也包括不美好的部分，无论父母还是孩子自己都需要对感受足够诚实。您可以协助孩子一起做一些正念冥想练习，更重要的是，您要能够看见鸿宜的真实感受，并且把它们说出来。"

"我明白了，老师，我会努力去'看见'鸿宜的真实感受的。"

当乔阜流露出他坚定果敢的一面的时候，我忽然意识到，一个迷茫的父亲只是他的一个小小的侧面，他更是千千万万民族企业家中的一员，对认准的事情不会退缩。正是他们坚实可靠的臂膀和不懈的努力，共同撑起了几十年来中国经济的腾飞。

本节知识点总结

　　如果父母希望协助孩子构建元认知能力，可以选择两种方法。

　　第一种方法是从理论上向孩子传递元认知能力的概念和好处，如果孩子愿意的话，带着他做一些简单的正念冥想练习。需要注意的是，冥想是完全发生在一个人大脑中的锻炼，外力是完全无法强迫的。如果孩子暂时还不能接受，也不要强求。

　　第二种方法是在孩子的骑手能力和元认知能力都还非常欠缺的时候，为他做一个好的示范，在生活中尽量多去看见孩子内心的真实感受，并且将它表达出来。

第七节　睡眠障碍消失

这一年是石榴的大年，一个个长得又大又甜。如果耐心足够，可以从石榴里剥出来鲜红色的果粒。先在石榴开花的一端横切一刀，打开一个断面，露出里面的结构。然后，小心地沿着它自身的纹路划开表皮，一边用手掰开，一边观察"底座"所在的位置，在连接处横切一刀，去掉薄膜，完整地剥出每一小块里的石榴果粒。

很快，我在剥石榴的过程中进入了"心流"状态，注意力完全沉浸在手中的水果刀和精细操作上。它就像一次动态的冥想练习，动作完成的时候，大脑状态还保留在平和、愉悦的感受中。

一颗颗石榴粒晶亮亮地散落在盘子里，像是切割打磨已毕，等着被镶嵌在首饰上的红宝石。一切都准备停当，门铃响了。

距离上次的对话已经过去两周，鸿宜鼻子上的青春痘已经消退了很多，眼睛也更明亮了。一进门，鸿宜就咧着嘴，冲我神秘地笑："老师，我有惊喜给你。"

"什么惊喜？"我充满期待。

"我今天早上是 8 点起床的！"鸿宜扬着头，脸上带着孩子气不加修饰的美好。

我鼓起掌来："太棒了，我真为你骄傲。"

"可能和我爸的改变有关系。老师，我爸的态度变化真大呀！"

我哈哈地笑了，把盛着石榴的盘子往前推了一点，用手势提醒他，这里有好吃的。

多年来，在接触的众多厌学、网瘾、睡眠障碍、焦虑症和抑郁症的孩子中，有很大一部分问题的根本原因就是孩子的真实感受长期不被"看见"。忽略孩子感受的是最爱他们的父母、老师和亲朋。简单来说，一个人的真实感受在多大程度、多高频率上被看见，是决定这个人心理健康状况的一项至关重要的因素。对于鸿宜来说，如果他的父亲践行有力，孩子状态好转本就是顺理成章的事。

鸿宜吃石榴的动作夸张而有趣，用手抓起一大把，然后把这些果粒同时塞进嘴巴里。因为太多，嘴巴经常要张得很大，面部的肌肉牵动起来，眼睛也瞪得圆圆的，让我想起了《三国演义》中，张飞孩子气地徒手捏碎关羽卖的黄豆时的表情。

我等他把籽都吐出来，轻轻问道："石榴是什么味道？"

"甜甜的，很好吃。"

"哦，那么每一下合起牙齿，咀嚼石榴，味道都是一样的吗？"

鸿宜显得有些惊讶："是呀，一口石榴，会有什么不一样吗？"

"是不一样的。"我笑了，"咀嚼第一下的时候，你的嘴巴里塞得太满，破碎的石榴汁还没有流到舌尖的味蕾上，所以很可能是没有尝到什么味道的。渐渐地，被碾破的石榴粒越来越多，它们的体积越来越小，味蕾被石榴汁包裹起来，这个时期的味道应该是最好的。再到后来，石榴汁被吞咽下去，石榴籽裸露了出来，嘴巴里的味道就越来越干涩，直到最后，籽被吐出来为止。"

"老师，你这么一说，还真的是这样的！"鸿宜饶有兴趣地又抓起一把石榴粒，塞到嘴里，一边嚼，一边体会着。

"现在，你一边体会石榴的味道，一边也在暗暗思忖'就算知道得这么详细，又有什么用呢？只是一口石榴而已，几秒钟就咽下去了'。是这样吗？"我儿时在小说上读过，福尔摩斯依据观察别人的面部表情猜测对方的内心动态，当时并没想到成年后的自己也时不时爱玩这样的游戏。

"老师会读心术吗？"鸿宜警惕地看着我。

"不，我不是会读心术。"我很认真地说，"我是在分享元认知能力在每一件小事上的运用，这同时也是训练更强的元认知能力的方法，这样清晰地感知当下，专注地吃石榴的过程，就是一次动态的正念冥想。"

"哦？冥想不是必须坐在那吗？"鸿宜眨着眼睛问道。

"当然不是的。走路可以冥想，跑步可以冥想，吃石榴和看着你吃石榴都可以冥想。"我说，"元认知能够清晰地感知当下所做的事情带给我们的视觉、听觉、嗅觉、触觉等感受，这样的练习在日常的很多场景都可以进行。就像我们吃石榴时味蕾的感受一样，当我们充分地专注感知每一个当下，而每一个当下对于我们的生命来说都是全新的。一口石榴，会有很多不同的层次，是非常有趣的！如果我们能用元认知思维工作和生活，人生必定会过得有声有色、成绩斐然，更加重要的是，我们会真正享受每一个时刻。"

"最近爸爸就在带我练习冥想。"鸿宜说。

"你喜欢吗？"

"我也说不清，好像没什么感觉。"鸿宜咧着嘴笑了。

"我们可以慢慢来。"我说，"其实我们的人生，是由大大小小的选择组成的。大到择校、择业、选择伴侣，小到别人说了我们一句不好听的话，我们怎样去回应。可以想象，如果每次选择的关口，我们都能如实地依据真相，用理智思维去采取对自己而言最正确的决策，人生当然会顺畅很多。鸿宜，你未来想做什么？"我语气轻松地问他。

"我也不知道。"鸿宜用右手揉搓着左手臂。这个习惯动作是他自己选择的方式，让思维从外部环境逃离出来，获得一小会短暂的休息。

"没关系，你还这么年轻，有大把的时间给你去探索和寻找呢。"

"我爸想让我当一名企业家。"鸿宜说，"他不会让我干别的。"

"你喜欢吗？"我观察着他的脸。

"算是喜欢吧，我想成功。"鸿宜抬起头，"老师，你说那些很成功的企业家，他们累不累？"

"当然累，但是企业家能获得成功，说明他们有某种强大的驱动力，在驱使着他们跨越了累，跨越外面环境的起起伏伏，虽然可能经历了很多次的成功与失败，但最终都能走向卓越。"

鸿宜问道："他们的驱动力是什么？"

"比如，爸爸的期待。"我淘气地笑笑，"你觉得这个驱动力怎么样？"

"啊？不要吧。我想靠自己。"鸿宜感受到环境的安全，一边否定一边轻松地笑着。

"很好，那我们就依靠自己的内部驱动力往前走，我相信你可以的。"我看着少年的眼睛。

鸿宜迟疑了一下，说："这我不确定……我觉得爸爸和他崇拜的那些企业家都很厉害，他们要坚持很长的时间才能成功。我也想像他们那样，但是……我不想努力。我觉得努力很累。"

我回答道："别怕，你觉得自己很抗拒这个过程，是因为你还没有找到正确的方法。像你看到的，每个成功的人都要坚持很长的时间，但也不全是苦哈哈地坚持。他们有自己内在的驱动力。其实每个人都有自己的内在驱动力，你也有。并不只有看手机、看电视、玩游戏是快乐的，努力拼搏，挥洒汗水也可以是快乐的。推着你一步步走向自己梦想的状态的推动力可能只是暂时被压抑了，体现不出来而已。"

"努力拼搏也会快乐吗？"

"是啊。努力拼搏如果能令你感到有价值，感到快乐和满足，就是来自内心的正向反馈。想想看，做一件事让你觉得快乐和有价值，你就会想继续去做它，对吗？"

"嗯，会。"

"成功的人，就是能找到让自己持续感到快乐和有价值的事，几十年如一日地做下去，这必会迎来辉煌的时刻。这样的特征，我把它称为'自我内核'。"

本节知识点总结

　　一个人的真实感受在多大程度、多高频率上被'看见'，是决定这个人心理健康状况的一项至关重要的因素。孩子出现厌学、网瘾乃至睡眠障碍、焦虑症和抑郁症情形时，其中绝大部分案例的根本原因是孩子的真实感受长期不被父母、老师和亲朋看见。当父母多去看见和表达孩子的真实感受，这种情况就会渐渐好转。

　　元认知能力的一项很重要的作用是，在人生中大大小小的选择关口上，能帮助我们如实地依据真相，在理智思维和情感、本能之间形成链接，从而采取最正确的决策，尽量降低极端情绪的干扰。

　　成功的人在成功前埋头努力的过程并不完全是痛苦的坚持，而是能不断收获来自内心的正向反馈（感受到价值、愉悦和满足）。这种持续感受到内在正向反馈的能力就是"自我内核"。

第八节　自我内核思维

在和乔阜分享了自我内核思维的基础是"看见孩子的真实感受"以后，他消失了一阵子。但我从鸿宜的反馈中了解到，他向这个方向的努力一直都没有停止。当我再次见到他的时候，他好像已经憋了很久，有一肚子的话要说。

"我最近对儿子尝试去'看见'，老师，我真的看见了很多之前没看到的东西。"乔阜一进屋，就迫不及待地开始说话。

"是吗？快说说。"我对他将要分享的内容也充满了好奇。

"我看见了他过去有很多委屈，都没告诉我。鸿宜的妹妹比他小四岁，他们的关系一直都不太好。每次他和妹妹有冲突的时候，我就气不打一处来，会骂鸿宜，甚至还打过他。"乔阜回忆道，"上个星期有一次我在书房工作，让妹妹帮我从客厅拿一个无线鼠标过来。忽然听到妹妹大声叫喊。我出去时，妹妹举着手臂，很生气地告诉我鸿宜撞了她，导致她的手臂撞到了柜子上。如果是在过去，我一定会二话不说地教训鸿宜，但是这次，我停顿了一下。"

乔阜说到这里，语气变得兴奋起来："就是停顿这一小会儿，老师，我就按照您说的，用心感受鸿宜的真实感受。我没开口问他，但是真的很神奇，他的想法就那样在我的大脑中冒了出来。他看着我，表情有些惊慌，手里拿着我要的鼠标，我的感觉告诉我，他只是想直接送鼠标给我。有了这样的发现，我的愤怒情绪立刻就消失了。我问鸿宜为什么撞到妹妹。鸿宜说是不小心撞到她的。他只说了这一句话，然后就撇过头不看我。

"老师，那一刻你不知道我心里有多震撼。过去类似这样的事数也数不清了，每次他都是这个表情，不解释也不屈服。每次看着他的样子，我的火气就会越来越大，这一次，我才知道孩子心里压抑了很多的痛苦，没有被我看见。

"我问鸿宜：'你其实是想直接把鼠标送给我，对吗？'鸿宜忽然被说破心事，他抬头看我时，我发现他的眼圈红了。我突然发现，我几乎从来都没好好留意过他的眼睛，很黑，很亮。原来您说的是对的，疗愈一个孩子，有时真的只需要'看见'，我这段时间，努力地透过他的行为去看见他的真实感受。我只是时时处处都试着这样去做而已，鸿宜的作息就渐渐恢复正常了。多么神奇的效果！"

"嘿，真是太好了。"我听了他的故事，由衷称赞，"您的努力让我特别感动。就像我们之前分享的，鸿宜的问题不在于睡眠障碍，而是在于他本能地排斥白天的生活，害怕压力和否定。当他的真实感受被看见了，这种抵触感渐渐消失，他就会回归到白天了。"

乔皋点点头："确实，当时我还说他是睡眠障碍，其实他内心已经出问题了，我还不知道。如果沿着那条路走下去，他的抵触只会越来越强。"

比起鸿宜的改变，更让我开心的是他父亲的改变："了不起！您在这个过程中并没有感到痛苦，而是充满了喜悦。"

"这有什么了不起的？"中年男人腼腆地笑着否认，"我没什么了不起"。

"不，我不是在恭维您，这真的很了不起。"我继续强调，"自我内核思维的第一个环节'看见孩子的真实感受'确实对每个家庭都有帮助，但帮助的效果是不一样的，差异就取决于家长是不是在完全真诚地帮助孩子。如果家长把自己的权威感看得比孩子的真实感受更重要，'看见'的过程对于他们来说就会有些痛苦，而不是单纯的喜悦。目前您做得就非常好！"

"我确实感受到了巨大的好处，在很多个瞬间，心里也是很开心的。"中年男人继续说道，"我原来一直都说自己很爱鸿宜，但直到最近应用自我内核思维，才真正地发现自己有多爱他。老师，我算是已经完成两个挑战了，对吗？接下来我应该怎么做？"

"接下来，我们来探讨自我内核思维的下一个层面。骑手看到黑马与白马，这是基础。在这样的基础上，骑手与黑马、白马就可以开始交流和对话了。"

"啊，它们之间还可以交流和对话吗？"乔阜瞪大眼睛看着我。

"没错。对于很多人来说，大脑的三个区域终其一生都是互相隔离甚至敌对的，你是你，我是我。这在很大程度上影响了他们的人生成就和幸福感。事实上，大脑的三个区域之间应该是沟通协作的关系。而孩子的三层大脑之间的关系，会受到父母养育方式的影响。"

"我不太明白。"

"您还记得那个叫雪晴的小姑娘吗？"

"当然记得。"

"她的故事，还有后半段。"

雪晴曾经对我说，她读大学以后见到书就恶心。其实不是书真的令她觉得恶心，而是"看书"这件事是她的骑手所做的决策，她的白马和黑马对骑手的本能抵抗，造成她的躯体出现恶心的本能反应。对她来说，所有骑手认为对的事，都是不情愿的，都是痛苦的，都是在逼自己。这样的抵抗在成长过程中被一点点强化，形成了一种思维的烙印。

雪晴曾说，自己小时候很喜欢画画，后来也想过要深入地学习绘画。但每当这个念头冒出来，每当自己想要决定去做一件事，就会觉得压力很大，因为不知要承担什么样的后果和责任。

这是在捏泥人的教养方式下长大的孩子，内心普遍存在的特征。经年累月，他们的骑手、白马和黑马之间形成了天然的敌对状态。这样，他们即使在娱乐的时候也感受不到放松的快乐，还会不断被自我否定所伤害。严重的话，可能产生心理上的亚健康甚至疾病。

我继续对乔阜介绍道："我们可以一起探索一下形成这种情况的原因。当孩子的骑手还弱小的时候，黑马和白马却已经很强大了。他并不完全了解什么是对的，但他可以清晰地感知，什么是自己喜欢的、想要的。在这个时候，父母做出的决定……"我停顿了一下，斟酌措辞。

"都不是孩子想要的！"乔阜的思维开始活跃和开阔起来，表情也渐渐放松了，用半是调侃的语气接住了我的话。

"对嘛！"我说，"就是这样的。所以，在孩子的三层大脑中，白马和黑马对父母做出的决定是抵触的，而骑手一直缺位。当孩子长大的时候，会发生什么？自己的骑手需要填补因为父母渐渐退出形成的空位，来告诉自己'怎么做是对的'，而白马和黑马仍旧习惯性地保持抵触它的位置。那么这次，抵触的对象不再是父母，而是自己的骑手。"

我的神色郑重起来："这是最耗心力的一种心理状态，是发生在一个人大脑中的内部战争。如果在孩子成年以后再来调适这样的状态，一般需要咨询师比较长时间的陪伴。"

"我明白了，这是三层大脑的一种比较坏的关系。"乔阜说道。

"没错。"

"那，好的关系应该是怎样的呢？"乔阜接着问。

"这个问题问得好。大脑当中最健康的关系，应该是骑手如实看到黑马和白马的状态，去平等、尊重、友爱地互相沟通。我们可以先在成年人身上体会一下这种方法。比如，家里的卫生需要打扫，但是自己躺在沙发上，怎么都不想动。这个时候，我们的大脑中正在发生什么？"

乔卓稍微思考了一下，回答说："让我来试试。黑马说：我就想赖在这里，好舒服啊，不想起来。白马说：躺在沙发上很快乐，但那么多家务没做，家里乱乱的，觉得有点不安心。骑手说：我应该去做家务了！快起来！"

"为您的元认知能力点赞，就是这样的。这个时候，如果骑手强行把自己从沙发上拉起来，它就会遭到两匹马的反对。即使身体在做家务，心里也会觉得不情不愿，甚至抱怨：'为什么总是我做家务？为什么其他的家庭成员不来做？'"

"老师，您是在我家安装了监控器吗？这抱怨的语气怎么和我爱人说得一模一样？"乔卓笑了。

"原来这是您爱人的版权，真是失敬了。"我笑着说道，"现在，我们试试换一种沟通方式。骑手不急着强行拉自己起来，而是先去如实地看到黑马和白马的感受，就像您刚才做的那样，看看它们分别在说什么。骑手可以这样想：现在，我看到了白马有一点焦虑，这是因为还有很多家务没做。我可以做点什么，来让白马觉得舒服一些？"

"这真是一个有意思的角度！难道理智思维还能听情绪思维的话，做出正确的决定吗？"中年人感慨地说。

"是的，这也是我们除了'真实地看见'以外，要强调的第二件事。对于每个人而言，理智、情感和本能思维都是平等的，理智并不凌驾于情感和本能之上。三者最自然和健康的关系，是骑手以真实、平等和爱的立场，去与两匹马交流。"

"真实、平等、爱，真实、平等、爱……"乔卓不断重复着这几个词，似乎这对于他来说仍然是超出认知的，"我一直都认为，小孩应该听大人的，下属应该听老板的。在接触了您所说的大脑的三个维度以后，我也天然地认为，白马和黑马应该听骑手的，这才是最好的状态。难道，它们三者是平等的吗？这不会乱掉吗？"

"是的，它们是平等的。假如我们将骑手定位为优越的主宰者，白马和黑马就会对骑手产生抗拒。其实很多时候我们对白马的状态存在误会，这是元认知能力不足导致的。白马在休息的过程中不仅感受到了愉悦，同时也在感受因为没有打扫房间而产生的焦虑和自责，只要稍加观察就能感受得到。白马也在渴望自己能开始做比看电视更有价值的事，但如果骑手凌驾于白马之上，只要是做了个'理智'的正确决定，情感上就会觉得自己'被逼迫'，没办法真正投入家务，更没办法在家务当中感受到快乐。"

我继续分享："而三者出于平等的关系，骑手如实看到白马的感受，依据白马的真实感受去做决策，如果白马还没准备好，那么就再等等，如果白马已经希望自己动起来，就马上开始做家务，保持对真相完整的尊重。在这样的过程中内心状态是顺畅的，我们很容易可以在行动中得到成就和收获。

"当骑手认为自己做的事是有价值的，白马感到很愉悦，黑马觉得很满足，在这样的瞬间三者的方向是完全一致的。它给予我们的是来自内部的正向反馈，这样的瞬间，有着巨大的力量。我把它称为'珍珠瞬间'，正是这样一粒粒的'珍珠'，构成了我们通往成功的道路。在这个过程中三者缺一不可。

"还记得我们上一节中所介绍的吗？成功的人埋头努力的过程并不完全是痛苦的坚持，而是能不断收获来自内心的正向反馈（感受到价值、愉悦和满足）。这种持续感到内在正向反馈的能力就是'自我内核'。我们的自我内核会在'穿珍珠'的过程中逐步稳固下来，越来越知道自己擅长什么，想要什么，怎么做能让自己感受到幸福。"

"老师，怎么判断一个人的自我内核是否稳固呢？"乔卓轻皱着眉头问道。

"简单来说，自我内核稳固的人会呈现这样三个特征：

"1. 不容易因为外界的声音而改变自己的目标。

"2. 不容易因为受到挫折而改变自己的目标。

"3. 知道自己想要什么，知道怎样让自己幸福。"

本节知识点总结

　　自我内核思维的第一个环节"看见孩子的真实感受"对每个家庭都有帮助，但帮助的效果有所不同，其差异在于家长是否可以在看见孩子真实感受的过程中，自己也体会到真诚的轻松和愉悦。如果无法得到这样的体验，本书第三章"软性外沿思维"中将会详细讨论这种情形的应对方法。

　　骑手和白马、黑马之间一种常见的关系是天然的敌对状态，尤其在被父母控制的环境下成长的孩子身上较为多见。当脱离父母，骑手开始填补"做出正确决定"的功能角色时，只要是理智决定的，情感上就会出现被逼迫感，被自我否定和内部损耗反复伤害。

　　骑手和白马、黑马之间最健康自然的关系是，骑手如实地看到黑马和白马的状态，站在与白马、黑马完全平等的立场上，完整地尊重白马和黑马的真实感受，温暖友爱地互相沟通。这种沟通方式下更容易出现三者方向完全一致的瞬间（骑手收获价值感、白马收获愉悦感、黑马收获满足感），我们称之为"珍珠瞬间"，也就是我们所说的来自内部的正向反馈。在这个过程中，三者缺一不可。

　　自我内核稳固的人会呈现这样的特征：第一，不容易因为外界的声音而改变自己的目标。第二，不容易因为受到挫折而改变自己的目标。第三，知道自己想要什么，知道怎样让自己幸福。

第九节　颠覆成功的定义

太阳渐渐西斜，橘红色的光芒洒在笔直的城市主干道上，延伸到了天边。很少有什么东西会像太阳那样，每天沿着同样的轨道东升西落，却能每天给人以崭新的震撼感。也许是因为它从亘古走来，再走向我们难以想象的悠远未来，一直这样光芒耀眼。正因如此，它存在的每一秒钟都有非凡的意义。

我们每个人的生命，也都有自己的宽度和长度。有的人生宽度只装得下眼前的一点得失，有的却能含藏一座城、一个国甚至更广阔的世界。有的人生长度几十载在兜兜转转中度过，有的却能通彻古今，福泽后世。当我们拓宽生命内涵的时候，度过的每一秒钟都将增添意义。

"我们的一生，是在追求什么？"时机成熟，我向面前的中年男人抛出了一段即将颠覆思维的旅程邀请券。

可能是这个问题过于宏大了，乔阜显得有点不知所措，他喝了一口茶，又抽出一张纸巾，细心地擦拭杯垫上的圆形的茶水痕迹，然后将纸巾折叠，再折叠，直到纸巾变成了一个小柱形。他说："我想，每个人对于这个问题都有不同的答案吧。对于我来说，我希望自己的事业能有更大的进展，家人都快乐、身体健康。"

我继续问："可以再具体一点吗？比如事业能有更大进展，您希望有怎样的具体目标？"

"我希望公司明年营业额能翻一番吧！"他笑着说。

"祝愿您早日达到这个目标！"我真诚地祝福。

"谢谢。"

"有没有一种可能，从你个人的角度来讲，这其实并不是您真正的目标？"我神秘地笑了。

"您的意思是？"

"我是说，'公司营业额翻一番'本身是不值得作为目标的。它充其量只是一条路径而已。"我继续补充。

"我还是不明白。"

"好的，我们来做这样一个假设。比如有两位企业家，一位企业家就像您一样，希望公司业务更上一层楼，营业额能翻一番。他对这样的成就非常满意，每次想起都觉得意气风发，相信自己未来一定还能创造更大的价值。"我说，"另一位企业家的情况有些不同。他出身于名门家族，手握很多家族资源，当公司营业额比上一年仅仅翻了一番时，从他家族的角度来看，这是他个人能力不足的表现，甚至是一种耻辱，他自己也会因此而自卑、敏感，认为自己是家族中最无能的一个。这两个人做出了相同的成绩，也就是'公司营业额翻一番'，但对他们个人而言，都代表着成功吗？"

乔阜回答道："当然不是，对于第一个人来说是成功，对第二个人来说应该算是失败。"

"没错。所以我说，'公司营业额翻一番'并不值得作为成功的目标。或者说，任何'事件'都不值得作为目标。"

"可是，我调用您说的元认知能力去观察自己内心的真实感受，我就是在渴望公司营业额翻一番啊！对于我来说，这就是真实的目标。难道我看到的不是真相吗？"乔阜反驳道。

"请不要怀疑自己，您看到的确实是真相。"我笑着说道，"但并不是完整的真相，如此而已。我们来打个比方，我有一个朋友想去拉萨旅行，要从成都转机。她查了很久从本地去成都的机票，发现机票的价格非常昂贵，她觉得不划算，于是她最终放弃了去拉萨的行程。实际上去拉萨的机票反而有打折活动，但她从来没有关注过。她已经完全忘记了自己的目标是拉萨，而不是成都。"

"您的意思是，我盯在了一个目标上，而这个目标实际上只是中途的一个点，就像您说的故事里的成都一样？"

"就是这样！"我高兴地一拍手，"您确实想去'成都'，这是您观察自己的愿望时所看到的真相。但是，它不是完整的真相。如果把自己困在'我必须去成都'这件事情上，误把成都当做自己的目标，就很容易像我的朋友一样，最终因为去成都的过程中遇到了困难而放弃真正的目标——去拉萨。"

"那……我真实的目标是什么？"

"这还是要问您自己。您通过'公司营业额翻番'的事件，最终想要达成什么？换句话说，如果这个事件真的实现了，您会得到怎样的好处？"

"会在很多方面得到好处。"乔皋一边思考一边说，"首先是体现自己的个人价值吧，我觉得我天生就是经商的料，希望能够将事业做大。虽然我已经完成了原始积累，但还想更上一层楼，公司业绩翻番，就是对我个人和团队能力的印证。另外，在企业家和朋友中能赢得更多的赞美和尊重。还有，赚到更多的钱，员工更愿意跟着我，也能为家人提供更舒适的生活。这样，我会更开心。"

"您大概已经发现了，真正的成功指的是什么。"我说，"它不是某一个'事件'，而是一种'心理状态'。"

我为乔皋总结了一下他刚刚提到的内容。准确地说，达成"公司业绩翻番"的事件，将会使他的内心感受到以下这些：

1. 骑手得到价值感。公司业绩翻番是他的个人价值的体现，提供更多的就业机会，家人享受更好的生活，理智思维告诉他"这样做是对的，这样的结果是好的"。

2.白马得到愉悦感。公司业绩翻番使他快乐。这个快乐来自事件本身，同时也来自这个事件衍生的其他事件，比如朋友的仰慕和肯定，社会地位的提升，员工的追随，家人的爱，等等。

3.黑马得到满足感。他是一位在努力提升事业的过程中会得到本能满足的人。在生意场踏踏实实地打拼，并且获得真实的成就能够刺激他的多巴胺分泌，让本能思维体验到"爽"的感觉。

"这才是'成功'的真实定义。"我说，"这就是属于每个人的'拉萨'：骑手、白马、黑马同时给出正向反馈的瞬间。如果大脑中的这三者的方向并不统一，那么即使在外界看来多么辉煌耀眼，这样的瞬间都无法被定义为'成功'。"

"老师，您的意思是说，任何'事件'都只是通往成功的通道，而不是成功本身？"

"是的。"

"等等，我要缓一缓。"乔阜愣愣地盯着桌子上的马齿苋草，隔了好一会，缓缓地说，"但是，知道了这个又有什么用呢？我想得到成功的'心理状态'，还是需要通过这个'通道'。我同样还是要为了公司业绩翻番而努力，不是吗？"

"还记得我那位想去拉萨的朋友吗？她最终都没有到达拉萨。"

"是啊，她只记得要去成都，忘了可以绕过成都，直接到达拉萨。"

"没错！这并不是个例。如果把这件事情作为比喻，我们可以发现这是大部分人终其一生的生活状态：想尽办法赶往一个'成都'，在到达以后又看到了下一个'成都'，再去赶路……路越走越远，渐渐感受到疲累和挫折，会开始怀疑自己，我是不是不配到达拉萨？当'不配拥有成功'的思想越来越浓厚，他们的心理状态可能会渐渐崩溃，放弃自己真实的目标。但是，他们其实始终都不曾直接朝着'拉萨'前进啊！"

"您说的是，很多人把'事件'当成了目标，忘记了真正想要追求的是什么。看到别人有这个，就来追求这个。追求到手后，看到别人有那个，又去追求那个。忙忙碌碌，不知道自己真实想要的是什么。在这种心理状态下，对挫折的耐受度就会变低。一旦遭遇失败，很容易一蹶不振。是吗？"乔阜想起曾经的一些经历，感慨道。

"是的，正确面对'成功'的概念，我们也就可以正确地面对'失败'的概念，它们是一体的两面。人们对自己真正的目标普遍缺乏理解，有时我们追随虚假的渴望跑了很久很远，兜兜转转，总是不能回到真实的轨道。还有的时候，我们的方向是真实的，但错把路径认作目标，在路上遇到阻挡时，内心被失败感占据，失去了继续前进的动力，也忘记了还有其他路径可寻。"

"确实是这样的。"乔阜点点头。

"现在我们回到对鸿宜的养育上面，您的目标是什么呢？"

乔阜慢慢地思考着说道："我好像有点明白了，我对鸿宜的养育，都是奔着'事件'去的。调整睡眠是一个'成都'，能正常上学又是一个'成都'，如果回到学校，希望他学习成绩好可能是下一个'成都'，总想他按照我的意愿建立各种习惯。"乔阜把手里的纸巾团成一团，压得紧紧的："可是我还没完全想明白，真正的目标应该是什么，我应该怎么做。我觉得有点乱。比如，像中考、高考、考研这样人生的重大节点，它们都是事件，但也确实都是绕不开的目标，不是吗？"

"这些事件的影响比很多普通的事件要大一些，但它们也同样是事件而已。所有事件都只是路径，不是目标。为了说清这一点，我来给您讲讲雪晴后来的故事吧。"

"好啊，她后来怎么样了？"

本节知识点总结

同样的事件在不同人的心中达成的心理状态是不同的。当我们希望追求成功的时候，需要清晰地了解所有事件都只是路径，不是最终的目标。成功真正的含义是自己的骑手有价值感、白马有愉悦感、黑马有满足感，这三者方向一致的瞬间。如果三者方向不一致，即使在外界看来辉煌耀眼的成就也无法被定义为成功。

当人们错把事件当成了最终目标，忘记自己真正想要追求的是什么，很容易被卷入对一个又一个事件的追求，失去方向。在这种心理状态下，对挫折的耐受度也会降低，一旦遭遇失败，很容易一蹶不振。

第十节　珍珠瞬间的妙用

雪晴虚度了四年的大学时光，并以考研失败告终，她的心理防线崩塌了。她觉得自己什么都做不好，是一个彻头彻尾的失败者，考研考不上，工作找不到，无法面对父母和同学。她没有参加任何毕业聚会，也没有去拍毕业照，可想而知她对自己的否定有多深。

我们将这样持续无法体验内部正向反馈的心理状态称为"自我内核虚浮"。

在一次会面中，她问我："老师，我要怎么做，才能找到我可以为之努力的人生方向？"

"真相还是藏在这里。"我用手示意了一下她心口的方向，"要靠你自己的元认知能力去观察和感受。现在，我们可以从这里开始。可以告诉我，你为什么想要考研吗？"

她的回答总结起来包含这样几个方面：

1.在亲朋当中有面子，对父母也有个好的交代。

2.她很想回到高中时期努力学习的状态，但她似乎需要一种仪式。如果能考上研究生，追随高水平的教授，她相信自己可以在新的学习环境重新开始，好好学习，掌握更高阶的专业知识。

3.能在环境优美的象牙塔中，安心地继续自己的生活。

关于第一点，骑手认为通过自己的努力达成了很好的结果，这样的努力是对的（价值感）。白马感到别人夸赞和肯定的言语让自己觉得快乐（愉悦感）。黑马觉得爽（满足感）。这是一种"成功"的心理状态。

关于第二点，骑手认为在专业领域的水平越来越高，自己的价值越来越强（价值感）。白马在每次学习上的疑惑得到解答时都觉得很开心（愉悦感）。黑马感到浑身舒泰（满足感）。这也是一种"成功"的心理状态。

关于第三点，则需要留心判断。如果它源自惧怕成长和承担责任，出于对工作和社会压力的逃避，那么，也许骑手认为这样是轻松的，但并不完全是正确的，尤其在想到自己增加了父母的经济压力时，会自我否定和自责。白马在一部分时间内感受到轻松和愉悦，但触及自己未来还是要走向社会，会感受到焦虑。黑马整体上可能是舒服的。所以，它是否真的是"成功"的心理状态，要取决于雪晴是否真的热爱象牙塔中的生活。如果是出于对走入社会的恐惧而采用的权宜之计，这并不是一种"成功"，考上了研究生对于她来说并不完全是一件好事。

所以说，在任何决定面前，人们真正渴望的都不是某个具体的事件，而是骑手、白马和黑马方向合一的心理状态。当我们看到它的本质，会发现实现这种心理状态，并不只有"考上研"这一条路可以走。

我们曾说成功与失败是一体的两面，同样的道理，真正的"失败"也不是某个具体的事件，而是这样一种心理状态："我必须要考上研究生才算成功，如果考不上，就彻底失败了。"正是因为这种心理状态的存在，她在考研失败的这一刻放弃了继续学习和努力，也就放弃了追求自己内心真正的"成功"。就像我那位因为没有订到去成都的票而放弃了去拉萨的朋友一样。

"那么，我们能不能从一开始，就清晰地看到自己的目标，并且以此来作为锚定的终点呢？"

"老师，我还是不明白我应该怎么做。"雪晴问我。

我回答："其实在任何一个领域做出杰出成就的人，都曾经历过漫长而孤独的沉淀岁月。在那段日子里，他们缺少来自外界的奖励、喝彩甚至理解，但是，有一种力量一直驱使着他们向着自己梦想的目标前进。那是什么？"

雪晴怔怔地看着我。

我语气轻松地说："是'成功'。"

"成功？他们不是还没成功吗？"

"是的，这不是人们所幻想的事件上的成功，而是真正意义上的成功——骑手、白马和黑马方向的合一，这就是自我内核思维的精髓。比如科学家每次想通一个困扰许久的问题、一个反复多次的实验终于成功或者获得一个心目中重要的人认可的时候，在他们的内心都会涌现价值感、喜悦感和满足感合一的感受。这样的瞬间，就是真正意义上的成功。"

"老师，您是说这些日常生活中小小的事情，引发的心理感受也可以称之为成功吗？"

"当然！这些骑手、白马和黑马合一的珍珠瞬间串联成我们和自己想达成的'大成功'之间的路径，这许多的珍珠瞬间为我们提供源源不绝的内生力量，鼓励着我们去跨越挫折、质疑、困难，并克服自己的惰性，一直走下去，直到成绩累积到被别人注意到并为之称赞的程度。

"失败并不是成功之母，成功之母就是成功本身啊！"

雪晴忽然高兴地在椅子上换了一下姿势："这样的瞬间我也有过！我曾经尝试做家教，很用心地研究怎么讲才能让一个初中的孩子自主解决难题。当他跟随我的思路逐渐想通了一类难题后，看到他高兴的样子，我觉得非常有成就感，很快乐，也很满足。"

"对，这就是珍珠瞬间。"我笑着说，"试试把生命中所有这样的瞬间串联起来。它们可以来自大事，也可以来自微不足道的小事，都没有问题。我们要做的，是在每次它出现的时候保持觉知，了解'我现在进入了成功的心理状态'，思索：'这种状态是由什么事情带来的？'这个过程就叫'穿珍珠'。"

"我可以试试看。过去，我总是纠结在'我应该做什么''家人想让我做什么'上面，自己却提不起力气，常年在自责中纠结。这次考不上研究生，一度认为自己的生活都毁了，我什么都做不了，不知道如何在社会上立足，更不要说取得任何成就了！"

"是啊，当你这么想的时候，你被困在对'成功'的虚假定义上了。"我赞同道，"这是很正常的。很多人都是这样，认为努力很苦，人生很难，一次失败就像是天塌下来了。其实真相并没有那么复杂。真相就像是最慷慨的藏宝图，每当我们抛开种种幻想，真诚地去观察它的时候，它都会指给我们最通达的路径。"

"确实是这样！今天这次聊天，我觉得常年压在内心的石头好像被放下了。我要做的就是'穿珍珠'，对吗？只要我不断观察能带来珍珠瞬间的动作，不断重复它，就会在自己真正喜欢并且擅长的领域越做越好，最后达到世俗意义上所理解的那种成功。"

"你说得没错。没有人可以长期苦哈哈地坚持自己不擅长或不喜欢的事情，并且把它做得非常好。比如，如果你真实感受到教学能让你快乐，可以考虑去做知识的传播者，探索怎么将你的知识和理念更好地传授给别人。教就是最好的学，过程中你会领悟和增长更多的知识和智慧。当我们的珍珠积累得足够多的时候，我们就会清晰地知道做怎样的事会通往更大的成功。考研成功与失败都只是人生路上的一个事件，由珍珠瞬间所串联起的路才是更真实和更有操作性的。你现在所希望的向父母有所交代、在亲戚朋友处有面子甚至更深刻的专业水准，这些成果都会自然地来到你的生活中。

"最重要的是，在路途中，你会不断感受到幸福。"

本节知识点总结

　　"穿珍珠"的动作是在每次珍珠瞬间（骑手感到价值感，白马感到愉悦感，黑马感到满足感）出现的时候保持觉知，了解"我现在进入了成功的心理状态"，思索"这种状态是由什么事情带来的"。当这样的认知积累得足够多时，我们就会越来越清晰地感到内在的驱动力，知道向怎样的方向走下去会令自己幸福，在自己真正喜欢并且擅长的领域越做越好。

　　成功与失败是一体的两面，真正的"失败"也不是某个具体的事件，而是这样一种心理状态："我必须要做到某件事（比如高考、考研、婚姻等）才算成功，如果做不到，就彻底失败了。"正是这种心理状态的存在，使我们在事件上失利的那一刻就放弃了继续努力，也就放弃了追求自己内心真正的"成功"。

第十一节　协助孩子自我内核成长

乔皋听完雪晴的故事以后陷入了沉思，我起身为他倒满了茶杯。宝红色的茶汤倾注到小茶杯里，立刻沿着茶杯的形状，在里面缓慢地旋转，形成柔顺的波纹，在阳光下闪烁着温润而深邃的光泽。

乔皋拿起茶杯小酌一口，再慢慢地咽下。过了良久，他再度开口了："老师，我想我之前还是小看了元认知思维的真实性和逻辑性。比如'真相本身是最有力量的'，我过去以为它只是一句'鸡汤'口号，现在从自我内核思维来看，它是真实的，真相确实在给我们实打实的答案。"

我被他突如其来的夸赞弄得有点不好意思，腼腆地笑着说："谢谢。"

"我刚刚一直在思考，您过去所说的一个人拥有稳固自我内核的特征：

"1.不容易因为外界的声音而改变自己的目标。

"2.不容易因为受到挫折而改变自己的目标。

"3.知道自己想要什么，知道怎样让自己幸福。

"之前我把它记了下来，但是一直都没有像现在这么深刻地理解它。一个人能达到这三项特征的原因，就是这个人时常可以感受到骑手、白马和黑马方向合一的珍珠瞬间，也就是您所说的，来自内部的正向反馈。"

"没错，正是这样的。"

乔阜继续说："所以我们追求每一件事，都应当看到它背后的心理状态，而不是事件本身，这一点我现在已经非常赞同。过去我的目光总是紧盯着鸿宜每天有没有好好学习，有没有按照我的要求去说话，去做事，忽略了他真实的心理状态。现在想想看，他在被我逼着做这些事的时候，确实很难达到骑手、白马和黑马方向合一的状态。他所感受到的，可能更多是身不由己的痛苦吧。"

"是的。假如您所期待的事情给他造成的是痛苦的心理感受，未来当他需要靠自己的内驱力去完成这些事情的时候，他可能就会遇到内部的困难。"

乔阜说："现在我明白了。今天我来之前，一心想着鸿宜现在作息正常了，希望知道怎样让他尽快回学校去正常上学。但是其实，'鸿宜回去上学'本身是不值得作为目标的。鸿宜回去上学，这只是一个事件。对我来说真正值得追求的，不是鸿宜回去上学这个事件，而是鸿宜在上学和学习的过程中能够找到骑手、白马和黑马方向合一的心理状态。如果上学和学习能够给他这样的正向反馈，他自然能主动地、开心地持续去做。如果上学和学习总是让他觉得痛苦，一直逼着他去也没有什么用处。"

"太棒了！看来您已经完全理解了自我内核思维的理念。"我很开心他能以开放的心态来拓展自己的底层思维，重新看待他的孩子。

乔阜说："其实我能感受到，大部分的时候他在按照我的要求学习和做事时并不开心，这样下去，我真的担心他的自我内核会越来越虚浮。我希望他能成为一个坚定、理性和自信的人，一个优秀的人，能带领着一群人把事业发展壮大。但现在，通过这几周和您的谈话，我越来越清晰地感觉到自己的所作所为都是在把他推离这个希望，而且越推越远，我之前居然一点都没意识到！我一直很关心他的学业。他每个学期的期中考、期末考，我都要一科一科地过问，如果考得好我就奖励他，买东西或者带他出去玩；如果考得不好，我就会批评他，有时候脾气上来了，会说很难听的话。"

"您说的我非常理解，其实一次考试成绩的好坏有很多影响因素，其中有些可能只是短期因素而已，所以一次考试并不能代表孩子的实际学习成绩。但如果父母的关注点一直都在这些事件上，一次考试结束了，又有下一次，辅导了一门课，还有另外一门，这样下来，父母内心锚定的目标就会忙碌地在这一个个事件之间循环和移动，而对真正值得我们关注的地方——孩子的真实状态却失去觉知。"我说。

"正是这样！我在教育鸿宣的过程中，总是觉得事情一件接着一件。压力非常大，不知道孩子这次表现好了，下次还能不能表现好。现在想想，其实这就是把目标弄错了。自己很累，孩子也很痛苦。"

公道杯里的茶色渐淡，我换了一包茶叶，给电水壶加了一壶水，按下了电源开关，继续说："我们只要换一个角度来考虑问题，就会觉得海阔天空。"

"什么角度？"

"一切事件，本质上都是一道'练习题'。我们借由这些练习题去探索和实现'成功'的心理状态，如此而已。比如学校安排的考试，从自我内核思维的角度，考试的意义就是不断给出机会，让鸿宣去真实地体会怎样做才能让自己的骑手、白马和黑马都舒服，怎样做才会在考试结果出来的时刻，获得珍珠瞬间的美好体验。单纯依靠您给予的奖励或是惩罚，孩子只能像机器人一样机械地执行您的指令。但是，依靠珍珠瞬间带来的内在感受，他就能越来越清晰地知道应该怎样去学习。基于真相的决定，才是长久而稳定的。"

"所以，我对鸿宣的养育目标确实不应该放在任何一个具体事件上。

除了学习以外，还有待人接物乃至任何一种我之前认为很重要的习惯都不例外。只有保护鸿宜的自我内核健康地成长，他的未来才能够走出自己的路，他也才有可能达到我所想象的成就和目标。不然的话，他会非常痛苦的。"

我由衷地说："鸿宜有您这样的父亲，真的很幸运。"

"您过奖啦！现在我还有一个问题。鸿宜和雪晴不一样，他毕竟还是个孩子。我不确定他的珍珠瞬间会出现在哪里，也不知道他能不能有意识地践行自我内核的理论，毕竟他的骑手还是太弱了。我应该怎么做呢？"乔皋的语气中还是透出担忧。

"这个问题问得好，确实有很清晰的方法去逐步构建稳固的自我内核。现在，您已经了解一个人的骑手与黑马、白马之间的理想关系是站在平等、尊重、友爱的立场去沟通，对吗？白马和黑马是很难被控制的，所以，我们有意识地练习自我内核，就要从骑手入手。我来举一个例子。当孩子有一个考试迫在眉睫，应该马上去复习了。但是，孩子的白马和黑马就是不想动，想再看一会儿电视。"

"这个情况正是我最担心的。"乔皋见我主动提出了这个例子，仿佛被说破了心事，"我怕孩子依靠自己就会一直看电视，被两匹马所挟持，骑手完全失去了功能，这也无从体验自我内核的感受呀。"

"您的担心不是没有道理的，但如果您强硬地介入，强迫孩子去复习，孩子的骑手就会无所作为，白马和黑马与您为敌，在头脑中形成严重的内耗。"

"那我应该怎么做？"

"我们应该回归真相。"

"回归真相？"乔皋重复着我的话，显然不是很明白我要说的意思。

"是的，回归关于白马的真相。想想看，在需要考试而拖延复习的状态下，鸿宜正在看电视，白马感受到的会是单纯的开心吗？"

"说实话，我不太确定鸿宜的感受。"乔阜如实说道。

"对于大多数人来说，大脑都是具有基础的辨别能力的，它不会真正地伤害自己。鸿宜在看电视的时候，白马感受到的也不会是单纯的愉悦，其中很可能夹杂着焦虑甚至自责，并且这种负面感受会随着时间的推移越来越重，直到已经超越了看电视带来的愉悦感和满足感。从我这么多年与青少年的沟通当中来看，他们很了解什么该做，什么不该做，这些判断也会清晰地通过白马的情绪表现出来。"

"可是，从以前发生的事来看，假如我不介入，我儿子很可能一直抱着电视看下去，而且表情还很开心呢！每次看到他这样，我就气不打一处来。"

"别担心，这是孩子白马的真实感受被阻断的结果。"我笑了，"鸿宜抱着电视不肯放手，很可能是因为看电视的机会难得呀，反正看久了，父母也要管，如果不等到被人制止就自己停下，他会觉得太亏了呢！这是匮乏感和外部压力给他造成了阻断，让他幻想自己看电视的时候是快乐的，是符合自己利益的，是占便宜的。归根结底，他很可能对自己的真实感受失去了知觉。"

"您的意思是，孩子的骑手其实不需要去抑制白马和黑马的需求，而是可以顺应白马？如果他真的能观察到自己焦虑的感受，就能通过主动地开始复习，达到让内在非常舒服的珍珠瞬间？"乔阜再次向我确认。

"完全可以！"

他将杯中的茶汤一口倒在嘴里，好像没有品出什么味道，但这个动作本身却充满了畅快的力量感，让人看了莫名地心情愉悦。他说："这段话真的让我对孩子重新拾起了信心！"

"我们作为父母的核心职责，就是给孩子的骑手做示范，陪伴这个暂时还比较稚嫩的小骑手，向自我内核越来越稳固的方向成长。"我继续介绍，"第一步，是看见并且接纳孩子目前的真实状态。这一点，在过去几周中您已经在实践了。当您不断看见孩子的白马、黑马的真实感受，并且用语言向孩子确认：'你是感觉到这样吗？'在这个过程中，孩子的骑手就在学习'哦，原来我目前是这样的感受'，元认知能力就会逐步增强。"

"对，我在这个实践当中已经觉得受益匪浅，孩子的作息就是在这个环境下调整过来的。但我当时还没意识到，其中包含着这么深刻的道理。"乔卓轻快地说。

"您做得非常好。接下来第二步，是给予孩子的骑手做决策的机会，鼓励孩子的骑手对白马说：'我了解你正在因为还没复习而焦虑。现在，我们可以做些什么，来缓解这种焦虑吗？可以试试看，复习能不能给我带来成就感和愉悦感？'在每次他的骑手稚嫩地拉了一下缰绳的时候，及时地看到，并且告诉他：'我看到了，这个努力真的很棒'。这样的过程就是在示范骑手如何去平等、真实、友爱地和白马、黑马沟通，启发他怎样的感受才是最好的。"

"说起来，鸿宜并不是每一次都抱着电视直到我们去管他。有时候他会主动离开电视，去学习。但这样的时候，我常常不是鼓励他，而是挑个毛病抱怨一下。"乔卓叹息了一声。

"试试从今天开始，在每次孩子的骑手在线的时候，把挑毛病换成正向反馈。这就是您的第三项挑战。很期待知道您实践后的感受。"我笑着结束了今天漫长的谈话。

本节知识点总结

　　帮助孩子建立稳固自我内核的步骤：

　　1. 如实看见孩子内心的真实感受并且表达出来，让孩子的骑手能够体会到白马和黑马的感受，提升他的元认知能力；

　　2. 给孩子的骑手自己做决策的机会，将更多的选择权交给孩子，引导他的小骑手能够平等、真实、友爱地与自己的白马、黑马沟通；

　　3. 在孩子的骑手发挥作用时，及时给予正向反馈。

第十二节　信任的培养

一周以后，我再次见到乔皁。今天，他穿着一件淡蓝色的衬衫，扣子扣得一丝不苟。

一进门，乔皁向我介绍这一周的成果："最近我放开了对他的管控，他显得很开心。最近他和我，和家人的关系也非常好。我对他温柔了，他脸上的笑容也多了很多。有时候他会露出那种很天真的、很童趣的表情，这样的表情我已经很久都没有在他脸上看到过了。原来我以为，孩子长大了，不会再有这样的表情。最近这种表情出现得越来越多，我才明白，是之前我太压抑他的感受，要求他的言谈举止像成人一样。可能真正属于孩子的东西，被他忘记了吧。"

"他的真实感受在流露，这是很棒的一件事。"我鼓励乔皁，"经常出现符合他年龄的天真烂漫的状态，这说明他内心有些阻滞的地方正在被疗愈。您做得非常好！"

"我也遇到了一点问题。"乔皁说道，"我放开对他的管控以后，他看手机、电视的时间越来越长了。我放手让他自己去做决定，而他做出的决定很放纵……我不确定这对他是不是真的有好处。比如昨天是周六，我休息在家。鸿宜早上9点钟就起床了，吃了早餐，就开始看电视。如果是往常，我一定会叫他别看电视了，多去看书，或是和同学约出去打篮球。但是昨天，我什么都没有说。您知道他一口气看了多久吗？他居然从早上一直看到了下午3点，才放开电视写作业去了。"

"嗯嗯，您在担心，孩子这样懒散下去，养成了不好的生活习惯，影响他未来的学习和发展，是这样吗？"

乔阜回答："是的。"

我微笑着说："我给您讲个小故事吧？"

乔阜点了点头。

"有一对恋人买了两只小鸟，在互相见不到面的日子里，他们把对对方的思念寄托在了小鸟身上，各自带回家很尽心地喂养。时间久了，人和鸟都产生了感情。男生时不时把小鸟从笼子里放出来，让它飞在他的手臂和肩膀上，摸摸它的头。女生的小鸟则是一直关在笼子里，但每次主人一出现，它就会显得非常兴奋，发出清脆的叫声。一天，这对恋人一起去公园游玩，各自带上了自己的小鸟。男生很自然地把鸟放了出来，小鸟开心地上下飞舞，落回在笼子上面。女生看到这个场景受到了感染，想起自己的小鸟也和自己很亲密，就打开了笼子的门。里面的小鸟先是有点不知所措，当它发现自己可以出来的时候，忽然一声高鸣，冲向了天空，再也没有回来。"

故事讲完了，我看着面前的中年男人："您能感受得到，为什么男生的小鸟很自然地回到了笼子，而女生的小鸟再也没有回来吗？"

"我想，这是个信任的问题吧。男生的小鸟相信自己的主人，知道每次回去后都还能再出来，所以它并不抗拒回去。女生的小鸟一辈子只等到了这么一个获取自由的机会，一旦再被关起来，又不知道未来还有没有机会出去了。所以，它们会做出完全不同的选择。"

"就是这样的！"我说道，"鸿宜现在，就是正在建立对您的信任。"

"什么信任？我还不太明白。"

"确实，您最近放宽了对他的管制。但是，鸿宜并不确定这样的状态能持续多久。换句话说，鸿宜很清楚是我劝您这样做的，他不能确定我对您的影响能达到什么程度。"我笑了，"让我们从鸿宜的角度来看一看这件事。假如您给予他的'自由'只能持续几天的时间，那么无论如何，在这珍贵的几天当中一直不间断地看电视才是最划算的选择呀！鸿宜的心态就像那只小鸟一样，不知道笼子的大门什么时候会再次关闭。对于他而言，时间是紧迫的。"

"可是老师，我是认真的。我已经想好了，即使鸿宜一整天在看电视，我也不会代替他的骑手来做决定。最终，只有他的骑手力量培养起来，才是真正对他、对我都有意义的结果。这一点我已经非常确认。"

爱与理性都是至真至美的特征，它们同时存在的地方就代表着光明和希望。只不过人间就是这样神奇的地方，我们常会看到爱，也常会看到理性，但它们并不经常共存在一处。当我们去爱的时候，很容易被爱迷乱了内心，纠结、逼仄，失去了理性的豁达。当我们用理性思考的时候，却容易被理性封锁了情感，冰冷、挑剔，失去了爱的温暖。这也是为什么在听到乔阜这句话的时候，我觉得很感动。在这里，我不仅感受到浑厚的父爱，还看到了理性的光辉。

"既然您决定了，那就去做。"我的语气因为感动而有一点高昂，"培养信任并不是一朝一夕的事情，但相信我，当孩子对您建立起信任，就像那只随时可以出笼的小鸟一样，它一定会回来的。"

"好的，我相信。"乔阜说道。

"自我内核思维的最后一项挑战，也是对于家长而言至关重要的一件事，那就是耐心。孩子的骑手一定会成长的，您需要做的，就是在漫长岁月中的鼓励和陪伴。千万不要忘记在孩子幼小的骑手每一次出现的时候，给予他正向反馈。"

"耐心，我今天到这里来，就是因为缺乏这个耐心而有点发慌了。"乔阜笑了，"比如周六的这件事，最后其实是鸿宜主动关掉了电视。但是当时我沉浸在自我怀疑的状态里，没有及时给他正向反馈。其实，我应该告诉他，我看到他的骑手了，骑手做得很棒。是这样吗？"

　　"是的，不过没关系，父母也有自己的情绪，父母也在成长啊！"我也笑了，"我对您也很有耐心呢，您能送给自己、送给鸿宜最好的礼物也是耐心。"

　　"如果遇到困难，我会再回来找老师您的。"

　　"没问题，随时欢迎。"

本节知识点总结

　　帮助孩子建立稳固的自我内核的要点：

　　建立孩子对自己的信任，让孩子明确自己的自由是延续的，自己可以把握决定权并需要为之负责。

　　对骑手还稚嫩的孩子给予充分的耐心，不要求一蹴而就的改变。

　　千万不要忘记在每一次孩子的骑手出现并且发挥作用的时候，给予他明确的正向反馈。

第十三节　真正的内驱力

　　自那以后，我又见过鸿宜两次。这个孩子显然越来越有神采，也越来越有活力了。看着他一天天变好，我渐渐感受到，这个家庭即将成功结束自己的挑战。

　　两个月后我收到乔皋的信息，想约我见一面。"不会占用老师太多时间，我只是交个作业。"他在信息中这样写道。

　　我指引他在窗边熟悉的沙发上坐下，开始询问他要不要喝点茶或是咖啡。

　　"不用了，我只占用您 15 分钟的时间就走。"他目光炯炯地说，"我是来告诉您，鸿宜已经回去上学一周了。"

　　"真是太好了！"我真心为他们高兴。

　　"是您的功劳。"乔皋突然直视我的眼睛，"直到一年以前，我一直是一个自负的人，觉得在养育孩子的问题上自己什么都懂了，只想对鸿宜生活中的一举一动控制得越精细越好。古语说：玉不琢不成器。我就是把他当成一块璞玉，相信只要雕刻得法，定会成为一件珍宝，成为我最得意的作品。如果没有这次突如其来的变化，我还不知道要继续那种养育方式多长时间。"

　　"几个月以前，鸿宜的睡眠障碍和休学让我的信念突然崩塌了。我不能接受休学这样的问题发生在曾经那么优秀的鸿宜身上，我想不明白问题出在哪里，我更不能相信是我的教养方法出了问题。说实话，这是鸿宜自身的反应机制在起作用了，他的本能就是要中断这个状态，提醒我做出改变。现在想想，其实还有些感谢当时发生了这个不大不小的变故。

"就在这样的状态下，我参加了思维挑战。不得不说，真的很震撼。老师告诉我一直以来所追求的'事件'根本就不值得作为目标的时候，我觉得脑袋要爆炸了。还好，我最后理解了您的意思，好像突然豁然开朗，对很多事情都没有以前那种较真和执着了。"他爽朗地笑起来，"这段时间我用心体会自我内核思维的时候，更能深刻地感受到，这个方法确实能给鸿宜带来真实的好处。不是表面上的控制和变化，而是内在的、脱胎换骨的改变。

"一开始，这对我真的是个挑战，咬牙忍住去管理鸿宜的欲望，忍得很辛苦。但到了后来，它就变得越来越容易。因为您知道吗？每做一步，我也能感受到骑手、白马和黑马方向合一的珍珠瞬间。我和孩子都是愉悦的，都认为这样做是对的！"

乔阜继续说道："他回归学校，这是他自己提的。在家里待久了，他也想回到集体生活中去。当时我问他为什么突然想开了要回去上学的时候，他轻描淡写地说：'你和妈妈希望我回去，我就回去咯。'语气很淡，但是听在我的心里，却是沉甸甸，暖洋洋的。我完全没想到事情会这么顺利，当我尊重他的时候，他也会回过头来尊重和照顾我的愿望。

"鸿宜这次返校上学也和以往有一些不同。原来他上了初中以后，在学校的反应是有些紧张和僵硬的，如果老师、同学给他一些压力，他会回应得很慢。老师说，他现在应对自如了很多，越来越放松了。即使是面对原来的数学老师，他的课业跟不上，也敢于直视老师的眼睛。语文和英语很快就跟上了节奏，现在的学习状态很不错。我总觉得很神奇的事情正在他的大脑中发生，他越来越能够听到自己内心的声音，遵从内心真实的方向去行动了。"

　　"谢谢您将这么美好的故事分享给我，您做得太棒了！"我说，"未来，如果您或鸿宜再次遇到内驱力方面令自己彷徨的感受，可以随时用我送给您的冥想引导练习来唤醒自己内心真实的感受。现在，我很高兴地告诉您，您和您的家庭，挑战成功了！"

本节知识点总结

　　父母陪伴孩子自我内核成长的过程，在开始阶段可能有些挑战，需要忍耐控制和管理孩子的个人欲望。但随后，当父母渐渐感受到这个方法给孩子带来的内在改变，父母也会渐渐找到骑手、白马和黑马方向合一的珍珠瞬间，使自己和孩子都能听到自己内心的声音，渐渐愉悦起来。

扫描二维码，获取本节附带冥想引导音频2：
自我内核思维的内驱力冥想练习。

尾记　鸿宜的信

老师：

　　您知道吗？女娲娘娘用泥巴捏了很多小人出来，都有头有脸，有四肢。但是，他们都是泥塑的，不会动，也没有表情。

　　但这并不是故事的结尾。

　　女娲希望小泥人都能过上自己想要的生活，所以给每个小人吹了一口仙气，让他们鲜活了起来。他们会跑，会跳，会在草丛里开辟出新的路。

　　我想，这口仙气，就是您说的自我内核吧！

　　感谢老师出现在我的生命中，让我了解了这些。

乔鸿宜

第二章

CHAPTER 2

流动思维：从源头上处理负面情绪

徐莉和明淙老师：

你们好！

我有一个女儿和一个儿子，女儿从韵已经小学三年级了，儿子刚刚两岁。他们真的很可怜，遇到了我这样一个坏妈妈。

我最大的问题是情绪暴躁，尤其是在从韵的事情上。无论是吃饭、穿衣、睡觉还是学习，即使是一件小事她都可以触到我的逆鳞，让我发怒到失去理智。很难想象吧？我经常打孩子，而且打得她很疼。

我也看过很多育儿的书和公众号，知道这样做会对孩子产生不可逆的影响。每次打过以后，我又会后悔，想和女儿修复关系。现在从韵对我已经越来越叛逆了，看我的眼神也充满了厌恶，我们的亲子关系就在这样的互相折磨中恶性循环。

我能理解孩子们的不喜欢我，我也不喜欢现在的自己。

希望这个思维挑战能救救我。

> 挑战参与者
>
> 母亲：武妍
>
> 女儿：魏从韵

第一节　我想离开这个家

收到这位母亲的来信，我还是决定先和女儿见一面。

从韵是一位小学三年级的学生。她穿着一身蓝色校服，身材相对于她的年纪来说稍稍瘦小了一些。长发高高地扎在脑后，前额有很多新的头发长出，形成一层乱乱的小刘海，彰显着旺盛的生命力。一双水汪汪的大眼睛像星星一样漂亮，只是瞳孔中的神采并不十分明亮。

"从韵来啦？快坐。"我热情地招呼她，指了指窗前的沙发。

从韵开门见山地说："我妈以前找过心理医生。没用的，只好了一段时间，就又回到原来的样子了。"

"你很希望她改变，是吗？"我温和地问。

"她不改变也行，只是希望她不要再折腾我们了。"

"折腾你和弟弟，对吗？"

"嗯，还有我爸。"

"哦，爸爸也在被困扰吗？"

从韵默默地点了点头。她显出很累的样子，双手环抱着身体，躺倒在长沙发的一边。

"好，那我们就不聊她了。"我笑着说，"你有什么喜欢做的事吗？"

"我喜欢……"从韵躺在那儿，迟疑了一会儿，"什么都可以吗？"

"当然啊，什么都可以。"

"我喜欢给娃娃设计衣服。"从韵一边说，一边用手指顺着沙发的缝线画到底部，再画上来。

"哦，我找找。老师这刚好有一个娃娃。"我起身从摆放沙盘玩具的柜子上拿来一个身材窈窕的小玩偶，"这个怎么样？"

从韵忽地直立了起来，接过娃娃，轻柔地为她捋顺头发，好像鉴宝师戴着手套在摩挲珍贵珠宝一样。

我认真地翻箱倒柜，找出一打彩色纸、剪刀、小夹子和胶水："遗憾的是这里没有布料，只好用软软的彩色纸代替了。这些东西可以吗？"

"你是说现在？现在就可以给娃娃做衣服？"从韵还是有点不敢相信。

"当然，老师不会服装设计，很想趁着这个机会跟你学一下呢！"

"好，那我教你！"女孩一双水汪汪的大眼睛里出现了神采。

那天，我们没有再聊关于从韵家庭的任何事。令我感到意外的是，这个小姑娘对裙子肩部和腰部的设计确实别出心裁，虽然只能使用很简单的材料，但整条裙子完全不是我之前想象的迪士尼公主的风格，而是给人一种很飒的感觉，有种巴黎时装秀的高级感。我把这些感受如实告诉了她。从韵笑得嘴巴大大地张开了，露出里面还没换完的小乳牙。

"明老师，我们下次什么时候才能再见面？"快结束时，从韵问我。

"下周吧。到时候，我会把材料准备得更充分一些的。"我笑着回答。

"明老师下周见！"当从韵离开办公室的时候，脚步轻盈得像要飞起来。

*

从韵第二次来到办公室，还是穿着完全同样的校服，扎着马尾，她的状态明显比上次好了得多。

"明老师，我来了！"从韵率先开口打招呼。

"从韵来啦，看我准备了什么。"我指着桌子上的布料、褪色笔和针线，"我觉得这段白纱很漂亮，可以试试看在哪里用上它。"

"嗯，可以用它做一条长拖尾，前面做成黄色的短裙。"从韵一边翻看布料，一边用很专业的口吻回应我。

制作裙子的过程，我完全在一旁观察，并没有打扰她。从韵的双手非常灵巧，她一边从容地使用着为她准备的工具和材料，一边如数家珍地告诉我，哪个工具好用，哪个工具还有更好的替代物。每做好一个部分，都会放在娃娃身上前后左右地端详一番，修修补补，达到非常满意的程度后再继续下一个步骤。据我的判断，她大部分时候能够进入心流状态，甚至时不时能够感受到骑手、白马和黑马方向合一的珍珠瞬间。这令我对很好地帮助这个孩子充满了信心。

"终于完成了！好漂亮的裙子，我们让娃娃站在这里，欣赏她一会。"我说，"你觉得，咱们给这条裙子配点什么茶喝比较合适？"

"花茶吧！"她笑了。

"好，那就茉莉花。"我用胖乎乎的马克杯泡了花茶，下面垫着原木的小碟子递给她，轻轻问道，"你给娃娃做衣服，妈妈喜欢吗？"

从韵的神色黯淡下来："不喜欢。"

"为什么不喜欢？"

"妈妈觉得浪费时间。"

"她喜欢你做什么？"

从韵想了想："她喜欢我乖乖的，不要让她发脾气。"

"嗯嗯，那在什么情况下妈妈会发脾气呢？"

"我不好好吃饭，或者不听话的时候，妈妈就骂我，有时候打我。"

"最近的一次妈妈发脾气，你做了什么？"

"今天早上，我吃饭的时间太长了。妈妈说我磨蹭，说我不想吃就别吃了。我躲到厕所里很长很长时间，妈妈用力地砸门。门玻璃啪啪地响，可吓人了。"

"你一定吓坏了吧？"我把一只手放在从韵的手上，安慰着她。

仿佛是感知到手掌心传过来的温度，从韵觉得有了某种依靠，忽然眼圈一红，哭了出来。眼泪挂在大眼睛上，睫毛也打湿了，忽闪忽闪地让人感到心疼又怜爱。

女孩没有再说话。我轻轻拉着她的手，陪着她坐着。过了许久，从韵开口说："明老师，我怕妈妈会疯。她打我很疼。我想快点长大，离开这个家。"

"孩子，别担心，妈妈不会疯的。老师也会帮助妈妈。"我继续拉着她的手，"你看见这个沙盘了吗？你可以用这些玩具，在沙盘上随便做个什么，做什么都行，每次只拿一个玩具放在里面。"

"我上次来就看见了这个沙盘，我还以为是给小孩玩的。"从韵说着走近沙盘，用手抓起细细的白沙，让沙子一点点漏掉，在沙盘上形成一个个小沙丘，再将双手插入沙子中。

从韵的第一个沙盘：逃跑

　　沙盘游戏是瑞士心理学家多拉·卡尔夫 (Dora Kalff) 在 1962 年发明的一种心理分析与治疗方法，也是现代儿童心理咨询中常用的方式。与"房树人"测验不同，沙盘意象不但可以协助我们通过分析更好地了解孩子内心世界，并且手指与细沙相接触会产生被完整包裹的触感。沙子可以被自由塑形，创造属于自己的沙盘就像一次无声的倾诉，有明显的疏通与疗愈效果。沙盘游戏非常适合持续的系列治疗，经常可以从中看到清晰的康复轨迹。

　　从韵的第一个沙盘叫作"逃跑"。"这是我设计的游戏。"她指着中间隆起的沙丘说，"这是一条小路，爸爸领着他的孩子们在逃跑，但是小路太窄了，他们在奔跑时经常会掉到小路的两旁。"她指着沙盘的上半区说："你看，这里的太阳是笑的。掉到这一面，就可以去游乐场玩游戏，看电影，吃好吃的，还能增加一条'命'。"她又指向下半区说：

"如果掉到这边就惨了，很惨，掉一次会减少一条'命'，也可能就死掉了。"

从韵所做的第一个沙盘，是她家庭的一个微缩全景图。爸爸带着他的孩子们在逃跑，前面有仗剑的女战士拦在路中央阻截他们；三条鱼在逃跑，凶猛的鳄鱼在紧紧追赶，还有功夫熊猫、铁扇公主和毒皇后紧随其后，这部分沙盘充满了戾气。太阳公公的哭与笑，何尝不是妈妈情绪的晴雨表，当妈妈高兴时，一家人可以去游乐场，看电影，吃美食，有天鹅妈妈温柔呵护幼崽的温馨；当妈妈不高兴时，家里立时水深火热，岌岌可危。在潜意识里，妈妈化身成鳄鱼和毒皇后，驱赶和伤害着家里的其他三个成员。

从韵曾说："妈妈每次发飙之后，也会对我很好，但我不相信她，因为她过几天还会再发飙，我不想要她对我好，我只希望离开她。"

本节知识点总结

　　如果希望走入孩子的内心，需要认真地陪伴孩子做她真正喜欢的事。过程中只要放下自己的成见用心去感受，就会发现孩子有很多平时常被忽视的品质。

　　沙盘游戏非常适用于与孩子交流。沙子独特的触感和可塑性使得做沙盘的过程本身就具有疏通和疗愈效果，并且不需要孩子有很强的语言表达能力。持续系列的沙盘治疗一般能从中看到清晰的康复轨迹。

第二节　爱的定义是什么

我和从韵母亲武妍的会面，约在了周末的一天。武妍大约 35 岁年纪，穿着牛仔裤和一件淡绿色的衬衫，衬衫下摆松松地在腰部挽了一个结。显然，从韵那美丽的大眼睛承自于母亲。只是母亲的眼眶更深一些，眉毛的颜色也更浓一点而已。她的头发在脑后扎着一个马尾，肤色很白，两颊还有一些可爱的小雀斑。头部稍有一点前倾，肩膀像被什么东西压着似的，似乎总是处于紧张状态。

"喝点什么？咖啡好吗？"我笑着问道。

"好啊，谢谢。"当武妍笑的时候，一双眸子弯弯的，嘴角抿了起来，很是好看。

油汪汪的咖啡豆从咖啡机顶部的漏斗里漏了下去，形成了水纹形状的小坑。当深褐色液体进入小杯子的时候，醇厚氤氲的香气升腾起来，绕着垂吊在料理台上方的三色麻绳挂灯转啊转。

"看到您的来信以后，我见过从韵两次。小姑娘在美学方面很有天赋，动手能力又强，我很喜欢您的女儿。"我笑着对她说。

"她也很喜欢你，一直吵着要再来见你呢！"武妍也笑了，"其实我们以前也看过一些家庭方面的心理咨询师，后来事情多就没有继续了。她说，你给她的感觉不太一样，她很愿意和你在一起。"

"未来她也会很愿意和您在一起的。"我微笑着说。

武妍的表情有些黯然："老师，那我说说我的情况吧。其实我也是大学毕业生，以前是一个地产公司的销售。我很会说话，客户问什么我都能应对得很好，所以当时业绩经常在前几名，那是我人生的高光时刻。后来，我嫁给了现在的丈夫，9 年前生了女儿。当时双方的父母都不愿意过来帮我带孩子，我只好辞职自己带。两年前我又生了儿子，唉……生活变成一团乱。"

武妍用一个手指顶着咖啡杯的把手，让杯子在小托盘上缓慢地转着圈："生孩子以后，我就再也没工作了。我发现自己好像变了一个人。女儿有很多同学的妈妈，都是职场女性。我只敢跟她们聊孩子的事，聊到别的话题，社会啊，八卦啊，我都不敢，担心自己的想法被人笑话。然后，我觉得自己越来越敏感，越来越暴躁。"

我温和地说："很久没有进入职场，会对自己的价值有一点点怀疑，这也是正常的。先生和您的交流多吗？"

"他看不惯我。"武妍想都不想就回答道，"每次他说话，就是指责我这里做得不好，那里做得不对。我就很烦。他现在也不怎么和我说话。"

这是在全职妈妈中很常见的一种心理状态。如果说我们的人生像是一辆车，让它积极、健康地向前行驶需要发动机的动力，那就是"正向反馈"。对于全职妈妈而言，从社会获取的正向反馈（物质、荣誉、称赞和认可等）相对比较缺乏。如果丈夫和其他家人也对她们疏于关注，甚至经常负向评价，全职妈妈的人生状态就会像是一辆走在西部无人区的汽车一样，很难找到加油补给站。如果这个全职妈妈的自我内核也不够稳固，无法找到来自内部的珍珠瞬间，骑手对情绪和行为的察觉和控制能力就会越来越弱。

武妍继续说："老师，我现在最大的问题就是太暴躁了，情绪上来的时候控制不住。每次被激怒了，就要发泄出来。我常常会打孩子，打得还挺重的。女儿几乎每隔一个星期就会被我打一次。我越是打她打得狠，她越要跟我对着干，有时候甚至会拿出天不怕地不怕的劲头来。"

"您可以帮我举一个例子吗？"

武妍说："可以。我女儿很喜欢缝小娃娃的衣服，老师您已经知道了吧？以前我反对她玩这个，是因为实在太耗时间了，一旦她进入那个状态，两三个小时都叫不出来。今年她过生日，她爸爸像献宝一样给她买了一个小孩用的缝纫机，她可更神气了。上个星期天下午，本来我应该带她去上大脑开发课的。眼看时间要到了，她还在玩她的缝纫机。我叫了她三次她还不出来，就像听不见我说话一样。我当时就觉得火气往上涌，什么都顾不上了。我走进去，抢过女儿的缝纫机，对着桌子角砸下去……'嘭'的一声，缝纫机的塑料部分当时就裂开了。女儿那天的情绪非常崩溃。她像嘶吼一样大哭了很久，我也开始哭。那天的课也没上。"

武妍说起这件事，脸上满是痛苦："后来我一直都在后悔和自责。为什么我在那一刻就完全控制不了自己呢？"

"不用过于自责，这种情形并不只是在您身上发生，其实在很多家庭里都有发生。"我轻轻安慰她，"从某种程度上来讲，这也是人的生理构造所决定的。当心脏的血液被泵入大脑的时候，会优先供给大脑中主导本能的部分（黑马）和情感的部分（白马），随后才会供给理智的部分（骑手）。您当时的状态，就是当白马受到刺激，感受到愤怒而充血，致使骑手暂时性缺氧了。所以，您才会觉得大脑一片空白，什么都顾不上了。可以理解为，您是被暴走的白马裹挟着做出了决定。"

"对，对，就是一种充血的感觉，大脑'嗡'的一声，一片空白。"武妍抬起了头，"我陷入这种状态的时候还挺多的，我还有救吗？"

"当然，这是可以通过元认知思维养育的方法来解决的。"我直截了当地回答她，"只是，我需要一个小小的前提条件。"

"什么条件？"

"您爱您的女儿吗？"我认真地问。

"当然爱啊！不然怎么会为她付出这么多。"说到这，武妍迟疑了一下，"只是，我生气的时候又觉得有一种恨。唉，我也不知道这算不算是爱。"

什么是"爱"？

这是一个很值得思考的问题。我们每天和人交流都在使用语言，并且我们理所当然地认为，大家都在使用同一种语言。但是，现实中有这样一个事实：当同一个词语出现在不同人口中时，人们对它赋予的含义可能存在非常大的差异。很多人与人之间的误解和矛盾激化都来源于此，我们总会本能地受到先入为主的印象驱使，理所当然地认为对方的理解和自己是一致的。

记得曾经有一次，有一位母亲来找我，说自己的儿子要"杀了她"。她自问和儿子之间没有深刻的矛盾，但儿子突然恶狠狠地这样说，母亲当场就情绪崩溃了。对于那位母亲来说，"杀"这个词极为血腥和暴戾，她完全接受不了。当时我陪着她静下心来慢慢了解事情的真相，我们发现，当时儿子刚刚打完电子游戏。在游戏里"杀"和"复活"都不过是一瞬间的事，是玩家之间对不满的一种表达。所以，孩子并不是真想严重伤害母亲，只是这个词在两个人心里的含义存在严重区别而已。

当我越来越深刻地了解这一点，我开始通过不断训练来逐渐强化一项能力：当我需要倾听别人的时候，去尝试了解对方内心赋予每个词语的真实意义；当我需要准确地表达自己的时候，去尝试和对方共同约定重要词语的意义。

我对武妍说："看起来，'爱'这个词的含义并不够清晰，不足以帮助我们准确地判断什么状态才是'爱'。爱应该是什么呢？"

武妍有些茫然："爱是付出吧。比如我说我爱女儿，是我从小把她带大，给她穿衣做饭，送她去上学。为了她，我放弃了事业，成了一个家庭主妇。我还给她报了很多课外班，每次接送都是我。我现在什么都没有了，只有家庭和孩子们。"

我说道："这个界定很棒，我对'付出'的含义非常赞同。在我个人的概念中，'爱'包含两个因素：第一，希望对方有好的状态；第二，为了对方有好的状态，自己愿意有所付出。"

武妍歪着头思考了一会儿，说道："可是为什么我付出了很多，从韵不但不感谢我，还恨我呢？"

我轻声回答道："因为我们思维常常停留在'事件'层面，忽视了背后的'心理状态'。这很容易囿于虚幻的错觉而看不清真相。从韵没有在您的付出中感受到真实的、甜蜜的爱意，究其本质，这是因为您的思维停留在了'事件'上。比如，吃得饱不饱、穿得暖不暖、学习好不好，这些都是'事件'而已。这个层面表达出的爱，在对方看来有可能是温暖的，同时也有可能是扭曲的，甚至充满控制感的。"

"那我要怎么做，才能让孩子感受到真正的爱呢？"

"让我们换个角度来重新看一看'爱'的定义吧。"我说道，"如果一个人真正地爱着另一个人，这种爱应该来源于自己的心理状态，也最终着落在对方的心理状态上。具体来说，可以这样理解：

　　"1.希望对方能够真实体会到价值感、愉悦感和满足感合一的珍珠瞬间。

　　"2.为了对方能够获得好的心理状态，愿意对自己的心理状态有所调整，让渡一些欲望和需求来成就对方。"

事实上，对于爱的定义而言，心理状态层面也比事件层面更有意义。

多年来，以上这个清晰、准确的爱的概念已经帮助大量来访者破除幻想，回到真相中来。而当真相浮现，我们会惊讶于它的纯粹和直接，奇怪自己怎么会被幻想蒙蔽了那么久。需要家长们诚实对待的是，并不是所有的父母都真正希望孩子有好的心理状态，而我们经常对这一点失去觉知。

曾有一位母亲在练习一段时间元认知思维养育后对我说："老师，我一直以为我很爱自己的孩子。但是最近，我突然发现自己心底里其实并不希望孩子有价值感、快乐感和满足感。每当孩子得意地向我炫耀他的成就，或者很开心地跑跑笑笑的时候，我都会立刻板起脸，说两句打压的话，避免他'得意忘形'。过去我总是用'中国人就是讲求含蓄内敛'来麻醉自己，而当我诚实地观察自己，我发现，其实内在的我是在害怕孩子的生命力太旺盛了，以后我会越来越难控制他。我突然意识到，这哪里是在爱孩子，完全就是控制欲在起作用啊！"神奇的是，当这位母亲有了这样清晰明确的认知后，当孩子再表现出旺盛生命力的时候，她就再也没有感受过那种扭曲的痛苦了。这就是元认知的力量，它拨开了围绕着事情的迷雾，告诉我们本质的答案。当真相出现的时候，很多痛苦也会自然地随着幻想烟消云散。

父母为了孩子有好的心理状态而让渡一些自己的欲望和需求，这就更加不容易了。数据显示，在 80% 的情况下，一个人指出和提醒别人的错误会令自己觉得满足。而身为父母，我们很容易陷入"伟大幻想"的误区，以"我都是为你好""我怎么会害你"为出发点，在心理状态上不断打压和控制孩子，阻碍孩子的骑手真正成长起来，压制孩子自主感受"珍珠瞬间"的能力。这也是为什么父母真诚地观察与孩子互动时自己内部状态的勇气那样难得，也对改善亲子关系有那样重要的作用。

我为武妍简要地解释了一下关于爱的定义后，温柔地看着武妍的眼睛，希望目光能给她一些鼓励和安慰。

听了这番话，武妍再度沉默，显然她从未从这个角度思考过问题。她再次开口向我确认："你的意思是说，爱的判断标准是我愿不愿意孩子过得快乐，自己愿不愿意为此承受痛苦吗？"

"嗯，并不完全是这样。"我解释道，"在孩子心里，这并不只是快乐，而是她的情绪被理解和接纳，获得的一种很丰富的、温暖的内心感受。在您心里，也并不是简单地承受痛苦。当我们深入元认知思维养育，会发现其实是很多幻想正在折磨您和孩子。通过练习来打破幻想，最终会让您和孩子都轻松和幸福起来。但是在过程中，我们需要和自己既有的思维习惯做一些对抗。"

"我明白您的意思了，我愿意这样做。"

"太好了！这个方法能够成功的前提，就是参与挑战的双方都爱着对方。我很认真地告诉您，您很爱自己的孩子。"我高兴地说。

"哦，双方吗？可是从韵，她好像不爱我。她巴不得离我越远越好，她不止一次说过想要离家出走。"

"其实，我也曾经以孩子能听懂的方式问过从韵同样的问题。"咖啡杯里还剩下最后的一点液体，我们的谈话已经进行了不短的时间。

"她怎么说？"武妍急切地问道。

我笑着回答："我只能说，她真的很爱您。"

那一刻，我看到武妍的眼底闪出了星星般的光芒。

我继续说："所以，我非常期待。在未来的几周时间中，你们的家庭一定会越来越好的！您的第一项挑战，就是在日常的事情里，用心感受自己对孩子的真实的爱。"

"好！我会用心去感受的。怪不得从韵那么喜欢您，我也很喜欢和您聊天呢。那咱们下次见！"武妍笑起来的样子，真的很美。

本节知识点总结

全职妈妈生活中来自社会的物质、荣誉、称赞和认可相对比较匮乏，很容易陷入自我评价低落的心理状态。如果全职妈妈的自我内核不够稳固，骑手对情绪和行为的察觉和控制能力就会越来越弱。

很多人与人之间的误解和矛盾激化都来自一个事实，那就是当同一个词语出现在不同人口中时，对它赋予的含义可能存在非常大的差异，而人们经常受到先入为主的印象驱使，理所当然地认为对方的理解和自己是一致的。因此，我们有必要不断训练强化一项能力：当我们需要倾听别人的时候，去尝试了解对方内心赋予每个词语的真实意义；当我们需要准确地表达自己的时候，去尝试和对方共同约定重要词语的意义。

如果一个人真正爱着另一个人，这种爱应该来源于自己的心理状态，也最终着落在对方的心理状态上。具体来说，可以有这样两个方面：第一，希望对方能够真实体会到价值感、愉悦感和满足感合一的珍珠瞬间。第二，为了对方能够获得好的心理状态，愿意对自己的心理状态有所调整，让渡一些欲望和需求来成就对方。

第三节　情绪急救的方法

第二周的同一时间，武妍再次来到我的办公室。一进门她就开口说道："上次和您聊过以后，最近我很认真在感受对孩子的爱，觉得我更能控制脾气了！"

"具体是什么感受？说说看！"

武妍径直走进来坐在椅子上，像回到自己家一样："周六那天，从韵和同学出去玩了，一直到她回来我才知道，她是和我不喜欢的一个孩子一起。那个女孩性格很叛逆，我不愿意从韵跟她交往。以前，她们在一起的时候经常都在讲两个妈妈的坏话，从韵把我的丑事都告诉她了，她也说了很多她妈妈骂她的事。我觉得从韵和这个女孩在一起会被她带坏的。如果放在以前，我一定会生气发火。但是这次我忍住了！"

"真的不容易。您是怎么做的，能告诉我吗？"

"自从上次和老师聊完，我就想：我爱女儿，我不喜欢她的心理状态受到折磨。她和同学出去应该是开心的，我不能因为我不喜欢，就再次撕裂她的心理状态，就像我以前每次做的那样。所以我要控制好自己。"

"然后呢？您心里觉得怎样？"我认真地看着她的眼睛。

"说实话，我心里非常难受。我把孩子交给老公，出门沿着马路走了很久，我也不知道有多久，起码有一个小时吧。当时觉得特别孤独。"

"我很能明白您的感受。"我由衷地说。

"老师，我确实改变了。我想得很清楚，不能再像以前一样，动不动就情绪爆炸。这对孩子的影响太大了。我会纠正自己的错误的，就像您上次说的，愿意为了孩子而改变，我爱他们。"武妍说着说着，低头盯着桌面小花瓶里的花，仿佛听众不再是我，而是她自己。

"您的决心我看到了。有您这样的愿望在，这个问题一定会解决的，请相信我。"我很为她的决心感动，"现在，我们需要调整一下方法。"

"我的方法有错误吗？"武妍疑惑地问。

我没有直接回答她的问题，而是反问道："您以前试过类似的方法来控制脾气吗？效果怎样？"

"在这次以前，我看过几次心理咨询师，也了解父母情绪对孩子的危害。所以，我其实好几次试过压制自己的情绪了。唉，只是我意志力不够，每次都没坚持多久。"

"嗯嗯，是这样的。"我笑了，"假如一件事让我们觉得'坚持'得很苦，说明我们确实还没找到最佳的方法。"

"那还有更好的方法是吗？"

"当然。有在愤怒的当下进行'情绪急救'的方法，也有长期更新思维方式，从根本上消融愤怒情绪的方法。您要学哪一个？"

"原来老师还有这么多方法没告诉我，哈哈。"武妍的心情轻松了一些，脸上的笑容也多了起来，"我听过一句话，小孩子才做选择，成年人两个都要！"

"没问题！"我笑着回答，"我们先从简单的开始。对愤怒情绪很有效的急救方法，是一种冥想技巧。这类技巧的名称叫作可视化想象（visualization）。"

"那是什么？"

"一般来说，冥想的作用可以归纳为三大类：

"1.更好地了解我们的大脑正在发生什么，分辨哪些是迷雾，哪些是真相（也就是元认知能力）。

　　"2.锻炼骑手的力量，让它有能力及时看见和影响自己的心念；

　　"3.协助自己解决生活中一些具体的问题，比如愤怒、焦虑、失眠、注意力无法专注，等等。

　　"当然，前两点是基础，也是我们练习冥想最后将会达到的主要效果，增强元认知能力和骑手力量。"

　　我为她简单介绍了骑手、白马、黑马理论和元认知的概念后，武妍问道："我不太明白，元认知能力和骑手能力有什么区别？"

　　"我们可以认为元认知是骑手的一部分，因为'对认知的再认知'确实是一种理性思维，是大脑前额叶要做的事。但元认知并不等于骑手，因为除了这件事，骑手还会做很多其他的事。比如说网购的时候，我们计算商品的价格和折扣，选择在哪一家下单，这个过程也是骑手完成的，但这显然并不是元认知在工作。"

　　"哦，我明白了。"

　　"好的。"我说，"现在我们要讨论的是上面所说的第三点，在被一些事情所困扰的时候，也可以利用冥想来针对这一类事件和情绪做个急救。这就要用到可视化想象的技巧。"

　　武妍又问："可视化想象是要幻想某种场景出来吗？"

　　"对呀，为了更快速地应对眼前的问题，有时我们要在冥想中想象一个具体的场景出来，还有时想象一种抽象的感受就可以了。等一下我可以引导您尝试一个在愤怒过程中用来急救的可视化冥想，到时候您就明白了。"我温和地说。

　　"好！今天学会了，以后生气的时候，我自己做这个冥想，就会帮助我安静下来，是吗？"

　　"没错。以后随时都可以找个安静的地方，用几分钟的时间来个'情绪急救'。"

武妍看起来已经有点迫不及待了："好！咱们试试吧！"

我们坐在桌前的椅子上，双脚垂在地面，双手放在大腿上。我使用稳定低沉的音调，开始引导她进行深呼吸。一边呼吸，一边留意看环境中的光线，倾听身边的声音。然后，缓慢地闭上眼睛，恢复自然的呼吸方式。

接下来，想象自己坐在一个温暖而明亮的地方。有一束太阳光稳定而缓慢地从头顶上方照射下来，不间断地从上到下，照射进身体内部。每当它到达一个身体部位的时候，就会融化掉这个部位所有不开心的感受，将它变得明亮而温暖。随着进入身体中的阳光越来越多，它就像液体一样，在双脚的位置沉淀下来，水位线一点一点地上升。阳光形成的水位线逐渐覆盖了双腿，到达腰部和上身。当它到达哪个部位的时候，就吸收掉了那里所有的紧张感觉。渐渐地，整个身体从双脚一直到头顶都被温暖的阳光所填满了，每个部位都变得放松且柔软。最后我们让这个景象慢慢消失，保持它带给我们的舒适的感觉，并且让意识重新回到自己身边的声音、气味和身体的触觉，轻轻地睁开眼睛。

"现在是什么感受？"我轻声问。

武妍没有动，仍旧静静地坐在那里。她的嘴角上翘着，显得非常平静。过了一会，她感慨道："真是太舒服了！"

"这就是情绪急救的方法。"我微笑着说，"回到家以后，也可以这样去练习。"

"如果能和老师住在一起就好啦，我自己做，我有点担心会做不好。"武妍咧嘴笑着。

我笑了："不需要担心呢。可视化想象的过程是自然发生的，不需要评判自己做得对不对，甚至就算想象的场景和感受暂时消失了，也没有关系，当我们的注意力回到这里的时候，它自然会再出现的。不用评判自己做得对不对，像旁观者一样看着一切就可以啦。而且我也录制了冥想引导的音频，回家后随时都可以调出来，插上耳机来一段。"

"那太好了。这样做一下真的很舒服。"武妍再次感慨道。

本节知识点总结

　　在心理问题中，如果一种控制方法让我们觉得坚持得很苦，说明它可能不是最佳的方法。

　　我们冥想的作用可以归纳为三大类：第一，更好地了解我们的大脑正在发生什么、分辨哪些是迷雾，哪些是真相（也就是元认知能力）。第二，锻炼骑手的力量，让它有能力及时看见和影响自己的心念。第三，协助自己解决生活中一些具体的问题，比如愤怒、焦虑、失眠、注意力无法专注等。

　　在愤怒的当下进行"情绪急救"的方法是一种可视化想象技巧，通过几分钟温暖流动的场景想象来消融自己内心的压力和痛苦。

扫描二维码，获取本节附带冥想引导音频3：
愤怒状态下的急救冥想练习。

第四节　如其所是地看见

"吃点圣女果吗？我去洗一点吧！"一个人的感知能力在冥想结束时会发挥到最细微的程度。圣女果味道清甜，具有固体的形状，里面又包含丰富的汁液，很能产生多层次的感知。我很愿意为武妍将冥想后的美好感受再丰富一点，尤其是当果汁从舌尖开始流进口腔，依次经过味蕾的时候，其中丰富的味道真是很难得的享受。

"好啊，谢谢。"

摆上圣女果，我们继续回到了刚才的话题："现在，我们可以开始进行更深层次的探讨，来说说从根本上应对负面情绪的方法了。从我们的经验来看，解决所有情绪问题的钥匙都来自真相，来自我们在客观观察真相的基础上形成的认知和结论。"

"我不太明白。"

"这样吧，我们先试试把真实感受调出来，就会容易理解很多。我们可以再来进行一个微型的冥想吗？这次，我们不再需要利用它去改变什么，而是把它作为一个实验。"

"来啊，我现在已经有点喜欢上冥想了。"武妍说，"只是把冥想当做实验，这话怎么说呢？"

"很简单，我们来做一个小实验，让您心里的状态告诉您，真相究竟是怎么回事。等一下在冥想过程中，无论大脑里发生了什么，都不要去评判它，只是观察它，了解它，就够了。"我说。

　　于是，我开始了新的冥想引导。这次当武妍闭上眼睛以后，我没有引入任何场景化的描述，而是请她简单地让意识停留在呼吸上，留意腹部跟随呼吸节奏的运动。我的引导暂停在这里，给她留下了一片安静。开始的时候，武妍的肩膀还有些耸立。渐渐地，她的全身都松弛下来，只剩下腹部在有节奏地起伏律动。又过了一小会儿，她的眉头轻微地抖动着。

　　两分钟后，我轻声说道："现在，给自己的大脑几十秒的时间休息，不再锁定在呼吸上，让自己想想什么，就想什么。"大约过了半分钟，我请她让自己的意识重新回到身体的感受上来，留意身边环境中的声音和气味；在舒适的时候，轻轻睁开眼睛。

　　"刚才的感受如何？"我轻声问。

　　过了一会儿，武妍缓缓地说："最开始我应该要专注呼吸的时候，想法一直在跑来跑去。一会在想今天的午饭吃了什么，一会又在想这个冥想什么时候结束。到了'给大脑自由，想想什么就想什么'的那段时间，大脑反而什么都不想了，不知道要想什么，空空如也。结束的时候，我觉得非常平静，非常放松。"

　　"很棒，这么快就看到了能让自己纷乱的情绪平静下来的真实方法。"我很开心地说，"您知道怎样让烈马安静下来吗？如果人一开始就紧紧地勒住烈马的缰绳，那马就会拼命挣扎，直到受伤为止。相反，如果人给马拴着很长的绳子，让马在广袤的空间里驰骋，那么马就会认为自己完全是自由的。人将绳子非常缓慢地收紧，就能使这匹马渐渐地、自然地安静下来。大脑的念头也是如此——它是无法被控制的。您刚刚在冥想过程中感受到了，在冥想的前半段，您希望自己能快点专注起来，于是产生了对冥想的排斥。感受到了吗？我们越想控制自己的情绪，就越会导致阻滞和反抗，让痛苦停留的时间越长。"

　　武妍若有所思地点了点头。

我继续说道："我们可以回想一下，每次想要控制愤怒情绪的时候是什么感觉？"

"浑身都不舒服。"武妍回答。

"是的。被控制的情绪不是消失了，而是从向外攻击转为了向内攻击，停留在那里。"

"哦，对，对，它就像在我的体内横冲直撞！"武妍提高了音调。

"是啊！我们总是以为，可以通过'控制'来达到目标，认为只要自己做得足够多，事情自然就会按照我们所想象的方式进行。但是，往往我们会失望。在大脑里发生的事尤其如此。"我不无感慨地说。

武妍问道："不控制，那我们应该怎么做呢？"

"怎么做，这也要问您自己。"我微笑着说，"刚才在冥想的后半段，大脑出现了一段非常平静和空明的状态，对吗？想想看，那段时间您都做了什么？"

武妍很惊讶："我什么都没做啊！我让自己的大脑完全自由，它反而乖得离谱！"

"在这个小实验中，大部分人都出现了和您一样的感受。其实，在这段时间您可不是什么都没做。相反，您做了一个至关重要的动作。这个动作就是我们应对自己情绪的钥匙。"

"是给它自由吗？"

"部分是，却不全是。"我回答道，"在我们拥有觉知之前，大脑也一直都是自由的，念头一个接一个，情绪此起彼伏。但是，这样的自由对我们处理情绪并没有太大帮助。所以我们才说'给予自由'确实是从根本上应对负面情绪的一步，但它并不是全部。在冥想过程中，我们除了给予大脑自由以外，还在做一件同样重要的事，那就是正确地'看见它'。准确地说，是'如其所是地看见它'，也就是不加评判地看见它本来的样子。

"让我们来复盘一下刚才在您的大脑中发生了什么。先是经过前面一小段时间的冥想练习，您的元认知能力开始被激活。当您给予大脑充分的自由，想去哪里就去哪里的时候，元认知在盯着念头的一举一动。由于您对大脑念头的定位本身就是没有目标、没有方向的，所以在这段时期中，元认知是完全中立的，不会出于好恶去批判或者尝试控制自己。同时，元认知又是放松的，无论事情怎样发展，它都只是如实地观察而已。这样的过程，就达到了'正确地看见'。"

"这个好像有点深奥！"武妍捋了捋头发。

"抱歉，是我说得太复杂了。"我准备举个例子，"从韵和那个您不喜欢的朋友一起出去玩，让您觉得生气和痛苦。对吗？"

"对。"

"好的，我们就用这件事来当例子。在那个痛苦的当下，如果您的元认知能力在线，'如其所是地看见'自己的真实感受，它可能是这样的：我现在正在感到痛苦，孩子没听我的话，和那个朋友在一起。我想到她们也许正在说我的坏话，感到自己对她的爱没有换来应有的回报，觉得很愤怒。另外，我还在担心孩子的安全，毕竟天黑了，而我不知道孩子现在在哪里。"

"老师，您就像我肚子里的蛔虫一样！"武妍大声说，然后突然意识到这个比喻似乎有点不妥，不好意思地笑了一下。

"我很荣幸！"我笑着继续讲解道，"'如其所是地看见'这个动作最核心的地方在于，立足当下，在观察自己的时候，将自己的角度保持在'旁观者'的位置上。在大脑这条繁忙的马路上，想法就像是川流不息的车辆。比如，您在想：'从韵的朋友是个叛逆的孩子，她会把从韵带坏的，她们会不会去不好的地方？不知道从韵和她在一起又说了什么，肯定不是什么好话。和她在一起能说出什么好话呢？她本来就讨厌她妈妈，连带着从韵也讨厌我。从韵本来就对我有怨恨，这下就更糟糕了。上次，从韵去这个女孩家里做客，回来以后，就跟我闹别扭，不知道是不是她在背后发挥了作用……'这就是我们在追着马路上的一辆车越跑越远。"

武妍说："还真的是这样的！上次从韵和她出去，我就是这样一边走，一边想。"

"是啊。在一般情况下，当我们的元认知能够忽然发现自己正在想一件事的时候，很可能已经追着这辆思维的车跑了很远啦；甚至有时候，远到连最开始的出发点都已经回忆不起来了。"

"老师，我觉得我每天大脑中的车子实在太多了。"

"我们要做的事并不复杂，只是从繁忙的车流中退出来，坐在马路边看着车来车往而已。这就是'如其所是'的奥义，和自己的大脑建立更好的相处模式，让感知一点点地展开。同时，就像我们冥想时给予大脑自由一样，现在我们也要给予自己的情绪流动的自由。"

武妍问我："刚才跟着您的引导让大脑的念头自由，我觉得做起来并不困难。但是要让情绪流动，而且还是生气的情绪，我不太知道应该怎么做。"

"这很简单。"我回答道，"只要这样想就可以了：在现在的情况下，我感受到痛苦、生气和担心，这是完全正常而正当的，这种感受并不可耻。我的感受是自由的，它可以继续在这里存在一会儿也没有问题。情绪和感受本身是怎样的，我们就怎样去看见它，不评判，不选择，这就是'如其所是地看见'。"

"可是，假如我继续愤怒下去，很可能就会失控，会骂孩子和打孩子，我过去一直都这样的！"武妍的语速因为紧张而有些加快。

"嗯嗯，我很明白您的担心。但只要您采用流动思维的方法去应对，情绪就会以肉眼可见的速度缓解下来。并且这样的缓解并不是一种压制，而是自然地消失。我记得小时候学孔夫子的思想，其中有一种状态非常吸引我，就是'从心所欲而不逾矩'。我们让自己的情绪越来越趋近这种状态的方法就是流动思维。"我语气笃定地说，"这可并不是安慰，也不是鸡汤，而是被很多人的练习效果所证实的规律。"

本节知识点总结

，，

大脑的念头是无法被控制的。我们越想控制自己的情绪，就越会导致本能的阻滞和反抗，让痛苦停留越长的时间，无法流动过去。

应对情绪波动最好的方法是"如其所是地看见它"，这包含两方面内容：第一，给予自己大脑充分的自由，知道自己现在感受到的痛苦、生气和担心是完全正常而正当的，这种感受并不可耻。第二，在过程中保持元认知能力在线，站在旁观者的中立位置持续不加评判地看见情绪和想法本来的样子。

我们要做的是从大脑中"繁忙的车流"里退出来，坐在马路边看着车来车往。通过这样的方式和大脑建立更好的相处模式，让情绪不是被压制，而是自然地流动过去，直至消失。

第五节　流动思维的核心

　　"和您的谈话里，不断听您提到'真相'这个词。"武妍突然说道。

　　我的笑容扩大了，语气却很坚定："是啊，我毕生的精力都在观察真相，而它也慷慨地给了我很多问题的答案。"

　　"真相怎样给我从心所欲而不逾矩的状态？"武妍的语气很诚恳。

　　"真相就是，一切的本质都是流动的。斗转星移，沧海桑田，这世间不存在什么恒常不变的东西，城市的样貌、人的习惯，还有人与人之间的感情。即使是太阳的东升西落，看起来好像永远都是如此，其实也同样是星体之间的相互运动而已。宇宙不会永远是这样，星体的轨道当然也不会永恒。回到我们大脑里发生的事情，变化就更加快一些。比如您的愤怒情绪，当时觉得那样强烈，现在它还在吗？"

　　"现在已经没有了。"武妍回答。

　　"是的，这个情绪已经流过去了，找不到了。这还是在情绪发生的当下，您对它有所阻断的情况下，它流动得稍微慢了一点。但是，它同样是已经流过去了。这就是流动思维的核心思想：一切流动的，都会过去。"

　　"一切流动的，都会过去。"武妍重复道，"我觉得这句话好像对我有点醒的作用。"

　　"它会对您很有用的。"我笑着说，"每当您出现负面情绪的时候，都可以用这句话来提醒自己，回到如其所是的当下。"

"所以我上次抑制自己发火，就是在阻断它的自然流动，是这样吗？"武妍问道。

"没错。您的内心不允许这种情绪存在，就是阻断。当愤怒的感受产生时，您在抵触它，认为'我不应该是愤怒的，我应该是平和的、理性的好妈妈'。这样的想法就是在阻断愤怒的感受，让它无法自然地流动。这就像我们立起一个巨大的堤坝拦阻在河中间一样，上游的水不能流到下游去，久而久之就会形成一个堰塞湖。这也是为什么我们越是抵触自己的感受，这种感受就会越强烈、越持久的原因。"

"所以我那天的做法，是阻断了自己的感受，不允许自己发火，不允许自己愤怒，对吗？我跑到外面越想越生气，越想越委屈，在马路上吹着风，一直在流泪。"武妍告诉我。

"辛苦您了，为了自己的家庭和孩子承受了这么多。"看着眼前的女生鬓角已经生出几丝白发，我不自禁地想，她曾经也是一个水灵灵的小姑娘，一颦一笑都散发着灵动的光彩。现在，她却做着这样艰难而勇敢的努力，为了让自己的家庭得到幸福。遇到困难没关系，有她的决心在，我就有十足的信心帮她达到自己的目标。

武妍继续说："以前我会直接把自己的怒火发泄出来，确实发泄完就不再生气了。但是看着孩子被我伤害的可怜样子，我还是不好受，会自责。这也是情绪在流动吗？"

"这个问题问得好。您过去向外发泄，确实是让情绪流动的一种方法，但它的效果并不很好，主要是因为它缺少了元认知的'看见'。在发泄的过程中，您可能说了一些脱离真相的话，也做了过激的事。于是，愤怒的情绪得到流动，它流过去了，但是新的负面情绪出现了，我们开始因为自己做了过激的事情而自责。"

"是，是，我每次都是这样的！"

"所以，如其所是地看见，这是流动思维的核心。做到这一点其实并不难。现在，我们的元认知能力可能还没有达到可以随时启动的程度，所以我为大家设计了一个'提问法'，就像是个快捷方式一样，协助元认知开始工作。"

"提问法，是向自己问问题吗？"武妍问道。

"是啊，在问问题和回答问题的时候，自然会有一个作为'观察者'的元认知出现，然后我们只需要保持观察者的中立和放松，就可以了。我们需要问的问题也很简单，只有三个问题：

"1. 我现在的感受是怎样的？

"2. 我在抵触这种感受吗？

"3. 如果在抵触，抵触的感受是怎样的呢？

"稍隔一小会儿，再来重复地问自己：我现在的感受是怎样的？"

武妍希望得到一个确认："老师，那如果我提问自己得到的结果是我确实觉得很生气，还能发泄情绪吗？"

"可以。如实看到了自己的情绪，当然可以选择发泄和表达。只要元认知在线，我们的表达就不会走入暴怒的失控状态，严重地伤害孩子。另一方面，也可以给自己一点冷静的时间，观察自己一会儿。一般来说，元认知很快就会发现情绪正在有速度地流动着。这个时刻的感受与上个时刻不同，下个时刻的感受又与这个时刻不同。这会不断增强我们的信心，让我们越来越清晰地知道：一切流动的，都会过去。当真相留在我们心里，情绪就会自然地平和下来。这就是您的第二项挑战。"

"老师，我愿意试试看。"武妍坚定地说。

本节知识点总结

　　流动思维的核心思想是：一切流动的，都会过去。如果我们内心不允许这种情绪存在，就形成了一种阻断，使它不能自然地流过去，就像堤坝拦阻在河流中央形成了堰塞湖一样。这也是为什么我们越是抵触自己的感受，这种感受就会越强烈、越持久。而协助情绪顺畅流动的方式就是"如其所是地看见"。

　　当我们的元认知还无法做到时时觉察的时候，可以采用"提问法"来补充元认知力量的不足，自然回到"观察者"的位置。提问法包含三个问题：第一，我现在的感受是怎样的？第二，我在抵触这种感受吗？第三，如果在抵触，抵触的感受是怎样的呢？稍隔一小会儿，可以再来重复一遍。

　　提问过程中，我们会真切地感受到自己情绪正在流动的真相，这个时刻的感受与上个时刻不同，下个时刻的感受又与这个时刻不同。这会不断增强我们对流动思维的信心，让情绪自然地渐渐平和下来。

第六节　痛苦漩涡的真相

深秋时节，南国的天气也开始渐渐有了一丝凉意，大楼的架空层也不再像个大号的烘干机一样，总是吹热乎乎的风了。

"老师，中午好呀！"今天，武妍穿了一件镶着蕾丝花边的藕粉色裙子，头发披散在肩膀上，更显几分温婉的气质，"你说的'流动大法'，我试啦。"

我被"流动大法"这个词逗乐了，问道："效果如何？"

"效果神奇！"不知道是不是因为刚刚骑了一段时间的单车，武妍的额头上还有一些细小汗珠，这次她的面部表情和肢体动作明显比上次丰富了很多。

"慢慢说。"我笑着递给她一张纸巾。

"前几天，老师在微信家长群里批评从韵，说她上课带着别的同学一起小声说话，提醒了两次都不改。我看到这个群消息，就觉得脑袋很大，火气一下子冒上来，就想着等从韵回来，怎么批评教育她一顿。"

武妍眼睛里仿佛有光，说着："我做了几个深呼吸，然后开始问自己：我现在的感受如何？答案是我感觉生气，没面子，从韵不争气被老师公开批评，我作为家长也觉得像自己挨骂了一样。然后我又问自己：我在抵触这种感受吗？答案是我确实在抵触。我觉得别的家长未必会把老师的一句话放在心上，我为什么情绪这么不稳定，不管出点什么事都会爆炸？接着，再问自己：抵触的感受是怎么样的？答案是抵触的感受让我更难受了。我不但生从韵的气，同时还生自己的气，气上加气。"

武妍稍稍停顿了一下，抿了一口茶水润润喉咙，继续说："我想起老师说的'提问法'是无限循环的，就回头从第一个问题再问自己：我现在的感受如何？我很惊讶地发现，自己气得要爆炸的感觉明显减弱了很多！我再问：我在抵触这种感受吗？这时我就想起了'一切流动的，都会过去'。我在想，我现在情绪不稳定又怎样呢？每个人都有自己的缺点。我一时情绪不稳定，不等于我就一辈子情绪不稳定呀！我只要让它流动起来就可以了。想到这里，我发现自己想要对着女儿发泄一番的欲望消失了！两个小时后，女儿放学回来，我很平静地告诉她老师在家长群里说了这句话，让她以后注意，这件事就结束了。"

"做得太棒了，真为您点赞！"我竖起了大拇指。

"老师，我之前是真的没想到情绪处理可以这么容易。后来我想，以前是我太不信任自己了，总觉得稳定住自己的情绪要经过一番'天人交战'，要抽筋剥皮那种。没想到，顺应情绪本身的规律，它就真的流动过去了！"武妍的眼睛睁得大大的，好像直到现在都觉得不可思议。

我笑着说："是啊，在中医界有一句俗语，叫作'通则不痛，痛则不通'。这是描述身体状态的，其实心理状态也是同样。我们不允许当下的状态存在，就是在阻断它。换个方式，顺应真实的路径，让所有情绪顺畅地流动，我们就会找到最健康的状态。"

"我现在对自己的信心比过去任何时候都要大。"武妍说。

我笑着点点头。

"但是，我还有一个问题。有一次，我觉得自己的情绪好像流不过去了，不但流不过去，而且还越来越严重。我想请你帮我分析一下，问题出在了哪里。"

"是发生了什么严重的事吗？"我关切地问道。

"也不是很严重，只是被我给严重化了，唉……事情是这样的。家里每顿饭都是我做的，有时做得比较上心，有时候就随便一点。要是老公和女儿能吃光所有的饭菜，我就特别有成就感。但如果他们不好好吃，我就觉得气不打一处来。上周有一天，从韵只扒拉了两口就不想吃了。我问她：为什么不吃茄子？她说：你烧的茄子不好吃。当时我就火了。我说：'你给我吃完五块茄子，不然不许下桌。'从韵腾地站起来，起身就要回屋。我很粗暴地把她扯回来，按在椅子上，用筷子夹了茄子塞在她嘴里，她的嘴唇四周被弄得都是油……"武妍的话语停在这里，眼神紧紧地盯着地面上的插座。她的表情和语气就像在描述一场噩梦一般。

我没有说话，静静地陪着她坐着。

过了一会，她继续说："做完这件事以后，我也吃不下饭了。我把自己反锁在房间里，开始流泪。一开始只是轻轻地哭，后来，渐渐变成抑制不住地嚎啕大哭。"

"您还记得，您在房间里想到了什么吗？"

"唉，我想到的可多了！我想到了这些年我有多不容易。为了家庭我放弃了工作，没有收入，只能在家里这三室一厅打转。做饭、洗衣服、打扫卫生，每天脚不沾地地忙，到头来人家都不领情。"说着说着，武妍换了个语气，"其实说实在话，他们也并不总是不领情的，很多时候他们对我还是挺好的。但是那个时候，我就一门心思地想到他们对不起我的那些事。我想到以前从韵被我打得狠了，瞪着眼睛说我是母老虎的表情；还想到我丈夫，结婚的时候就说要我辞职在家。那个时候我们还没有孩子，原来他一直都不尊重我，想让我成为他的附庸、保姆……"

"我听到您现在描述这些想法的时候，立场是非常中正客观的，值得称赞。如果在那个当下能够这样去看见，就已经是'如其所是'的境界了。"我真诚地说。

"可那天那个时候，我确实没有这样的心境。我越想越觉得自己可怜，最后把眼睛哭肿了，嗓子也哭哑了，第二天都没办法见人。"武妍盯着面前的桌子。

"我明白的。这就像是您内心控制的白马拉着车一路狂奔，跑了很远的路。这是正常的，很多人都会经历这样的时刻。有些事甚至平时想起来不觉得有什么，但到了心情不好的时候就会被翻出来，在内心形成滔天的巨浪。"

武妍大声道："对啊，就是这样的！比如我丈夫原来说要我辞职当家庭主妇，那是因为他看我总是抱怨工作累，其实也没有逼我。平时我想起这件事也不觉得痛苦，但是那天，就越想越觉得他瞧不起我，全世界都瞧不起我！"

听完了武妍的讲述，我说道："您知道为什么会出现这种情况吗？"

"为什么？"

"我们的大脑有一种本能需求。对于很多人来说，这种需求都很强烈，甚至优先于'让自己愉悦和满足'的需求，那就是'证明自己是对的'。"

"证明什么是对的？"武妍问道。

"证明大脑中存在的想法都是对的，尤其是我们的认知和感受。我们可以一起来分析一下当时在你的大脑中发生了什么。开始时，是女儿说您烧的茄子不好吃。这个时候，您感受到被人否定的痛苦，觉得自己的价值感受到伤害，很想对外发泄这种痛苦。对吗？"

"是呀。"

"然后，如果我们去如其所是地观察，会发现大脑可能开始有意无意地这样想：只是一条茄子而已，如果我因为这件小事而痛苦，不是很小气的表现吗？这可不太好。接着，大脑开始做一件事，那就是'找证据'。"

　　"找自己痛苦的证据吗？"

　　"是的。大脑开始有目的地搜索自己的回忆，到处寻找自己痛苦的证据。于是，大脑找到了自己辞职在家的付出得不到回报、女儿指责自己、丈夫劝自己做家庭主妇等事情，并且添油加醋地烘托气氛，就是为了不断强化——我的价值确实很低，我应该感到痛苦。"

　　武妍听了以后，感慨道："天哪，大脑居然真的在干这么傻的事！"

　　我笑了："别忘了，证明自己的感受是对的，这可是大脑的一项基本诉求。"

　　"您这么一说，我觉得好像没有之前那么痛苦了，甚至好像还挺有意思的。这就是无理取闹嘛！"武妍又感慨了一次。

　　"是啊，在大脑中，大部分时候确实不是骑手的智慧在发挥支配作用呢。"我笑着说，"所以它会自己做很多傻事，这是正常的。咱们来打个比方。假如我们每天要走一条路，这种负面情绪的状态就像这条路中间的一个黑洞洞的大坑。每次走过我们都会掉进去，被一种巨大的吸力牵引着往下掉，然后只能伤筋动骨地爬出来。事情过后，才发现自己刚刚掉在坑里了。现在，我们开始练习元认知能力了，可以慢慢避开情绪这个大坑。但这不是一蹴而就的，而是要经历一个练习提升的过程：

　　"1. 在下落的过程中意识到'我现在正在下落'。

　　"2. 在刚刚踩进坑里的那个瞬间知道'我现在踩到坑里了'。

　　"3. 了解'前面有个坑，我如果像现在这样，再走几步就要踩进去了'。

　　"4. 经过长时间的练习，我们的元认知能力越来越强大，终将有能力绕开这个坑。"

　　"这个比喻真的很有意思，感觉我每天都在'掉坑'呢。"武妍说，"那我应该怎么去做，才能最后绕开这个坑？"

　　我回答道："其实说来也很简单，就是第一时间启动骑手去工作。大脑的情绪需要一个正当的合理性，不是吗？那我们就第一时间给它一个合理性。让骑手去看见白马的负面感受，承认它是正当的，是'对'的。"

　　"承认愤怒的感受是对的吗？"

　　"没错。有能力伤害我们的只有当下的感受，我们需要处理的也只有当下的感受。孩子否定了我做的菜，我觉得有挫败感，这是很正常并且正当的感受，是'对'的。我们暂停下来专心体会这种挫败的感受就好，不需要拉扯其他'证据'。"我微笑着说。

　　"那我明白了，老师。自己可以给自己一个小剧场，现在，我就是世界上最失败的人了，action！哈哈，这样的话，白马演一会，说不定自己就演腻了！"武妍忽然福至心灵。

　　"这个办法好！"我举起了大拇指，"演腻了，就会发现挫败感已经自然地流动过去了。"

本节知识点总结

　　心理状态同样适用"通则不痛，痛则不通"的说法。顺应情绪真实的路径，让它顺畅地流动起来，我们就会找到最健康的状态。

　　我们的大脑有一种优先级很高的本能需求，是"证明自己的认知和感受是对的"。为了达到这一点，大脑会在痛苦的当下有目的地搜索回忆，寻找自己应该痛苦的证据。正因如此，我们才会经常陷入痛苦的漩涡而不能自拔。所以我们可以调动骑手的功能，在负面情绪出现的第一时间承认它的合理性。这样，大脑就不需要去拉扯其他证据了。

　　元认知思维可以带领我们清晰地看到当下。有能力伤害我们的只有当下的感受，我们需要处理的也只有当下的感受。

　　练习元认知的过程会帮助我们逐渐绕开负面情绪的"大坑"，过程会经历四个步骤：第一，在掉入负面情绪的过程中逐渐意识到自己正在被情绪裹挟。第二，在负面情绪刚刚出现的瞬间就知道它出现了。第三，在情绪出现之前了解接下来可能出现的状态。第四，随着元认知能力越来越强大，最终有能力完全绕开这个坑。

第七节　感受的生命周期

武妍神色凝重地说："老师，过去的事，我现在想起来确实还是有些痛苦。"她开始了回忆。

那是两年前的一天，武妍因为女儿不好好练小提琴而打了她。据她自己回忆，当她批评女儿一首曲子怎么能拉成这样的时候，从韵显得无所谓。于是，武妍被彻底激怒了。她那次打得很重，孩子的臀腿上青一块紫一块的。从韵也许是疼得狠了，突然翻身过来挠了武妍的手臂，恶狠狠地说："摊上你这样的母老虎当妈妈，太倒霉了！"然后就回了自己的房间。

"她说这句话的时候，那个眼神里面像有火冒出来，就像要吃了我一样。我从她眼睛里，仿佛看到了一个可怕的东西。那不是人，而是青面獠牙的怪兽。只有看到残忍的怪兽，人才会有那样的眼神吧？那么害怕，那么憎恶，又那么勇敢地反抗。"武妍说着，眼角挂着泪，"从那以后，我就不敢看镜子中的自己，也不敢照相。我觉得，我一定是……挺丑的吧。"

我伸出手来，搭在武妍的右手上："我自己也是母亲，很理解您的心情。那次的事件，您失控了，从韵也失控了。所以，两个人才都会觉得自己受到了伤害。"

武妍无声地点点头，眼眶里湿湿的。

我继续说："想想看，现在的您已经不是两年前的您了，您已经开始做出了改变。假如现在您看到从韵不好好练琴，还会像当初那样暴怒动手吗？”

“肯定不会了。我还是会不高兴，但我知道要让自己的情绪流动过去，不会那么严重地去伤害孩子了。”

“那么，记忆里的这件事就翻过去了，成了历史，成了一个故事。那是发生在两年前的您身上的事，不是现在的您。当初的那个人现在已经找不到了。”

“您是说，我不应该再纠结这件事了吗？”

“可以继续纠结的，没有问题。”我解释道，“只是我们需要弄清楚，正在伤害我们的到底是什么。昨天的子弹打不中今天的我们，正在伤害我们的，不是过去的事件，而是当下的感受。”

“我不太明白，它们有什么区别吗？”

“很多人在面对回忆中的创伤时，都认为是过去的事件正在伤害自己，于是人们不断翻开回忆要‘穿越’回去改变和疗愈它。其实，当我们用流动思维去观察它就会发现，过去的子弹已经消失在历史的尘埃中，今天的我们是崭新的自己，并不会被它打中。现在我们每次想到这件事就会痛苦的原因，是这个痛苦的感受还留存在当下，还没有消失。”

“我好像明白了一点点。”武妍皱着眉头努力，厘清这些时间点。

“每一种感受都是有周期的。”我递了一串小青提给她，继续说道，“在周期里，它会经历发生、变异和消失。有的感受可能在几秒钟之内就流动过去，消失不见了，比如我们吃了一粒青提的愉悦感。而有些感受可能存在了两年之久，还仍然清晰，就像您所说的这个事件对您造成的痛苦。并不是它不会流动了，而是它本身的生命周期还没有过去。”

“那它还要停留多久？”武妍继续问道。

“对于每个人来说，每一种负面感受的生命周期存在很大差异。比如失恋，有的人两三年还深陷其中，有的人三五天就流动过去了。”

"假如它流动过去了，那就是我再想起这件事，也不会觉得痛苦了，是吗？"

"是的。当我们想起这件事的时候，只像是想起了回忆中的一个故事，不会再包含当下的痛苦感觉。只要我们不去人为地阻断它，让它自然地流动起来，感受的周期就会大大缩短。"

武妍歪着头说："所以，可能是我心里不允许这个感受存在，总是想让它消失，它才流动得非常缓慢吗？两年来，每当想到这件事，我就觉得：我为什么这么可怜？我为什么变成了这样？每次看镜子，我都不愿意看自己，觉得自己肯定是丑的，不愿意面对这个事实。这些是在阻断情绪的流动吗？"没等到我回答，武妍就继续说，"按您之前讲的'如其所是地看见'的方法，这样做确实就是阻断。"

"您说得很对。"我肯定道，"其实我现在就坐在您对面，我能感受到您的美，这么多年来，您应该是一直都很美。"

当我称赞面前的妈妈长得美的时候，她笑了，像是清丽的蔷薇瞬间绽放开来："真的吗？我都很多年不化妆也不护肤了。我好像从心里放弃了自己。"

我笑着说："在这两周里，看到您笑得越来越多，真是比昂贵的护肤品的效果都要好呢！"

武妍也笑了："确实，我最近越来越爱笑了。原来，心里压抑了太久，无处诉说，也不知道应该怎么办，尤其是不知道应该怎么舒展地面对自己的家人。现在，虽然很多问题仍然还在，但是我的心态好多了。反正您说了，一切流动的，都会过去！"

"好的，现在我们一起来做一件事。"我停顿了一下，一字一句地说，"抛开女儿当时对您的评价，卸下觉得自己'丑'的包袱，摘除认为自己是最可怜的受害者这些因素，将过去的子弹统统还给过去。现在，我们重新来感受一下，再回忆两年前那件事的时候，当下的感受是怎样的？"

武妍认真地想了想，说："我觉得那种窒息的痛苦减弱了很多！"

"对啦，这就是流动思维。我们如实地观察它，面对它，允许它存在。不批判，不抵触，感受就会更快地流动起来。新鲜事件带来的情绪是如此，陈年回忆带来的情绪同样如此，它们其实无不是在处理当下。"我看着她的眼睛。

"流动思维真是绝了！就像是为我量身定做的一样！"相处久了，看着武妍开始出现越来越多孩子气的表情和语言，我的心里充满了愉悦。这说明她心理上的障碍正在消融，对思维挑战也越来越接纳了。"今天我回家以后，一定能睡个好觉了。"临走前，武妍还不忘感谢我拯救了她的睡眠。

本节知识点总结

　　昨天的子弹打不中今天的我们，正在伤害我们的，不是过去的事件，而是当下的感受。每一个感受都有它的生命周期，我们每想到一件过去的事就会痛苦的原因是这个痛苦的周期还没有结束，感受还留存在当下。我们可以摘掉幻想的滤镜，把过去的子弹还给过去。

　　影响感受的生命周期长短的因素有很多，加速感受周期流动的方法是不去人为地阻断它，用"如其所是地看见"的方法让它自然地流动起来。

第八节　特殊的礼物

在过去几周中，每周我都会见到从韵。有时我们会一起做衣服、画画，有时会做一个沙盘来跟踪她最新的状态，还有的时候，我们只是坐着聊聊天。小女孩和我的感情越来越亲厚，对我的称呼也不再带有姓氏，而是直接称为"老师"。

这天，从韵还是穿着那套蓝色校服，头发扎成高高的马尾，一进门就径直走进来，给了我一个大大的拥抱。

看到孩子这样好的状态，我非常开心。这段时间一起聊过的话题越来越多，从韵的生活也在我眼前越来越清晰起来。从韵是个很喜欢独处的女孩，在学校并没有什么亲密的朋友。也许是受到成长环境中母亲情绪不太稳定的影响，从韵打心底里认为与人交往是一件很危险的事，让她宁愿选择自己一个人。

"从韵，你平时不开心的时候，会和谁说？"我问小女孩。

"不开心？我会自己哭。"从韵回答。

"爸爸呢？如果你不开心，会告诉他吗？"我继续引导。

"有时候告诉爸爸，但是爸爸很忙。"

"朋友呢？有朋友听你说吗？"我继续问。

"没有朋友听我说不开心的事。"从韵回答。

这方面就是我对从韵最大的牵挂。每当母亲发泄愤怒，在学校受了委屈，或是发生任何引发从韵负面情绪的事情，她需要一种渠道让这种情绪流动起来；否则，淤堵在内心可能会形成创伤。

很多时候，如果一个孩子在人际关系中经常遭受痛苦，而这种痛苦情绪受到了阻碍，无法流动起来的话，有一定概率在孩子的思维方式上形成一个烙印并且可能会伴随孩子一生。精神分析学派的代表思想认为童年创伤的影响非常深远，比如有的孩子会一直认为自己是不值得被爱，长大后尝试谈恋爱或结婚时，会本能地出于对亲密关系的恐惧而退缩。还有的孩子不敢遵从自己的本心做决策，认为对自己做的任何决定负责都是一件危险的事，即使那是一个非常合理、不会伤害任何人的决定。

在过去一段时期与从韵的交流中，我能感受到从韵有很清晰的独立思想，自我内核也并不虚弱。尤其是在她以服装或者绘画的形式完成自己的设计作品的时候，我常常能看到她处于骑手、白马和黑马方向合一的"珍珠瞬间"。至今为止，这个孩子的心理成长状态还没有什么大的问题。我需要做的只是协助她，让她学会使自己的负面情绪流动的方法。考虑到从韵的年龄和性格，我准备采用正念书写的方法，并且为她设计一种特殊的写作方式。

"从韵，你喜欢写日记吗？"我问从韵。

"我写过日记，但是是妈妈要我写的，我不喜欢。"从韵回答。

"老师教你写一种不一样的日记，你会喜欢的。"我说。

过去几周，我已经陪伴从韵尝试了很多新的玩法，她都很喜欢，所以这次她也并没有拒绝。

"老师有礼物给你。"我起身从柜子里拿来了一个铝制的盒子。盒子上面有锁，要用钥匙才能打开。盒盖上，印着两只胖嘟嘟的小熊，互相拥抱在一起，憨态可掬。我把钥匙递给从韵："这是你的了！打开看看？"

从韵咧嘴笑了，目不转睛地盯着盒子，但没有立即接过去。她再次用语言和我确认道："老师，我可以打开它吗？"

"当然可以！这是老师送给你的礼物，它现在是你的了。"我再次确认。

从韵郑重地接过盒子，像是拿着很贵重的东西一样，端得四平八稳。她把盒子轻轻地放在腿上，放稳了，才接过钥匙，插进了锁孔里。"啪嗒"，锁打开了。盒子的盖子弹开，露出了里面的一本笔记本。在笔记本封面上，有一个穿纱裙的女孩，旁边有一个巨大的红色爱心，爱心的中央，写着四个字"抱抱日记"。

"呀，这是我上次画的！"从韵指着封面上的女孩图案，惊喜地对我说。

"是呀，老师把你画的画拍成电子版，然后印上去的。旁边这颗大红心是老师画的，这是咱们共同创作的作品呢。"

从韵忽然双手环抱，将本子紧紧抱在自己的胸前。

让一个孩子感到幸福其实很容易，只要我们付出一点点真心，孩子就会回馈上百倍的爱给我们。因为工作性质的缘故，我可以经常接触到这样质朴浓烈的情感，给我带来丰厚的滋养和感动。我常常觉得真正的老师是孩子们，而真正的学生，是我自己。

"打开里面，还有更好的东西。"我提醒道。

从韵满怀期待地打开了本子，发现里面什么都没有。她疑惑地看着我。

"看，它的名字，叫作'抱抱日记'。每当你觉得自己想要被拥抱的时候，就来打开这个本子。未来，它会带给你无穷无尽的价值。"我倡议道，"今天，咱们就一起来写第一篇日记吧。"

我们在书桌前坐了下来，从韵拿起了笔。

"这是'抱抱日记'，每一段话的第一句都要是同一个格式：'抱抱我自己'。后面的内容，你只要想到哪写到哪就可以了，一直写到不想继续写为止。切记，每一段都要以'抱抱我自己'开头哦！"

"好，我试试。"从韵爽快地答应了。

于是，她在本子上写下：

> 抱抱我自己。昨天我们小提琴老师开始教新曲子啦，真的有点难，老师演奏第一遍的时候我觉得眼睛都乱了。以后我可一定要好好练琴，不然就麻烦大啦！

> 抱抱我自己。我妈妈最近就像换了个人一样，再也没发脾气了！虽然还要观察她这次能坚持多久，但是现在我的生活真的好开心，不用再每次吃饭都提心吊胆的。以前看到饭菜都不想吃，现在我能吃掉满满一碗饭了。我现在比较担心，发考试成绩的时候。我还是要注意一下的，如果考不好，妈妈还是会生气的吧？就这么决定了，这次我要考个高分给妈妈看看。妈妈对我好了，我也要让妈妈开开心心。小聪（从韵给自己起的小外号），加油！

从韵写完了这两段话，在下面签上了今天的日期，递给了我。

"宝贝，写得真棒！'抱抱日记'就是这样写的。"我竖起了大拇指，"看到你说，妈妈最近已经好很多了，对吗？"

"对，老师。妈妈最近变化真的很大，有时候我做事太慢了，我以为她肯定要发火了，结果妈妈什么都没说，还是对我和和气气的。现在我看到妈妈没有以前那么紧张了。"

"太好了，老师会继续帮助妈妈的。老师也在日记里看到，你很爱妈妈，很希望她能快乐，你们未来一定会相处得很好的。从韵，你喜欢这个日记吗？"

"我特别喜欢。我觉得写的时候，就像被抱抱一样，感觉很温暖。"

"这种书写方式的名字，应该叫作'正念书写'，是我们有了情绪以后，让真实情绪流动起来的一种很有效的方法。如果有人可以听你倾诉，像老师一样，你可以通过说话来让情绪流动。假如没有这样的人，你也可以说给自己听，这就是'正念书写'。"

正念书写，就是将身心聚焦在当下，跟随自己的意念自由书写的一种表达和倾诉的方式，达到让感觉和情绪流动起来的目的，营造一个安全的心理空间。一般来说，正念书写不但能帮助我们更好地运用流动思维，在解决焦虑和抑郁等问题中，也有着重要的疗愈作用。

"如果你愿意，以后也可以把这本抱抱日记带来给老师看。如果不愿意，就可以把它锁起来，谁也不给看。这是你留给自己的单独的小天地，一切都以自己最舒服的方式进行就好。明白吗？"

"明白了！"从韵珍重地把日记放回盒子里，上了锁。

从韵离开前，我请她再次做了一个沙盘，来了解她这段时间状态的变化。

从韵的新沙盘：风景

　　从韵的新沙盘题目叫作"风景"。她说，这个沙盘是她想象的风景，一家人生活在岛上，爸爸要去上班，在等船来接他，妈妈从外面回家，岛上有一座桥连着舞台，舞台上有穿着自己设计的五颜六色蓬蓬裙的女孩们在表演，船在桥下来来往往。

　　这个沙盘显然比从韵的第一个沙盘更有活力，开启的大门和连通的桥梁预示着良好沟通的开始；天鹅妈妈和幼崽的再次出现，隐喻着孩子对母爱的渴望；妈妈从执剑的战士变成了憨态可掬的模样，尽管母女关系的修复还在进行中，但有了这个良好的开端，未来是可期的。小姑娘在想到时装时保持着神采飞扬的精神状态，兼具耐心与创造力，是我们尤其要精心呵护的理想之光。

　　孤立并且仅有一座桥的海岛表示从韵与社会的联结还有待提升，期待小姑娘能早日去除心中的藩篱。

本节知识点总结

　　很多时候，如果一个孩子在人际关系中经常遭受痛苦，而这种痛苦情绪受到了阻碍，无法流动的话，有一定概率在孩子的思维方式上形成一个烙印并且可能会伴随孩子一生，所以我们需要有一种适合孩子的方式，让负面情绪流动起来。

　　正念书写是将身心聚焦在当下，跟随自己的意念自由书写的一种表达和倾诉的方式，达到让感受和情绪流动起来的目的，营造一个安全的心理空间。一般来说，正念书写不但能帮助我们更好地运用流动思维，在解决焦虑和抑郁等问题中，也有着重要的疗愈作用。针对小女孩的真实状态，我设计了"抱抱日记"这种正念书写的特殊形式。

第九节　乌云之上有蓝天

又是一周过去了，转眼进入了深秋。奇怪的是空气中的凉意非但没有更盛，反而像是蜗牛的触角，探一下又缩了回去，大街上仍旧是穿着短袖，被太阳晒得汗流浃背的人们。

我随手打开料理台上的吊灯，准备给即将到来的客人做点好吃的。水晶粉用凉水揉成团，擀成皮后放入之前和好的红豆和抹茶两种馅料，包成一个个圆球，放在模具里，印上莲花和荷叶的图案，就成了一块块迷你冰皮月饼。一口一个，吃起来很方便。饼皮很薄，有一点透明，中心隐隐透出红的或绿的颜色，显得花和叶都格外鲜活。做好后，我将摆得整整齐齐的月饼盘子放入了冰箱。

"来得正好，快来尝尝我的手艺，这会儿的口感应该最好。"我从冰箱里取出了月饼。

"哇，这么别致的小月饼！"武妍说着，拿起一块放入口中，"这个星期，我又有了新的发现。"

"快说给我听。"我很期待听到武妍的心得。

武妍认真地看着我的眼睛："老师，我现在明白了，一切情绪都是流动的。我发现，只是知道这件事，坚信这件事，就已经使我的情绪处理能力有了特别大的提升。我之所以经常怒火攻心，失控做出让自己非常后悔的事，就是因为在那样的时刻我总是认为：一切都完了，永远都不会好了。"

"是啊，我们被愤怒的白马拖曳着一路狂奔，确实很容易认为这种痛苦会永恒，忘了它本身其实一直都在流动的事实。陷在这样的想象当中，就会去阻断情绪的流动。"

"没错！上周我基本上没怎么发火，我很久都没有这么平静的感受了。我去留意观察它的时候，似乎发现了一个事实。那就是我平静，不是因为我'控制'了什么，而是因为我不再'设限'了。过去我总是很担心自己发火、失控，然后骂孩子和打孩子。这两次和您聊过之后，我开始没有那么害怕发火这件事本身。"

情绪是每个人都会有的，有正面情绪，也有负面情绪，有了情绪并且采用某种形式表达情绪，这都是最正常不过的事。元认知思维养育法不是让父母没有情绪或压抑表达情绪，而是当情绪来到的时候，知道可以用怎样的方式去应对和处理，减少或杜绝情绪对人际关系造成的破坏性，降低情绪对身心的影响，这就是流动思维的作用。

武妍继续说："我开始对自己说，就算发火了，那又怎样呢？情绪都是有周期的，等它流动过去了就好啦。这样不去限制它，反而觉得很平静。甚至，平静得我都有点觉得不习惯了。"武妍把整个小月饼放在嘴里，把嘴巴塞得满满的，显然短时间内是说不了话了。

"说得很对。我们要去相信自己的大脑，就像相信蓝天永远都在一样。"

看到武妍投来奇怪的目光，我解释道："这是一个很著名的比喻。你看那片深邃湛蓝的天空，悠远、明亮，这就是我们原本具有的清净明澈的大脑环境。愉悦的时候，那些想法就像是天空中飘着的几片云，柔柔的，像棉花糖一样。痛苦的时候，那些想法就像天上响起剧烈的雷声，一团团黑色的乌云迅速围拢过来，天空被完全遮蔽了，风雨交加，一切都变得混乱和可怕。但是想想看，就在乌云上方我们看不见的地方，深邃的蓝天还存在吗？"

武妍很快速地回答道："存在的。我们坐飞机的时候就能看到，下面的暴雨再大，穿过厚厚的云层，上面的天空还很广阔呢。"

"是啊。"我赞同道，"在暴风雨的当下，我们经常忘了那片蓝天还在那里，对不对？它只是被乌云遮住了。很多人苦苦追求平静和清明，就像湛蓝的天空一样。但其实所追求的东西是每个人本来就拥有的，而且一直都在那。只是我们忘了，在那些乌云压境，愤怒、恐慌和焦虑的时刻，我们只需要如实地了解——乌云会散开，蓝天会重新显露，我的内心可以平静下来，回归清澈明亮的样子，这就可以了。"

"这个我要记下来，贴在冰箱上。"武妍认真地在笔记本上写着，"我家冰箱上全是老师的'经典语录'。'一切流动的都会过去''不阻断才能让情绪顺畅地流动''如其所是地看见''元认知在线吗'。"

我笑道："你家的冰箱，怕是全中国最'正念'的冰箱了吧？"

武妍也笑了："可不就是全中国最正念的冰箱嘛！我希望它的主人也能是全中国最正念的妈妈。"

"这个愿望真的赞，祝愿您早日实现！"我说道。

"老师，我今天过来，又带了一个问题。"

"什么问题呢？"

"如果孩子做错了事，或者提出了不合理要求，我们到底能不能拒绝呢？我很担心对她太宽松了，她会养成坏习惯，影响以后的生活。"

我问道："可以举个例子，一般是什么样的事情或要求吗？"

"比如前两天和从韵一起逛街的时候，她看中了一个美女娃娃。那个娃娃做得特别精致漂亮，每一个细节都很华贵，连妆容都比真人精致，要六百多块钱。我觉得实在是太贵了，这个价格买一个娃娃完全超出我的接受范围。要是这次买了，以后她越来越贪心，看见类似的都要我买怎么办？我强行拉她走开了。过了一会，我发现从韵一边走一边没有声音地流眼泪，又觉得心疼。老师，这种情况下我应该怎么做呢？"

"我很开心您把这个问题提出来。"我说道，"每一个家长在育儿过程中，都会遇到'怎样拒绝孩子'的困惑。很多人在学了一些育儿理念之后，一方面担心拒绝了孩子会形成童年创伤，另一方面又担心什么都顺着孩子会把孩子惯坏。这中间的度，确实很难拿捏。"

"对对，这就是我最近的困扰。"

我继续说："您担心这次满足了她的愿望以后，她以后会越来越贪心，提出越来越多的需求，这样的担心来自一种思维方式，认为眼下的某种不好的状态在未来会永恒。它的名字叫作'恒常思维'，也就是流动思维的反面。"

"那这种思维方式是错的吗？"

"这种思维方式带来了很多不必要的痛苦。每当我们看到孩子身上的某种不好的特征，比如想要玩具、不爱学习、喜欢娱乐、作息时间不规律……我们常常会陷入恒常思维，用它来折磨自己。比如从韵这次只是升起了对美好事物的一种强烈的喜爱和渴望，在您的内心就已经延伸到了她未来越来越欲壑难填的结局，这倒大可不必。"我笑着又用小叉子插了一块月饼，递给武妍，"我们成年人也有看到奢侈品品牌出的新款包包走不动路的时候，不是吗？最后，也并没有失控地发展到欲壑难填的程度呀。"

武妍说："确实，其实从韵的想法很好理解，也很正常。都是人之常情，我自己也经常想买这个，想买那个呢，也没失控过。只是不知道为什么，同样的场景放在孩子身上，我就觉得会把她惯坏，会养成不好的习惯，焦虑得不行。"

"嗯嗯，这样的焦虑就来自一种幻觉。我们觉得孩子不好的状态会永远持续，好的状态却十分脆弱，这可是太小瞧孩子了。虽然孩子的骑手暂时还比较稚嫩，但孩子的状态同样是流动的。她喜欢一个美丽的娃娃，这只是她当下正常的心理状态而已。如果我们人为地把这种心理状态和'贪婪'这类罪恶的评判绑定在一起，就会加剧对孩子真实感受的阻断。长此以往，孩子的真实感受总是被外界的是非评判扭曲，可能会在思维中留下一些烙印。"

　　我继续介绍道："我认识一个朋友，是一位单身女性，年纪和您差不多。她有一个生活习惯，就是从来都不在东西状态最好的时候使用。比如买来的水果，她不爱吃新鲜的，只吃冰箱里已经快生斑的水果。水壶里的水总是先喝隔夜烧好的，再喝当天的。家里有两把剪刀，她一直只用旧的、钝的那一把。有一天，旧剪刀坏掉了，实在用不了了，她才开始用新的剪刀，而这个时候新剪刀已经在抽屉里放了一年多的时间，变得没有刚买时那么锋利了。我观察到她这个特征，曾经半开玩笑地和她聊过：'你为什么不爱用好的、新的东西？'她回答我说：'我也不知道，心里觉得用好的、新的东西不舒服，好像有一种罪恶感。'看，这就是童年感受被扭曲后留下的一种思维烙印。"

　　武妍说："也就是说，女儿想要那个娃娃，这是人类追求美的本能而已，不应该给这种感受扣什么大帽子，对吗？"

　　"太对了，就是这个意思。并且，这种状态是流动的。女儿现在想要这个娃娃，并不等于她未来就会不断想要新的娃娃，也不代表她会一直喜欢这个娃娃。这只是她当下的一个正在流动中的心理状态，如此而已。"

本节知识点总结

　　负面情绪来临时感到"一切都完了，永远都不会好了"，这是陷入恒常思维而阻断了情绪的流动。为了消除这种幻想的负面作用，可以在每个"暴风雨"的当下提醒自己：乌云上面有蓝天，乌云会散开，自己的内心也可以平静下来，回归清明。

　　在养育孩子的过程中，与流动思维相对的"恒常思维"是一种很常见的障碍，担心今天存在于孩子身上的特征（尤其是负面特征）会一直持续下去，永远都不会变。事实上，孩子的状态同样是流动的，如果父母过度把当下的心理状态和一些罪恶评判绑定在一起，会加剧对孩子真实感受的阻断。

第十节　最后的锦囊妙计

武妍听了我的讲述，若有所思地说："我觉得，我当时确实是陷入了'恒常思维'里面，用幻觉来折磨自己。假如我的元认知当时可以实时在线，也许就不会把女儿一个很正常的状态看成一场贪欲大戏的开端，还给自己套个救世主的角色，演得有声有色的。"

我笑了："现在看到也不晚呀，也是很棒的！现在假如时光倒流，那天的场景再来一次，您会怎么选择，买还是不买呢？"

武妍静静地想了想，踟蹰道："老师，我还是有点犹豫。从孩子的角度，我现在完全能理解她为什么想要娃娃，和我想要漂亮衣服的感觉是完全一样的。但是，说实话，六百多一个娃娃，实在是太贵了，我觉得不值得。"

"没错，是太贵了，那就不买好啦。"我语气轻松地说。

武妍有点惊讶我会给出这么确定的答案："可是您不是说，不买会阻断她的真实感受，影响她以后的生活质量吗？如果有这么严重的后果，我也可以买。但老实说，我现在其实没有完全分清'爱孩子'和'惯坏孩子'之间的区别，孩子的所有要求，都要满足吗？"

我回答："当然不是孩子的所有要求都要满足的。孩子还小，对各种事物的判断能力还不足以让他们做出完全符合客观条件的决定。很多时候，孩子确实会产生不合时宜的愿望，这个时候，家长当然要拒绝。"

"拒绝不会导致童年创伤吗？"

"这也是很多人都没有分清的一点：拒绝本身并不会导致创伤，对感受的阻断才会导致创伤。人生在世，有的愿望会被满足，有的愿望不会被满足，这是很正常的事情。对于孩子来说也是同样的，并不是所有的愿望都必须被满足，人才能健康地活着。只是，我们要'正确地拒绝'。"

武妍继续问道："什么是正确地拒绝？"

我回答："让她的情感真实地流动，如其所是地看见。比如，您可以对从韵说：'哦，你原来喜欢这个娃娃，也不怪你喜欢，这个娃娃可真漂亮啊！你想买下她，放在床头柜上，是吗？很可惜妈妈现在满足不了你的愿望，因为六百多块钱太贵了，妈妈想留着这笔钱在寒假的时候全家一起出去玩。这样吧，我们一起在这里欣赏一会儿这个娃娃，好吗？'只要看到并合理化她的真实感受，让它流动起来，即使'购买'这个愿望没有被满足，孩子同样能感受到被理解，不会有任何创伤的。"

武妍说："我好像很少以这种角度对从韵说话。"

"可以试试看。最好的亲子关系，就和我们的骑手与白马、黑马的理想关系一样，是平等、真实和友爱的。人无完人，每一位家长都不是完美的，都有自己的好恶、欲望和情绪。这些都不可怕，只要我们一直立足于'平等、真实、爱'的对话基础来养育孩子，就不会有大的问题。如其所是地看见自己和孩子，如其所是地表达自己和孩子的感受，就是最顺畅的情感关系了。"

"本质还是，世界是流动的！"武妍的眼睛又开始焕发光彩。

"对，世界是流动的。一切感受都不过是在流动过程中的一个环节而已。对于孩子来讲，感受的流动甚至更快一些。"我笑着说。

武妍兴奋地点了点头，显然沉浸在一种由内而外的喜悦之中："您不知道，这短短的几个星期我的家庭变化有多大。我的情绪稳定了很多，我爱笑了，孩子也爱笑了。连我丈夫都说最近的我比以前可爱了。

甚至我有时候还会化妆。我和丈夫一起出去吃了一顿牛扒烛光晚餐，这可是近五年都没发生过的事情！如果放在一个月之前，这些事情我连想都不敢想。以前我一直认为丈夫不爱我，孩子也不爱我，我的存在是令人讨厌的。但是只是一个月而已，就已经重新找回了他们的爱。或者说，是他们的爱一直都在，只是我重新感受到而已！我真是后悔没有早点遇到老师，早点听到这些。假如五年前我就学习了流动思维，就不会白白浪费了这么多光阴啊！"

刚刚见面的时候，武妍的内心给我的感受就像是一间尘封已久的暗室，里面布满了暗不见光的念头，令她觉得备受折磨。当一个人置身黑暗的时候，最好的办法不是盯着黑暗，要去"解决"黑暗，而是把目光脱离黑暗去寻找光源。同样的道理，我和她的对话就像是将这间暗室的窗子打开，让阳光照了进来。看着她的脸上越来越焕发光彩，这样的变化速度确实令人惊叹。

"老师，我还有最后一个问题。"武妍抿着嘴，有些孩子气地看着我。

"什么问题？"

"我现在已经比较少产生要打、要骂孩子的想法了，也知道要更多地让孩子的感受流动。但是，未来肯定还是会有'卡壳'的时候。老师有什么好办法，我可以存着，以后出问题的时候拿来用吗？"

"原来是要可以打包带走的'锦囊妙计'呀？"我也笑了。

"对对，就是这个意思。"武妍的眼睛眯成一条缝，很是可爱。

"锦囊妙计也是有的。还记得我们在开始之前讨论的那个问题吗？流动思维能够最好地发挥效果的前提条件是什么？"

"互相有爱吗？您还告诉我，爱的概念是两个方面：希望对方有好的心理状态；为了对方有好的心理状态，愿意自己有所付出。"

"哇，记得这么清楚？"我很惊讶于她可以把这个有点拗口的解释一字不漏地背出来。

"不是我记得清楚，是我的冰箱记得清楚，它可是全中国最正念的冰箱呢。"武妍爽朗地笑了起来。

"一点都没错。"我说，"锦囊妙计，就是从这个'爱'字开始。有时矛盾发生，两个人都会对对方心存怨恨。这样的时刻，我们很可能觉得'让对方的情绪流动起来'就是对自己的阻滞，单方面地践行流动思维是很不容易的一件事。"

"这也有办法可以解决吗？"

"有的，只要两个人互相有爱。在矛盾的当下，我们表达自己的感受，难免会夹带对对方的攻击。我来举个例子。我见过一次很典型的母子吵架，母亲说：'我省吃俭用这么多年，供你上最好的学。你呢？从来都不好好听课。以后能有什么出息？'这个时候，孩子只能感受到自己被攻击的痛苦，而感受不到母亲的真实渴望。孩子用屏蔽掉母亲声音的方式来减少自己的痛苦，回击说：'你什么时候听过我说话？我就是你的一个工具，还不如你的面子重要！我干吗要听你的？'于是母亲出离愤怒，觉得这个孩子是白养了。看到了吗？两个人都完全听不到对方想表达的真实含义。"

"这段对话可是太真实了！我在家长圈，每周都要听一遍类似的话。"武妍瞪着眼睛说道。

"是啊，这就是千家万户的日常生活。"我的目光反而有些黯淡，"我一直在期待，有朝一日，元认知思维养育法能走向更广阔的人群。家和才能万事兴呀。"

"您说话的语气，很像是个老夫子。"武妍笑了。

我笑着说："哈哈，那我们回到'锦囊妙计'上面来吧。应对这一问题的过程分为三个步骤：

"1.进行一个唤醒'爱'的小仪式。

"2.两个人依次完整地、不受打断地倾诉自己的感受。

"3.共同探索令两个人都舒适一些的现实方案。

"首先是第一步。在发生冲突的当下，我们最迫切的任务并不是急于表达自己的感受，而是先用一个小小的'仪式'来唤醒沉睡的'爱'。比如，双方拥抱一下，握一下手，互相给对方一个笑容，或是说一句事先约定好的简单的话。"

"这个仪式，要在平时就约定好吗？"

我回答道："最好是这样。唤醒爱的小仪式是双方的，而不是单方面的，这样才有效。其实，爱的程度也同样是流动的。有时我们对对方的爱会显得多些，有时就会少些，尊重当下的真实感受就好。假如在矛盾的当下，我们确实感受不到希望对方更舒适的感觉，也可以暂停交流，等待爱的感受回来后再说。"

"好的，我明白了。"

"小仪式结束后，就开始互相流动自己的真实情感。我比较建议两个人依次倾诉，完整地、不受打断地倾诉出来。很多情况下，你一言我一语的碎片化表达很容易造成误解和加深矛盾。这个时候两个人对对方都有怨气，还是在方法上尽量减少矛盾比较好。我们可以选择一个人说完了，另一个人再说，也可以选择互相写信。"

武妍说："确实，完整地说完比较好。只言片语很容易再挑起争端和战火。"

"是啊。在倾诉的过程中，要尽量避免攻击，如其所是地看见和表达。比如我们刚才说到的例子，母亲可以这样说：'我一直都为你付出了很多，花很多钱供你接受教育，也花了很多心思来给你最好的。每次你的成绩不如同班同学，或者我被老师点名督促的时候，我会觉得很焦虑，怕你没有好的未来。同时，我也感到你不认可我的付出，所以有点难过。'另一个方面，孩子可以这样说：'我很希望自己能控制自己的生活，起码控制其中的一部分。关于自己，我越来越不知道自己想要什么，因为什么都被你安排好了，所以感觉很空虚，做这些的时候提不起力气。我需要一点时间，让我能像个大人一样，自由地做自己的决定。'这样的表达是符合如其所是的元认知思维的，不会形成攻击。"

武妍接口说："老师，我好像明白了。这样表达，对方就能清晰地知道我的真实感受，和我真正想要什么。"

"没错，这是一个方面。另一个同样重要的方面是，如果我们的元认知能力在线，就会在表达的过程中观察到愤怒、委屈的负面情绪正在肉眼可见地流动。"

"对，对。一边说，一边就会变得没有那么痛苦了，确实，一切都是流动的！"

我郑重地点了点头："在这样的基础上，我们就可以往下进入第三步。大家一起探索一个方式，在现在的基础上，让你也舒服一点点，我也舒服一点点。亲子关系中，很多时候双方都可以各退一步来达成心理状态的共赢，只要摘掉情绪的负面扰动，解决问题就不会很难。最后一个挑战，可以作为家庭中的一个长期课题。"我笑着结束了对这个问题的解答。

"好的，这个锦囊我收了，老师。谢啦！"

本节知识点总结

　　并不是孩子的所有要求都要被满足。心理创伤不来自拒绝，而是来自感受的阻断。只要能够如其所是地看到和理解孩子当下的真实感受，如其所是地表达自己为什么拒绝的原因，并不会对孩子造成创伤。

　　最健康的亲子关系与自我内核思维中骑手与白马、黑马的理想关系一样，是平等、真实和友爱的。家长不需要是完美的，只要立足于这样的出发点来养育孩子就不会出现大的问题。

　　家庭关系中的矛盾双方在互相攻击时，经常只顾表达自己，完全听不到对方想表达的真实含义。出于这一点，让矛盾双方的感受互相流动的方法分为三步：第一，进行一个唤醒"爱"的小仪式。第二，两个人依次完整地、不受打断地倾诉自己的感受。第三，共同探索令两个人都舒适一些的解决方案。

尾记　从韵的信

老师：

　　你看，这是抱抱日记本上撕下来的一张纸。你认识吗？我决定，在这张纸上抱抱老师^_^

　　抱抱老师，把我们的家从吼叫屋变成了暖暖屋。

　　抱抱老师，把妈妈从鲨鱼妈妈变成了海豚妈妈。

　　抱抱老师，把我从瞪着眼的大眼睛变成了眯着眼的小眼睛。

　　我喜欢现在的小眼睛，也喜欢穿着蓝色裙子的老师。

　　下次见面，要真的抱抱哦！

魏从韵

第三章

CHAPTER 3

软性外沿思维：不伤害孩子也不伤害自己

徐莉和明淙老师：

　　我是一家公立医院的医生，已经快 50 岁了。这么多年工作都做得很好，没觉得我的智商和情商有什么大的问题。不知道为什么一回到家里，到处都是让人头疼的挑战。我们的大女儿已经上了大学，小女儿飞飞还在上高二，也许我们的思维真的跟不上现在年轻人的脚步了吧，我说什么小女儿都听不进去。在她眼里，我做什么都是错的。

　　飞飞与她爸爸的关系更加糟糕。他爸爸在一家港资企业干了几十年，脾气比较倔，一直都是说一不二的人。飞飞偏要不断挑战他的底线，两个人谁也不让谁。前段时间，飞飞还因为和她爸的冲突离家出走，把我们吓得不轻。我觉得家里每天都是战场，剑拔弩张的。一不留神就会被鄙视，被否定。针对我的，针对孩子的，针对我丈夫的，指责就像箭雨一样满天飞，这样的家庭氛围实在是太痛苦了。

　　我和家庭成员都很想通过这次思维挑战理清思路，知道应该怎么做才能让我们的家庭和谐一些。

> 挑战参与者
>
> 母亲：宁清
> 父亲：郭建国
> 小女儿：郭飞飞

第一节　时尚女孩的烦恼

收到这位母亲的来信，我照例首先单独约见了孩子。郭飞飞是一位高二女生，身材很高挑，穿着一条牛仔背带短裤。她有一双细长的眼睛，留着齐耳短发，左侧耳朵上戴着一颗小巧的银质耳钉。

"飞飞来了？你喜欢坐吧台的高脚凳，还是沙发？"我向她打招呼。

"都可以。"飞飞的表情淡淡的，腼腆地笑了一下。当她笑的时候，嘴角处出现了一个若隐若现的梨涡，很是好看。

"那咱们坐在吧台吧，正好我弄点奶茶给你喝。"我邀请道。

当浓浓的新鲜红茶兑入牛奶，一股鲜亮的色彩进入了白色的底色，在其中游走、旋转，拉出了一团云雾般的图案，直到最后慢慢归于平静。对于青春期的孩子来说，大脑中正在发生的事就像是这杯奶茶一样。越来越清晰的自我意识闯入平静的生活秩序之中，自然会掀起一阵翻腾，如果陪伴得当，最终也会像这杯奶茶一样平静下来，形成崭新、稳定的颜色。而且这新的颜色，看起来确实很好喝。

"需要吸管吗？"我把两个糖包放在杯子旁边，递给了她。

"好呀。"飞飞显然对这杯热乎乎的奶茶很感兴趣，把一包糖倒入其中。现在，她需要一个长长的东西搅拌。她好像忽然想起了什么，抬起头说："这里有别的东西可以搅一下吗？吸管是塑料的，会污染环境。"

我很惊讶这个高中的少女会这么关心保护环境，问道："你很重视环保，是吗？"

　　飞飞接过我递来的勺子，轻轻搅拌着奶茶："我就是刚看了一段视频，有一个海龟的鼻子里插着一根长长的吸管，人们帮它拔出吸管的时候，海龟流了好多好多血，它疼痛的呼吸声让人听得心都碎了。"

　　"是啊，我也做了很多年环保志愿工作者。科学家说，到 2050 年，人类丢在海里的垃圾总重量将会超过所有海洋生物的重量总和。这个太可怕了。"我说。

　　飞飞接口道："我之前看过一个广告视频，招募保卫海洋的志愿者。但是他们要求会潜水。"

　　"你想学潜水吗？"

　　"想啊，我就是想学潜水。不过现在肯定是不行啦，以后吧。"飞飞若有所失地摇了摇头。

　　"我先替海洋动物感谢你哦。"我举起杯子，和她对碰了一下。当我们采用这种平等自由的方式对话，话题天马行空、充满想象，飞飞显得很舒服。我继续道："海洋环保是很值得我们为之践行终生的一件事。潜水在帮助海洋动物的同时，也很适合拍美美的照片呢。"

　　飞飞笑了："对对，水下的照片最美了，像美人鱼一样！"

　　我也笑了："对，就是像美人鱼一样，水底的光影是很漂亮的。你平时也喜欢拍照吗？"

　　"我喜欢自拍。朋友给我拍照就拍得不好看，我自己才能找到好的角度。别人给我拍的照片如果发出去了，怎么说呢，就是大型社死现场①。"飞飞的话渐渐多了起来。

　　"妈妈也会给你拍照吗？"我问。

　　"她想给我拍，但我不让。"飞飞斩钉截铁地说，"我妈的审美完全不在线。她拍照水平真是一言难尽，给我买的衣服也难看到夸张。"

　　我微笑着看了看她的牛仔背带裤，下沿有一条做旧的毛边，显得很

————————

　　①　社死是一个网络用语，全称社会性死亡，是指令自己觉得非常尴尬的场面。

年轻时尚："今天的衣服是你自己买的吗？"

"是啊。"她笑了。

"很衬你，很有朝气和活力。"我如实表达自己的想法。

*

就这样，我和飞飞单独见了两次。显然她有自己的思考和观点，所以我更多时候都在如其所是地倾听，尝试了解她的真实感受。小到我们坐在哪里、喝什么饮料，大到今天聊什么话题，我都会充分尊重她的意见。而她的想法时不时会带给我惊喜。

当我们聊到她和母亲的关系的时候，她的回答非常坚定："我妈活得太操心了。我肯定不会结婚，不会像她那样活。她还在想要把我塑造成像她那样的人，那怎么可能呢？"

"你觉得妈妈幸福吗？"我问。

"不幸福。"飞飞回答道，"她每天上班，回家还要干那么多家务，我爸什么都不做，还要挑她的毛病。我爸妈经常吵架。"

"嗯嗯，你觉得妈妈的不幸福主要是来源于爸爸，是吗？"

"对，我也不幸福。我爸简直不可理喻，我妈也整天对我指手画脚的。我姐现在已经解放了，上了大学就可以很长时间不回家。我也不爱待在家，喜欢跟朋友在一起。就算是在外面找个麦当劳坐着，也比回家听他们唠叨强。"

"你不愿待在家里，主要是因为他们唠叨吗？还是别的原因？"我问。

"嗯。他们总想控制我。老师，我跟你说一个事情。寒假的时候我染了个'奶奶灰'色的头发。回家我爸妈两个人都炸了，开了个批斗会批斗我，让我马上染回来。后来我们吵起来，我爸就说我不孝顺，说养我白养了，还不如养条狗。"说到这，飞飞的嘴角深深地抿了起来，"我当时说，好，你想养条狗，那你就去养吧。我不再给你当狗了！然后，我就离家出走了，去朋友家住了三天。"

我目光柔和地看着眼前的少女："当时肯定很难受吧？你走了，爸妈着急吗？"

"嗯，他们像发疯一样找我。我第二天打开手机，我妈给我发了70多条微信语音，打了20多个电话。我一条都没听，电话也没回。当时我觉得心里很乱，我只是染个头发而已，就会这么严重，怎么就不行呢？"飞飞的眼神中包含着深深的疑惑。

我轻轻地拿起面前玻璃盘中的一个砂糖橘，将果皮剥成了花瓣的形状："来，吃点橘子。后来呢？"

飞飞把橘子接过去，拿在手上但没有吃，继续说："后来，我还是回家了呗。我大闹一场，全家都鸡犬不宁的，但是总住在朋友家确实也不太方便。回家以后，我再也没跟我爸说过一句话。他在客厅的时候，我就躲在房间里。"

我留意到飞飞的头发是很自然的黑色，于是问道："现在你的头发颜色已经染回来了？"

"嗯。其实，我当时染完没几天就后悔了，那个颜色比较浅，是我漂白以后再染的。头发就像一团枯草一样，洗头发用了半瓶护发素都还是很干涩。现在我染回来了，发质也还是不好。"

"飞飞，你当初染这个灰色的头发，主要是出于什么原因呢？是因为炫酷、好看吗？"

"当时我的 idol[①] 染了这个颜色的头发，我觉得特别帅。"飞飞沉默了一会儿，仿佛在用心体会自己的真实感受，"老师，一直到现在，我都不后悔当时染了头发。"

---

① idol是网络用语，即偶像明星的意思。

　　有研究指出，人的大脑会在青春期时段经历明显的变化，一方面多巴胺回路的活跃程度增加，另一方面大脑皮层结构的成熟度不足，形成了超理性思维（hyperrationality）。在这种思维模式下，青少年倾向于高估某一行为后续可以获得的利益，而不重视潜在的风险。体现在生活中，就是做事容易冲动和不计后果。这一状态在逐渐成年的过程中，高层脑区有控制作用的神经纤维生长发育后，大脑切换为本质思维（gist-thinking）后会得到缓解，而元认知冥想练习对这些神经纤维的生长有很好的促进作用，当然，这需要青少年本人萌生进行这项练习的意愿。

　　面对飞飞一时冲动做出的染头发的决定，我感到非常理解和接受："这是一种很正常的需求。当我们还是小孩子的时候，我们根本就不知道自己是一个怎样的人。是外向，还是内向？是神经大条，还是敏感细腻？是擅长与人交往，还是擅长思考计算？什么是好的？什么是美的？什么是我想要的？我们又怎样界定？这些我们通通都不知道，需要通过成长过程中的尝试来告诉自己。"

　　"对啊，我染头发之前也不知道自己到底会不会喜欢。是染了以后才确定的。但我爸妈肯定不这么想。他们就觉得，中学女生应该把心思放在学习上，不能想这些没用的东西。我爸就希望每天把我拴在家里，除了上学，好像我只要出门就是去干什么坏事一样。我稍微想做点自己的事情，他就对我大发雷霆。我真是不知道他脑子里是怎么想的！"飞飞说。

　　飞飞这样真诚地向我袒露她的内心，一方面表现了她给予我的信任，另一方面也证明这个女孩具有一定元认知能力的基础。我看着她的眼睛，肯定道："这个观察真的是很棒，看得出来，你在很真诚地表达。"我的肯定显然很出乎女孩的意料。

本节知识点总结

咨询师与青少年交流的时候，由内而外都站在平等自由的角度，充分尊重青少年的观点和选择，如其所是地倾听和尝试了解他们的真实感受，常会收获意外的惊喜。

人的大脑会在青春期时段经历明显的变化，一方面多巴胺回路的活跃程度增加；另一方面大脑皮层结构的成熟度不足，形成了超理性思维。在这种思维模式下，青少年倾向于高估某一行为后续可以获得的利益，而不重视潜在的风险；体现在生活中，就是做事容易冲动和不计后果。这一状态在逐渐成年的过程中，高层脑区有控制作用的神经纤维生长发育后，大脑切换为本质思维会得到缓解，而元认知冥想练习对这些神经纤维的生长有很好的促进作用。

第二节　什么是自我外沿

从此前的谈话中我能感受得到，作为一个高二的孩子，飞飞的思路已经非常清晰，可以进行一点理论的探讨。于是，我开始尝试向她传递软性外沿思维的基本理念："你想了解爸爸的脑子里是怎么想的吗？"

这个话题引起了少女的兴趣，她的眼睛忽闪忽闪地看着我。

我说："大体是这样的，对于爸爸来说，是你先发起的攻击，他只是反击而已。"

"怎么可能是我先攻击？明明是他先开始骂我。"飞飞据理力争。

"嗯嗯，你先别急，这只是一个思维方式，来帮助我们理清整个过程中在爸爸的内心都发生了什么。"我不疾不徐地继续讲解道，"刚才我们聊到了，作为一个人，我们有很多属于自己的认知、好恶、标签和其他东西。还记得吗？"

飞飞默默地点点头。

"这些东西都是组成'我'这个概念的一部分。我给它们起了一个名字，叫作'自我外沿'。每个人自我外沿包含的内容是很不一样的。那天，发生在爸爸大脑里的活动，源于他自我外沿中的一个部分，也就是他那个根深蒂固的'观点'：中学女生不应该染头发。你的行为和语言否定了这个'观点'，爸爸就觉得是你攻击了他这个人。所以当你说'我染头发有什么不行'的时候，爸爸就已经从内心深处变成了一个'受害者'。他觉得很痛苦、很受伤，于是，他一方面要捍卫自我外沿，另一方面本能地向你发动反击，所以才会在痛苦的状态下说出最伤害你的那句话。我想，他说过以后自己也是很后悔的。这是他的一种应激反应。"

飞飞皱着眉头问道："老师的意思是说，我爸是觉得自己受伤了，才会骂我？"

"是的，就是这样。爸爸的自我外沿受到了你的攻击，就像他身体的一部分被你打了一拳一样，是很疼的。所以，他才会向外释放攻击来发泄和缓解自己的疼痛。"我说。

"我还是不太明白。他的自我外沿中包含这个'观点'，也就是这个'观点'是他的一部分吗？"

我回答道："更准确地说，他自己认为这个'观点'是他的一部分，是他把它纳入了自我外沿之中，所以才会觉得痛苦。"

"那……大家都是把自己的观点放在自我外沿里面吗？"

我回答道："自我外沿里不止会包含观点，还会包含别的东西。为了说明这个概念，我们可以举个另外的小例子：我认识一个男生，出生于东南部的小县城，现下正在一线城市读大学。一次，他和班里来自全国各地的同学们聊天的时候，有同学无意之中提及了他家乡的名字。那同学说：'这个县城啊，我有个远房亲戚就在那里，听说那个地方骗子很多。'男生听了这句话，觉得心里就像火烧了一样愤怒。他马上反驳说：'你自己是什么好东西，就来说我家乡骗子多？'就这样，两个人发生了一场口角。看，在这个故事中同学指责的是这个男生本人吗？"

"不是。"

"那么，为什么男生听到同学这一句不经意的闲谈，会觉得那么痛苦呢？"

飞飞试探性地回答："按老师刚才的说法，应该是他的自我外沿受到了攻击是吗？"

"没错！"我很开心这个女孩子接受得这么快，"就是他的自我外沿受到攻击。他的自我外沿当中包含什么呢？"

"这我就不知道了。"飞飞腼腆地笑了，露出了两个梨涡。

我又剥好了一个橘子递给她，继续说道："他被攻击的是'某某地人'这个标签。在他的意识中，认为'某某地人'就是自我外沿中的一部分。有人说自己家乡的坏话，就等于在攻击自己。"

"哦，可能对方根本就没想攻击他，甚至对方都不一定知道他是那个地方的人，是吗？"

"正是这样，这只是过于刚性的自我外沿带来的幻想而已。当自我外沿是刚硬的，别人稍稍触碰它，就会受伤，会痛苦，并进行反击，就像两块钢板碰在一起一样，发出铿锵的声音。这个男生就是在这样的声音中瞬间翻脸的。"

"老师，我好像明白了！"飞飞很开心地大声说。

我赞赏地点点头："这就是软性外沿思维的核心理念：我们其实可以通过元认知能力的练习，将自我外沿中不必要的东西一点点剔除。这样就会去掉很多令我们痛苦的幻想，避免被虚假的攻击所伤。"

飞飞沉默了一小会，静静地看着桌上的砂糖橘。我也没有继续说话，静静地陪着她。

过了一会，飞飞问道："老师，那你说我爸也是自我外沿受到攻击，他也可以把这个东西剥离吗？"

"如果他愿意，是可以的。大部分人其实都或多或少在将自己的观点纳入自我外沿，你看，很多人为了番茄炒蛋应该放盐还是放糖，都吵得不可开交呢！"我笑了，飞飞也笑了。

我继续说："爸爸只是没能免俗而已。他把自己的观点纳入自我外沿中是很正常的一件事，当你攻击了这个观点，他会觉得痛苦，也是正常的。理解了他行为的原理，是不是就没那么难受了？"

飞飞直视我的眼睛，眼泪忽然流了出来："从那天的事情发生以后，我一直坚定地认为，我爸是不爱我的，他恨我，不想养我，不希望我存在。今天老师跟我说他其实是一种应激反应，说明他可能还是爱我的。"

眼前的女孩突然真情流露让我觉得非常感动。她的理性思维很发达，也一直展现出独立而坚强的一面。但在她的内心，那柔软、脆弱、渴望被爱的一面流露出来，就是开启了我能帮助她从内心深处疗愈自己的大门。

不知不觉，窗外已经暗了下来，浓密的云层层叠叠地坠在远方的天空，好像随时要掉下来一样。我伸出手握住飞飞的一只手，温度有点凉。"你冷吗？我这有毯子。"我说。

"不冷。"她的内心触动了心事，眼泪就像一粒粒珍珠不断涌出来。

我轻声说："爸爸当然是爱你的，从他愿意来参加思维挑战，愿意为你营造一个更和谐美好的家庭这一点，就能清晰地看出来。请给我一点时间来帮助爸爸妈妈也更好地成长。现在，我们只需要如实知道事情的真相：爸爸并不是出于对你的讨厌或恨，而是出于刚性的自我外沿受到攻击才那样说，这就够了。"

飞飞无声地点了点头。我走过吧台的另一端，轻轻把她搂在怀里。

本节知识点总结

　　一个人将属于自己的观点、标签等纳入"自我"的范畴，当别人否定或攻击这些东西时，就认为是攻击了自己，感受到作为"受害者"的愤怒和痛苦，并且想要反击，我们将这种状态界定为一种"刚性的自我外沿"。

　　在亲子关系中，对方的一些过激行为是由刚性的自我外沿受到攻击的感受引发的，是出于自身的痛苦需要外放。理解这一点，可以更好地帮助我们厘清关系的实质，不容易陷入"他不爱我、他讨厌我"的幻想当中。

第三节 感到指令被攻击

两天以后，飞飞的母亲宁清来到了我的办公室。宁清的眼睛比飞飞更大一些，双眉之间有一道深深的皱纹。今天不用去医院上班，她披散着及腰的长发，穿着一件橙色的宽大长衫，把身材完全遮在了里面。

"快请坐。"我笑着打招呼，"喝点茶好吗？"

"好的，谢谢。"宁清坐在沙发上。

"我已经和飞飞聊过两次，是个很不错的孩子。她思维健康，表达流畅，她的很多思想都给了我很好的启发，我很喜欢她。"我率先谈起了飞飞的情况。

"她也说，她很喜欢和您聊天。她觉得您有思想，又能理解她。唉，她就从来都不愿意跟我们说实话。我有时候也想和她聊聊，但她都是把门一关，把我关在外面。不知道是不是年纪越来越大的缘故，我带她姐姐就没有带她这么累。现在她这么大了，我觉得非常力不从心。"宁清将了将自己脑后的头发，鬓角处露出一些零散的银丝。

"飞飞现在正处在很愿意探索的年纪，思维跳跃也是正常的。"我给她添了一点茶水，轻声说道。

"她不只是思维跳跃。她还很叛逆。老师，我这么跟您说吧，我现在真的不知道能怎么跟她说话。"

"哦？可以帮我举一个小例子吗？"我问道。

"前段时间是寒假，我们说好了早上 7:30 起床，先自己读一会古文再吃早餐。她现在已经高二了，离高考只剩下一年多的时间，不能再浪费时间下去了。结果到了 7:30 我去叫她，她蒙着被子根本不理我。又过了 5 分钟，我再去叫她，她还是不起。就这样又过了 15 分钟，我忍不了了，冲进去一把掀开了她的被子。"宁清回忆起当时的感受，眉头紧紧地皱了起来，"我也不知道自己当时为什么那么愤怒。我好好跟她说话，她从来就像听不见一样。她是上天派下来讨债的吗？当时我就在想这些东西。"

"这件事真是辛苦您了，孩子不听话的时候，父母承受的压力确实很大。来，先喝口茶，后来怎么样？"

"后来……"宁清长长地叹了一口气，"我把被子掀开，她突然受到这个刺激，身体猛地弹起来，开始很大声地对我吼。她说我连她作为一个人最基本的权利都剥夺了，直接掀她的被子就像'神经病'一样，说不想见到我，让我少在她面前出现。她越说越生气，又躺回床上流泪，死活都不起来。那天她早饭没吃，古文当然也没读。平时就是这样，我和她爸爸说的所有的话，她都觉得好像是害她一样，这一点让我们非常不能忍受。"说起这个，宁清的脸色非常凝重。

"您说的，我很明白。"我说道，"只是，飞飞是个非常有独立思想的孩子。当她违抗您的指令时，您因为生气而做出伤害她的事，并不会使她更加顺从，反而会让她更强烈地反抗您说的话。"

宁清说道："太对了。我越是这样对她，她就越叛逆。我后来静下心来想想，那天如果我不去掀她的被子，她没准过半个小时自己就起床了，但我就是控制不了自己，咽不下这口气。"

我微笑着说："是啊，我们所有的愤怒，都源于'自己受到攻击'的感受。比如那天早上，您要求飞飞 7:30 起床，而事实上她并没有按时起来。您看到这个场景，瞬间觉得自己受到了攻击。"

宁清接着说道："但我不清楚这个攻击的感觉来自哪里。为什么我会那么生气？”

"我们可以共同设想这样的一个场景。"我说，"假设并不是您要孩子 7:30 起床，而是孩子的爸爸要求女儿 7:30 起床，而您心里对这个指令也是不大认同的。这种情况下，您看到女儿在被窝里还会觉得这么气愤吗？"

宁清想了想，认真地说："应该是不会那么气愤了。"

"没错，就是这样。这种被攻击的感受，究其本质，是来自对'自我'概念的扩大化。"

"这是什么意思？"宁清显然没有听明白。

我继续解释道："大多数时候我们都在使用着模糊不清的概念生活，所以当情绪产生了，我们也很难看清情绪背后的机制。比如在这个语境中，'自我'这个概念是模糊的。准确地来说，我们不知道自己究竟将什么东西纳入了'自我'的范畴。为了表达得更加清楚，我给它起了个名字，叫'自我外沿'。

"对于'自我外沿'当中包含了什么，我们常常失去觉知。当时，飞飞不起床的行为根本就不是冲着您来的，但您却觉得自己真实受到了伤害并且很生气。其中的原因，就是您将"自己发出的指令"纳入了自我外沿之中。飞飞没有及时起床，这违反了您此前给出的"7:30 之前必须起床"的指令。您觉得指令被违抗了，就是'我'被攻击了，引发了强烈的痛苦。"

宁清点点头："您的意思是，我觉得指令就是'我'的一部分？"

"喝茶。"我笑着把茶水倒在她的杯子里。茶壶中，叶片缓慢地舒展着。我继续说道："每当别人触碰了我们的自我外沿的时候，如果它是刚性的，就会'当啷啷'的一声，引发疼痛和反抗。打个比方。在生理上，我们有一个身体，有头脸，有躯干和四肢。如果有人在我们的肩膀上打一下，就会觉得疼，对吗？"

"是呀。"

我继续说："那么，这个躯干的界线清楚吗？比如说，如果有人用很微小的工具打了我们的头发或是指甲，没有触碰到其他的身体部位，我们会觉得疼吗？"

"那应该不会。"

"如果有人打了我们的衣服、鞋子，打了我们的车和房子，我们会觉得疼吗？"

"也不会。"

我说："同样的道理。心理上，被别人攻击后我们会觉得痛苦的东西，都在'自我外沿'的范畴之中。它包含的东西可多了！有人将自己的观点、工作成果、身上的标签，甚至身边的人都纳入了自我外沿之中。它们唯一的作用，就是成为让我们痛苦的'靶子'。"

"这个理论真的很有意思。可以再举个例子吗？"

"好啊，我们再举个例子。您是医生，不知道您过去看过网络上讲医患冲突的文章或视频吗？"

宁清回答道："看过的。前两天我还在网络上看到一篇小文章，说他去医院看病，医生对他态度特别粗暴，什么都不告诉他，还害他花了很多钱来检查。其实我是医生我知道，医生的工作压力是很大的，我们很多时候都尽量对患者和颜悦色，替患者考虑，但很难得到尊重和理解。那个人在文章里说'医生都是冷血兽'，看到这句话我真的很生气。当时我还在那篇文章下面发了评论辩驳这件事呢。"

我见宁清面前的茶水见底了，又给她倒了一杯，缓缓地说："您觉得，这篇文章是在抨击您本人吗？"

"那倒不是。"

"您为什么会感受到自己被他攻击了呢？"

宁清向我投来一个疑惑的眼神。

我向宁清解释道："这是因为，在您的自我外沿中包含一个标签，就是您的职业——医生。当医生这个标签被人否定的时候，您感觉自己受到攻击，所以会痛苦。"

"但他对医生的评价确实是片面的，不是吗？"

"是啊，您完全可以保持这个观点，也可以在网络上毫无阻碍地发表自己的观点。但是，如果您试试将自我外沿软化下来，就可以不在过程中感到痛苦，而是保持理智和温暖的心理状态。事实上，在这样的心理状态下输出的文字，还更容易真正打动别人的内心，让医生群体的形象更好地展示在读者面前。"

宁清停下来想了想，目光灼灼地看着我："什么是将自我外沿软化下来？"

"逐渐软化我们的自我外沿，就是让它从'钢板'一样的状态，变成'棉花'一样的状态，即使别人触碰到它也不会引发疼痛。究其本质，我们的指令、我们的标签或是工作成果，这都不是'我'。把它们纳入自我外沿，只是一种幻想而已，看到真相本身就已经有巨大的力量了。我们可以想象一下，它们根本不是'我'的一部分时，那样轻松的状态。"

"我大概能想象得到。"宁清沉吟着说道，"比如您说的关于医患关系的那篇文章，现在我想想看，觉得确实它和我一点关系都没有。它攻击了'医生'这个标签，但标签不是我，我代表不了所有医生，其他医生也代表不了我。如果再看到类似的文章，我应该不会再觉得那么痛苦啦。"

我笑了："对，这就是软性外沿思维的应用方法。让刚性的自我外沿渐渐柔软下来，静下心来用元认知能力一点点剥离幻想，回到当下的真相时，源自幻想的很多痛苦也会跟随着自行消失。"

本节知识点总结

如果我们将自己的观点、工作成果、身上的标签甚至身边的人都纳入心理上"自我"的范畴，它们就会成为让我们痛苦的"靶子"。究其本质，这些都不是"我"，把它们纳入自我外沿只是一种幻想而已。

不伤害自己、也不伤害他人的方法是逐渐软化我们的自我外沿，让它从"钢板"一样的状态，变成"棉花"一样的状态，即使别人触碰到它也不会引发疼痛。当我们安静下来用心感受它们不是"我"的一部分的状态，源自幻想的很多痛苦也会跟随着自行消失。

面对自己不赞同的观点或做法，比起自我外沿受到攻击后出于疼痛和愤怒的反击，软化自我外沿后保持理智温暖的心理状态去输出自己的认知，会更有打动别人的力量。

第四节　自我外沿的冥想练习

宁清把头微微一仰，抿着嘴笑了。可能因为梨涡的浮现，每当她笑的时候脸上会流露出一种浪漫的气息，冲淡了岁月在面部勾勒出的形状，好像瞬间年轻了好几岁。

我有一个多年来的享受，就是很爱看每个来访者的脸，看到他们在对话中渐渐舒缓下来，回到更年轻的表情状态中。有时候我也在悄悄地想，是不是可以将"美容也是元认知思维练习的附加效果"这件事明确地告诉大家。如果能让更多的人有动力进入元认知的思维方式，岂不是一桩美事？不只是为了孩子、为了家庭，更多是为了自己。

宁清接着问道："您看飞飞早上不起床的那件事呢？我应该怎样把指令从自我外沿中摘出来？"

"这并不复杂。孩子早上没有如期起床，违背了您的指令，所以您感到被攻击和愤怒。但其实，孩子的行为并没有真的攻击您。只要您把自己发出的指令从自我外沿中摘出来，就会发现孩子只是暂时性地觉得没睡够，想多睡 10 分钟而已，这根本不是一种攻击行为。"

宁清继续问道："可是她不起床，不读古文，还是有问题。"

"是的。"我温柔地说，"希望她能读古文，我们可以告诉她自己的期待，给她创造利于读古文的外部条件和正向反馈。这个过程是出于对她的爱和关心，并不会造成痛苦与对抗。痛苦是由刚性的自我外沿造成的。"

宁清想了一下，说道："所以我把自己的指令纳入自我外沿，这是我的事，不是她的事。即使飞飞没有对抗我，换作别人对抗了我的指令，我同样也会很难受。我不应该因此来责怪孩子，而是应该更好地看到自己，调整自己！"

我说："没错！并且这需要一点点元认知能力。如果我们希望更好地觉知自己的细微感受，可以试试身体扫描的冥想方法。长期练习下去，会有显著效果的。您想现在试一试吗？"

"现在吗？我很乐意。"

"好，那我们来一起试试看，这只需要大概 15 分钟就可以了。"

我调整自己的气息，开始引导她进行深呼吸，同时留意环境中的光线，倾听身边的声音。在她缓慢地闭上眼睛以后，恢复了平时用鼻子呼吸的方式。接下来，我引导她在持续关注自己的身体跟随呼吸运动的同时，有意识地将自己的注意力像是扫描仪一样扫描自己的身体，带着好奇心去观察它有什么细微的感受。首先，我们从双脚和脚踝开始，然后移动到下腹部和髋部，感觉自己的躯干似乎变得透明了一点，让我们能清晰地看到里面都有什么。然后，关注到胸腔和整个上半部分的躯干、两条手臂，双手和手指、脖子和喉咙，直到整个头部。眉毛、五官、嘴巴里的味道直到后脑勺，仔细感受它们都是什么感觉。而后，我们尝试把注意力聚拢在头顶的上方，离头顶大概一个拳头高的位置，去关注那个位置的感觉。

我在那里停顿了一会，又引导她将注意力从头顶上方重新向下，到达脚趾以后再快速地向上，把身体完整地扫描了三次。

当再次回到头顶上方的时候，我提出了一个问题："我感到痛苦，是因为对方攻击或者否定了我的什么？"对于软性外沿思维来说，这是协助我们看清真相的一个至关重要的"提问法"。

过了几分钟，当我看到宁清脸上重新浮现出找到答案的释然，我们花几秒钟的时间给予大脑完全的自由，然后重新感知到身体的重量和身边的环境，轻轻地睁开了眼睛。

"现在是什么感觉？"我轻声问道。

"非常非常舒服。刚才在冥想的过程中，我发现自己的肩膀非常紧张。真的，我可能一天24小时肩膀都是紧张的，而自己从来都不知道这种紧张的感受是什么样。今天我详细地去扫描的时候，感觉到了前所未有的放松。"宁清的梨涡又出现了。

"关于那个问题，您找到了怎样的答案？"

"我从头回想了整个事件中自己的状态，确实像您说的一样，我是因为自己的指令被攻击而暴怒的。虽然我还不能很清楚地看到，但我大概能感觉到在我的自我外沿里包含的东西还有很多，以后要一个个把它们揪出来。"

"太棒了，未来您还可以在感觉自己受到攻击的时候重复进行这段冥想练习，用这个'提问法'来挖掘自己的内心。我们用它找到的答案应该同时具备两个特征：

　　"1. 它是对方直接攻击或者否定的对象。
　　"2. 它是从属于我的，但它并不是我本身。"

宁清点了点头，说道："好的，我记住了。我刚才很认真地思考，为什么过去我从来都没有发现'自我'这个概念这么混乱。其实，就是因为我对自己的感受是不了解的。我没有清晰地知道什么是'被攻击的感受'，相反，其实我也没有清晰地知道什么是'舒服'。我只知道，自己生气了，想要发泄，对自己的大脑里真实发生了什么，真的一无所知！"

听着她的分享，我再次坚定了自己的信念：平静清明的大脑环境并不在别处，每个人的心里都埋藏着清明的种子，只是因为生活中种种体验的感受和思考过于繁杂，显不出元认知思维的光芒而已。当我们使用冥想的方式拨开视觉、听觉、味觉、触觉、嗅觉的干扰，只和自己的身体、内心安静地待在一起的时候，元认知思维的光芒就会冲破迷雾，自己显现出来。

本节知识点总结

在冥想中进行缓慢的全身扫描，可以激活我们对自己身体和情绪状态的细微觉知，甚至发现自己某些部位一直以来都是紧张的，从而获得深层的放松。

对于元认知能力暂时比较欠缺的情况，可以运用"提问法"来帮助自己找到自我外沿中包含的内容："我感到痛苦，是因为对方攻击或者否定了我的什么？"这个问题的答案可能是观点、指令或其他元素，它需要同时具备两个特征：第一，它是对方直接攻击或者否定的对象。第二，它是从属于我的。

扫描二维码，获取本节附带冥想引导音频4：
自我外沿思维的冥想练习。

第五节　自我外沿中的大活人

过了一会，我说："现在，我们可以详细聊一聊飞飞读古文的事。"

宁清接口道："飞飞的学习时间确实很紧张。古文一直是她的弱项，她自己也说过，只有早上的时间能静得下心读一会古文。所以，我才那么希望她能早点起床。"

"这是出于爱。"我回应，"您在真诚地担心孩子如果不按时起床，会没有足够的时间和精力去复习，无法得到好的结果。如果处理得当，是不会造成两个人之间的困扰的，相反，这会增进母女的感情。"

"怎么做，才算是处理得当？"

"这可以回到爱的真实含义上来：您真诚地希望她能有个好的心理状态，并且愿意为此而付出。在爱的底色中，我们共同的目标只有一个：协助她进入读古文、学古文的好状态，这就要从她的真实心理状态出发。"

宁清沉思了一会，缓慢地点了点头："确实。如果是这样的话，我没有必要感受任何痛苦。我去掀孩子的被子，反而影响了她的心理状态，让她一整天都没碰课文。"

"您能看到这一点，是很了不起的。"我笑着说，"我们的爱，是对心理状态的祝福，是为心理状态的付出。着落在这一点上面的所有努力都会对她有真实的帮助。比如，如果她当时因为不想起得太早而纠结，您可以站在平等的立场和她商量：'你现在不想起也是很正常的，很多人都希望周末能睡个懒觉吧！那么，我们换个时间，上午或者晚上来读古文，怎么样？'想想看，假如您这么说，飞飞会怎么回应？"

宁清笑了："平心而论，如果我真的肯这么说，她的状态确实会好得多。其实她自己对古文也有压力，也是她自己提出只有早上的时间能进入读古文的状态。即使她不能马上起来，也会自己找个时间把古文读了的。"

宁清想了想，看着我的眼睛说："老师，我发现从自我外沿中把'指令'摘掉以后，事情还是同样的事情，但给我的感觉完全不同了！非但不会愤怒，反而如果用这样轻巧的方式就解决了问题，一家人其乐融融，会是很开心的感受。这个思维方式的神奇之处在于它特别快，甚至只是在转念之间。"

"没错。将多余的内容从自我外沿中摘除，看起来好像是很困难的一件事，其实完全不困难，反而非常轻松和愉悦。您所说的这个状态就是价值感、愉悦感和满足感合一的瞬间，就是一个'珍珠瞬间'。将出现这样感受的'珍珠瞬间'串连起来，我们就会越来越清晰地知道怎么做可以走向家庭的幸福。"

宁清举起热腾腾的茶杯，和我对碰了一下。

茶水入口，清香的味道萦绕在舌尖。宁清开口道："关于飞飞的古文，我还有一个疑惑。"

"嗯嗯，是什么？"

"飞飞读的是重点高中，同学学习都很努力，很多同学都能将古文课文倒背如流。现在，飞飞卡在这里，读都读不通顺。我很愿意陪着飞飞在好的心理状态下一点点去读，去练。但是她的语文老师经常找我，说她的古文进度比较慢。老师的话总是让我很苦恼。我觉得，这也是一种受到攻击的感觉，但是我似乎看不清是将什么纳入了自我外沿。"

"哦，您把一个大活人纳入了自我外沿，看到了吗？"我笑着说。

"大活人？飞飞吗？"宁清问道。

"正是。当别人否认飞飞的时候，您会感受到被攻击的痛苦，这是您将飞飞纳入了自我外沿。换句话说，如果飞飞不够优秀，您会觉得是自己失败了。"

宁清沉吟道："我确实把她的成绩当成自己人生中现阶段最重要的目标了。她做得好的时候，我就开心，并希望她能更好；她做得不好的时候，我就非常痛苦。"

"是啊，很多母亲都会这样，将孩子纳入自己的外沿之中，认为自己应该对孩子的一切行为负责。当母亲这样想，两个人就不再是平等的关系，而是'主导者'和'从属者'的关系，母亲渴望去控制孩子，通过控制来保证自己的自我外沿不再受伤。"我轻轻叹了口气，"但尝试控制一个人是很痛苦的，并且非常可能失败。"

"原来是这样。"宁清说，"我尝试去控制女儿，从来就没成功过。"

我点点头："实际上，您和飞飞是两个独立的人，孩子的成功与失败和您的成功与失败，这是互相独立的两件事。您可以将'协助孩子成功'作为自己的一个目标，但是，如果将孩子纳入自己的外沿，就会脱离真相，伤害自己也会伤害孩子。其实，最好的亲子关系是平等的，这才是最顺畅的。"

"所以说，她是她，我是我。她的语文成绩不好，我可以帮她提升成绩，但不需要认为这是我的问题。是她被老师批评了，不是我。"宁清说道。

"现在我知道，飞飞清晰的逻辑思维能力是遗传自哪里了。"我笑着扬了扬下巴。

宁清被我夸得有些不好意思，腼腆地笑着："嗨，别这么说。我要是逻辑思维好，也不会活了快 50 年都糊涂着，不知道自己都纳了些什么东西在自我外沿里面。"

"别担心，我们只需要在每次感觉愤怒和被攻击的时候，留意观察这种愤怒的感受来自哪里就可以了。如果需要，可以用我们刚才的冥想引导来协助您看见自己的思维和感受。元认知能力需要用时间去积累，但每练一次，都会有所收获。"

宁清喃喃道："对方攻击或是否定了我的什么……我会把这个问句记下来，多问一下自己。等我找到了答案，我再来告诉您。"

"好！期待下次见面。"

┌─ 本节知识点总结 ─

"

　　父母出于对孩子的爱，希望孩子能努力学习、健康生活，这是很好的愿望。只要能从孩子的真实心理状态出发，所做的努力都将对孩子有真实的帮助，非但不会造成痛苦与对抗，还会增进亲子感情。多数情况下痛苦和对抗都是由刚性的自我外沿造成的。

　　父母很普遍地将孩子纳入自我外沿之中，认为孩子的成功就是父母的成功，孩子的失败也就是父母的失败。当父母这样想，亲子之间就不再是平等的关系，而是"主导者"和"从属者"的关系，父母渴望通过控制孩子来保证自己的自我外沿不受伤害。这种关系既会伤害自己，也会伤害孩子。最顺畅的亲子关系是互相独立并且平等的。

"

第六节　青春期的禁忌之爱

接下来的两周很平静，我照例每周见一次飞飞，和她聊一聊最新的进展。从她这里，我了解到宁清在这两周每天练习冥想，情绪也缓和了很多。飞飞的原话是："感觉家里忽然多了本质上的尊重。"看，飞飞总是能对事件给出精准的描述，这是她的天赋。

第三周的这天下午，我正坐在窗前想她什么时候会来，忽然间乌云布满了天空，给空气染上一层黄黑的色彩，整个天空就像一片巨大的茶色玻璃一样。没过一会，豆大的雨点已经哗啦啦地落了下来。

门铃响了，飞飞站在门口，浑身上下都湿透了，显得有些狼狈。

"怎么淋成这样了？快进来。"我接过她手中湿答答的布包。

"突然就下雨了！我连伞都没有带。"

我说："你先在我这洗个澡吧，好不好？这样湿着会生病的。"

"老师这还有淋浴间吗？"

"有啊，我偶尔工作太多，会暂时住在这里。"我找出一套干净的运动服和毛巾，递给她。

不一会，飞飞洗好了澡，吹好了头发走了出来。她的肢体显得非常放松，光着脚，盘坐在沙发上，抱了一个四方形的小抱枕，对我笑着。

"喝一杯姜茶吧，刚淋了雨别着凉。"我将沏好的茶拿给她。

她不开心地皱了皱鼻子："我不爱吃姜，太辣了。"

"只喝这一杯。"我继续劝说道。

飞飞很乖地接过茶杯，喝了一大口。

我问她："最近怎么样？过得还好吗？"

她调整了一下姿势，又把怀里的抱枕紧了一紧，眼睛盯着右下角的地面。过了一会，她好像下定了什么决心一样，突然开口道："老师，我要告诉你一个秘密。"

飞飞的班上有一位男同学，长得就像韩剧里的男明星一样，皮肤白皙，手指修长。最吸引人的是，他的声音非常好听，尤其是在说英文的时候，一口纯正的英式口音让人听着非常舒服。飞飞的英语发音不好，在他面前一直有一种微妙的自卑感，所以和他交流不多，只是远远地关注着他。直到一个月前的一天，飞飞发现自己好像对他产生了特殊的情愫。

"那天，我们班搞班会，每个人都要上台去讲一句话鼓励大家。我对这种场合很害怕，不知道要讲什么。上台要一个个排队，我站在他身边等的时候，忽然听到他很低声地对我说：'天行健，君子以自强不息。'我歪过头看着他，确认他这句话确实是对我说的。天哪，那个声音……"飞飞搂着抱枕，脸上出现了小女生的羞涩神情。

"后来呢？"我笑着问。

"那天我上台，就说了这一句，完美过关。然后我就没再和他说过话，但我心里总是日日夜夜地想到他。同学们在一起的场合，我都会先看到他所在的位置，听课、写作业也会想到他。这件事让我很苦恼，做什么都没法专心。"说着，飞飞又喝了一大口姜茶。

我问道："后来，你为什么不再和他说话？"

她的眼神很落寞："我和他不可能在一起的。现在我们才高二，我家里那两位肯定不会允许我早恋，如果他们一旦发现我对一个男生有这种感情，不知道要做什么事呢！"

我笑着说："高二是很短暂的，很快就要到高三，然后就大学了。

如果你们真的合适，到了大学再正式谈恋爱也未尝不可啊！"

飞飞仰着头看着窗外。这场大雨来得快去得也快，这会已经不再下了，只是天空还没有完全晴朗起来。"我们不合适，老师。他是单亲家庭，我见过他妈妈一次，和他要好的几个男同学都不喜欢他妈妈这个人。我觉得这样的家庭也不太合适。"

"看来你自己已经分析得很清楚了。"我点点头。

"可是，我现在无论干什么都会想到他。我尽量控制自己不去想他，不去看他，但他的声音不断钻到我的脑子里来。"

"嗯嗯，你会不断想到他，是因为你给自己勾勒了一个幻想，一个被阻断的'禁忌之爱'。你越是在思维中强调'我不能想他'，对他的感情受到阻断，就越是堆积在这里，形成一个'堰塞湖'。相反，如果你让自己的正常感受真实地存在和流动，就像河流一样，就会发现它在变。"

飞飞问道："老师，那我应该怎么做？"

"顺应自己的真实感受，相信它不会害你。基于幻想的感受就是这样，当我们看到幻想时，就会自行减弱甚至消失。"我肯定地说。

"我的真实感受？"

"没错。你想思念他，就去思念。我们要解决的唯一问题是尽量不让这种思念占据你太多的时间，影响你做其他需要做的事。"

"那怎么弄？"飞飞歪着头问。

"可以在每次开始思念的时候，拿起一个笔记本记录一下你思念的感受，将这些感受暂存在文字里。如果我们把自己的大脑想象成一台电脑，这就好像给你的大脑接一个'U 盘'，将一部分记忆暂时存储在那里。然后，就可以腾出主机的空间来专心做你想做的事了。"

"哇，老师，这样也行？"

"当然！"我笑着说，"但是最重要的，还是回归真相。让自己回到真实的感受、真实的关系和人当中。现在你大脑中其实是一个模糊的幻想，就像言情小说的序言一样。如果我们愿意留在小说中当女主角，那也没有问题。但是假如你希望可以将自己摘出来，那么我们就可以尝试一下调动元认知思维，回到当下。"

"怎样回到当下？"

"我其实很建议你多和他说说话。去了解他正在想什么，有什么过往的故事，有什么渴望和喜怒哀乐。不要让虚假的'禁忌之爱'横在你们中间，让这本书永远停留在序言。回到真实的世界去对话，让感受流动起来。也许你会发现他真的很吸引你，也很在乎你。那么，你们可以大大方方地互相关心，约定一起学英语或是别的学科。如果你发现他和你想象中的不一样，没有那么值得你托付情感，精力也可以很自然地释放出来，投入到你认为对的事情当中去。总之，回到真相，回到当下。这就是在任何情况下对我们来说自我内耗最少的选择。"

"老师，我很担心假如我爱上他怎么办？"

"假如你要爱上他，那么就爱上真实的他，而不是爱上一本言情小说的序言。如果用'担心自己爱上他'的想法来内耗，这似爱非爱的感受得不到流动，就会一直留在这里的。"

"可是，假如我爱上他，以后我们又不能结婚，我也会痛苦，不是吗？"

"亲爱的，不会的。"我笑得很温和，"真正的爱，是你希望他有好的心理状态，并且愿意为之付出努力。如果你真的爱他，你会希望他过得好；如果他真的爱你，他会希望你过得好。只要在这样的心理状态下，无论未来如何，现在的这段经历本身就已经足够美好了。不能在一起的两个人可以继续互相祝福。我们生活的世界本身就是不完美的，真正的伤害并不来自事情不够圆满，而是真实感受受到阻断。"

飞飞想了一会，用询问的语气说："老师，所以我现在就应该立足在当下的感受上，不想那么多未来的事情，对吗？"

"太对了！"我一直对飞飞的思维能力极为赞许，说道，"立足于当下，要看到你感受中的全部。比如你希望把握时间，好好学习，这一点也要如实地看到哦，去满足自己的期待。"

"好的老师，我明白了！"

"要一直记得，一切流动的，都会过去。"

本节知识点总结

　　青春期少年之间的相思，有时来自自己勾勒的幻想：被阻断的"禁忌之爱"。越是在思维中强调不能想他，担心自己爱上他，越会形成大脑的内耗，令这种似爱非爱的感受一直停留。所以，可以鼓励孩子在真实的世界中更多地互相了解，回到真实的感受、真实的关系和人当中，让感受流动起来。感受中虚幻的部分都将在流动中自然消散。

　　如果担心思念别人占据了自己太多时间而影响了学习或其他重要的事，可以在每次开始思念的时候，拿起一个笔记本记录下来，将这些感受暂存在文字里。就像为我们大脑的"主机"连接一个"U盘"，将一部分记忆暂时存储。然后，就可以腾出"主机"的空间来专心做更重要的事了。

第七节　摘掉堵住耳朵的纸团

从开始帮助飞飞家庭进行思维挑战到现在，我一直没有主动约见过飞飞的父亲郭建国。我很希望在母女二人实践一段时间以后，让父亲看到这种思维方式的真实效果，再来进行我们的谈话。这天，我终于收到了他的信息，要约我见一面。

建国的身材很高大，头发已经花白，发型修剪得一丝不苟。这天他穿了一件白衬衫和西裤，身型显得非常挺拔。

"老师，您好！"建国很爽朗地伸出了右手。

"您好！"我愉快地与他握了手，引他坐在沙发上，"喝咖啡吗？"

"开水就行。"

"好的。"我倒了一杯开水，放在他的面前，"您的工作很忙吧？"

"是的老师，我花在她们母女身上的时间很有限，这也是我一个很大的问题。这么多年来，都心怀歉疚。"他说话时，很有一种儒雅的古韵。

我笑着说："没关系，很多人迫于工作的压力没办法用大量的时间陪伴家人和孩子，这是很正常的。"

"虽然我在家的时间并不多，但您说的软性外沿思维，我听太太和女儿已经转述了。最近这段时期，太太不断在各种事情上尝试使用您的思维方式去解释。她把您说的话一字一句地记录在电脑里，我看了她的笔记觉得非常有道理，也试着在使用。"

"是吗？"我很开心地听到他已经开始运用软性外沿思维了，追问道，"您都在什么事情上尝试过，可以与我分享吗？"

"实话和您说，我是一个很强势的人，无论工作上还是家庭里，都希望别人能听我的。因为实践的时间比较短，成功的次数还不多，但我已经觉得受益匪浅。感受最深的一次是我和太太、女儿一起讨论新房的装修风格。这件事其实我算是很上心了，在网上找了不少华丽漂亮的装修图给她们看。结果她们两个人提了一大堆意见，说我选的图片样式老土什么的。如果依着我的性格，当时肯定要拍桌子，对她们发火的。但是那天，我在生气的一瞬间忽然想到了软性外沿思维。我想到，她们攻击的是我吗？不是啊！那我为什么觉得这么愤怒、这么痛苦？我可能是把什么东西纳入了自我外沿的范畴。那是什么呢？"

说到这，眼前的中年男人忽然笑了："您知道吗？当时她俩在说，我自己就在走神想这件事！"

我也笑了："她们发现您走神了吗？"

"她们没发现，我的表情管理还是可以的。"建国抿着嘴，装模作样地进行了一下表情管理，继续说道，"我想到您说的'提问法'：对方否定或攻击的是我的什么呢？很快我就明白了，她们批评的不是我本人，而是我自己的'喜好'和'工作成果'。我把喜好和工作成果纳入自我外沿了。想到这一点，我突然就释然了。"

"这就是您的元认知在工作，软性外沿思维就是这样用的！"我竖起大拇指。

"然后，我就知道我可以从更高一个层面来看待这件事。在此之前，她们所说的话我全都听不进去，满脑子想的都是'太太否定我，女儿说我做得不好……'当我想明白自我外沿中包含了这些以后，忽然有一种神奇的感受：我居然可以把'自己'这个角色从故事里摘出来了。我看着她们，能够听得进她们说的话了。而且，她们说得居然都还挺有道理！"

建国喝了口水，继续讲述道："飞飞说北欧风那种乳白色的家具好看。我看了一下，确实很有设计感和现代感。这么装修，家里应该会很舒服。"

我赞许道："摘掉幻想就能看到真相。当我们摘掉自我外沿中多余的东西，就像拿掉了堵住耳朵的纸团，终于可以清晰地听见别人真实的声音。"

建国笑着看我："您不知道，过去这种被人提意见的场合我一向是非常排斥的，不管在家里还是在公司都是这样。那天我居然可以诚心实意地感谢她们给我提出的建议，我自己心里知道这有多不容易。就像一个隐形的障碍被冲破了，由衷地开心。"

"听您这么说，很值得我们庆祝一下。"我笑得很开心。

建国从沙发上调整了一下坐姿，显得更加正式而干练，说："老师，我今天来，一方面是想向您道谢；另一方面，我还想请教一个问题。"

"您客气了，请说。"

建国问道："您讲的软性外沿思维，我很认同，试了一下也得到了很好的效果。但是我也思考了一下，对理论本身有一些疑惑。您说指令、观点、标签，包括工作成果都不应该纳入自我外沿当中，难道别人对我们做什么都可以吗？什么都不会构成攻击吗？还是说，只有对躯体的攻击才算是攻击呢？这中间的度应该怎样把握？"

"这是一个非常好的问题。我们很有必要借此讨论一下，人与人之间的关系本质上是什么？这也是您提的这个问题的核心。"

"我不太明白。"

"人与人之间的关系，本质上是心与心之间的互动。任何'事件'都只是达成'心理状态'的路径而已，'心理状态'才是最后的目标。这样说可能有点抽象，我们来举个例子吧。飞飞曾经提过，她有一次把头发染成了'奶奶灰'的颜色，您很生气，是吗？"

说到这件事，建国眉头皱了起来："是，我当时有点失控，说了不该说的话。我太太告诉我，在软性外沿思维中，我是把自己的'观点'纳入了自我外沿才会觉得那么痛苦。就算现在想起那件事，我仍然觉得很不舒服。"

"嗯嗯，如果您渴望的是飞飞的头发呈现自然的黑色，那么现在她的头发已经染回了黑色。您为什么还会觉得不舒服呢？"

建国垂着眼睑，说道："大概是因为那丫头的态度吧。从那件事发生以后，她对我一直淡淡的，不怎么说话。我知道那件事伤害了她，但说实在话，我并不觉得自己做得很错。毕竟中学生就应该有中学生的样子，不应该是标新立异和奇形怪状的，这也是事实。"

我说："好的，现在我们试着想象一下。假如那天飞飞染了头发回来，您看到了，向她提出这个颜色的头发不合适以后，这件事情有怎样的走向会让您觉得真正的满足呢？"

建国沉吟了一下，说："大概是，她能真心认识到自己错了吧！"

"好的，看到了吗？您的要求始于'自己的心理状态'，终于'她的心理状态'，您渴望她的内心看到您的感受，接受您的观点，这样才会觉得真正的满足。至于头发的颜色这个'事件'，只是一个载体而已，并不是目标。就算头发染回来了，当她的内心还是在抗拒您，您仍旧会觉得不舒服，是不是这样？"我看着他的眼睛问道。

建国的眼睛瞪大了一些："好像确实是这样的。我需要的不是她染回头发，而是一种'心理状态'！"

"这就是人与人之间关系的本质，是心与心之间的互动。同样的道理，当我们判断自己是否被真实地攻击，也要从'心理状态'去判断，而不要立足于'事件'。这样，才能看到事情背后真正在发生什么。"

本节知识点总结

　　被人提意见的场合对很多人来说都是不舒适的。如果我们可以摘除自我外沿中多余的部分，就能冲破隐形的"障碍"，如同取掉了塞在耳朵里的纸团一样，听到更多对我们有帮助的声音和建议，无论是在职场还是在家庭都会大有裨益。

　　人与人之间关系的本质是心与心之间的互动，任何"事件"都只是达成"心理状态"的路径。在亲子冲突中，我们真正渴望的是对方用内心看到自己的感受，接受自己的观点，这样才会感到真正满足。

第八节　怎样判断真实的攻击

　　建国追问道："怎样从心理状态去判断呢？"

　　我回答："很简单，还是通过一个'提问法'。遇到事情时，只需要问这样一个问题：她做这件事，是为了让我痛苦而做的吗？当我们看到这个问题的答案，就知道这是不是一次真正的攻击了。"

　　"她做这件事，是为了让我痛苦而做的吗？"建国将这句话重复了一遍。

　　"是的。您觉得，飞飞染头发，是为了让您痛苦而做的吗？"

　　建国干脆地回答道："不是。她应该只是为了自己喜欢……哦，我明白了，所以她染头发这件事对我并不是真实的攻击，而是因为我的自我外沿包含了自己的'观点'，是幻想让我把它认为是一次攻击。"

　　"没错，就是这样。很多时候，我们都无法根据直觉分辨出真实的攻击和幻想的攻击，所以这个'提问法'非常好用。"我继续说道，"现在，我们再进一步：您认为飞飞离家出走，是为了让您痛苦而做的吗？"

　　建国沉默了。飞飞离家出走的时候，出于极为愤恨的心理状态，她出走的动力很可能确实包含为了让父亲感受到痛苦的因素。这在那个特殊的心理环境下是无法避免的。

　　房顶的灯光照在中年人身上，在后方形成了一个暗角。就像这片光影一样，每个人的内心都有愿意与人分享的光明与美好，也有不敢触碰的黑暗回忆，比如被自己心爱的人所憎恨就是其中典型的一种。如果这段回忆一直埋藏在心底得不到流动，可能会形成父女二人的一个心结，横亘在他们中间。

我把落地窗的窗帘拉上去，窗外的阳光倾斜了进来，照得房间顿时更加明亮。然后，我缓慢地说："这是一种非常特殊的攻击，在生活中很常见。飞飞感受到来自您的语言伤害，她的内心在承受巨大的痛苦，所以需要向外施放攻击来缓解自己的痛苦。每个人的大脑都有这样的本能，通过让别人感受到与自己同样的痛苦来达到被理解的目的。很多时候我们无意识地这样做，就会形成发泄式的攻击。她本身并不针对您，也并不代表她不爱您。相反，越是亲密的人越有可能承接这种发泄式的攻击。"

"您说得对。我痛苦了，我攻击她来缓解自己的痛苦。她痛苦了，也会攻击我。"建国已经缓过神，喃喃道。

"是的。这是一个人的应激反应，仅此而已。"我轻轻说着。

建国两只手互相紧握着，过了良久，他忽地往沙发靠背上一靠："一直以来，那件事都像是沉甸甸的木桩压在我心里，现在终于释然一些了。老师，您不知道这段话对我来说有多重要。"

"太好了！那您今天就没白来。"我笑了，"很多时候，事情会在两个人你来我往的过程中不断激化。最初飞飞染头发并不是对您的真实攻击，您感到自我外沿被碰撞，有意识地输出自己的痛苦，两个人一言一语地互动，假的攻击渐渐变成真的，谁对谁错也变得越来越模糊。"

这个时候，建国的表情已经明显轻松了很多。他突然抬眼看了一下上方，说道："我忽然想到了一件小事。大概一个月前，我偶尔坐地铁上班，路上居然和一个人吵了一架。起因是关于戴口罩。从新冠疫情暴发以来，公共场合一直都要求全程佩戴口罩①。那天我坐在地铁上，身边一个男人不但没戴口罩，还时不时咳嗽、打喷嚏。我好心提醒他要把口罩戴上，没想到他朝我恶狠狠地瞪了一眼，说：'关你什么事？'于是我的脾气上来，和他理论起来。当时这件事对我最大的伤害并不是来自这个人怎么对待我，而是车厢里那么多人在看，居然没有一个人为我说句公道话。"

说到这里，建国自嘲地笑了一下，接着道："刚才我听您说软性外沿思维，突然想到了这件事。对于别人来说，最开始的时候，我提醒他戴口罩是出于社会公德。他说'不关我的事'这是很没礼貌的行为，到这里为止确实我是对的。但是从这以后呢，我们你一言我一语，假如我是旁观者，肯定也很难分出谁对谁错了。当时我怎么就没想到呢？只是一心认为自己很委屈，觉得社会道德都沦丧了。"

我伸出了大拇指："每个人都有自己的心理状态，当我们把视角从自己身上抽离出来，尝试用元认知去观察的时候，就能更好地理解别人在想什么。您的觉察很准确！下一次如果我们想离开这个怪圈，最好的时机就是在完全卷入争端之前，及时看到自己被攻击的来源。"

建国爽朗地笑了："谢谢老师啦，我今天算是明白了。遇到自己受到攻击的感受，一定要第一时间启动元认知去觉察，这才是正道啊。"

＊

连日来的几场大雨将整个城市洗刷得很干净，真正让人感受到了秋天的凉爽。这天是工作日的晚上，宁清的头发高高地扎了起来，显得很干练。她穿着一件 A 字型风衣，仍然将身材遮在其中。

---

① 本书成稿于2022年，自2019年新型冠状病毒肺炎疫情暴发后，公众场合都需要佩戴口罩。

"我煲了银耳雪梨汤，最适合秋天喝。"我招呼她在沙发上坐下。

"谢谢！原来您对养生也有研究。"

"养生，我当然是比不上正牌的医生。"我用手示意一下她所在的方向，笑着说道。

带耳的玻璃碗中，一片片银耳泡在汤里舒展着小小的身体，肥嘟嘟的显得非常可爱。

"老师，我最近状态已经好很多了。虽然积累已久的思维方式不会突然变化，但我经常能回归理性思考。每当我用您教我的方法观察自己的自我外沿中到底有什么的时候，情绪就很快平静下来。这个过程非常神奇，只是这样想一下，好像那种出离愤怒的感受就消失了。"

"是啊，元认知能力一旦出现并且开始工作，情绪的白马就很难保持'疯狂拉车'的状态了，会自然而然地安静下来。"我很开心她的进展这么快。

"您就说吧，国庆节之前，我提议假期全家人一起去临市玩一下，我们已经很久都没出去玩过了。结果这个提议说出来，我先生马上接口说'我国庆要加班，去不了'，态度非常生硬。我忍住怒火，问他：'只去两天可以吗？'女儿又接着说：'那个城市没什么好玩的，一点意思也没有。'如果放在以前，我肯定又要赌气甚至吵一架。"

宁清端起桌上的银耳汤，抿了一口，接着说："但是那天，我大脑里就出现了您的声音，说要我观察一下，对方否定了我的什么？我这样一观察，发现是我的'需求'被纳入自我外沿了。他们不响应我的需求肯定有他们自己的原因啊，这点我其实很清楚。先生是想要在工作之余多放松放松，女儿是想和同学一起出去玩，他们并不是针对我，为了让我痛苦才这样说，所以我不需要感受到攻击。"

我竖起了大拇指："想到这一点以后，您是怎么做的呢？"

"我明白了他们并不是要攻击我，我也就没有必要攻击他们。所以我尝试真实、平等、友爱地表达了自己的需求。我说：'你们有自己的想法我理解，只是我在这里憋得太久了，实在是很想借着国庆的机会出去玩玩，我期待这个假期已经两个月了！'后来，您猜怎么着？"

"怎么？"我笑了。

宁清的笑容更大了："他们俩都很惊讶我会用这种方式沟通。老师，我们家已经很久都没出现过这么和谐的声音了，过去三个人在一起，一言不合就要吵架的。这次我改掉了和他们说话的语气，他们也一反常态地答应陪我去旅游了！我们在临市住了一个晚上，我已经很满足了。"宁清对我点点头。

"太棒了！"我笑着说。

本节知识点总结

　　判断别人的行为是否真正在攻击自己，可以通过"提问法"：对方做这件事，是为了让我痛苦而做吗？

　　有一种生活中常见的特殊攻击，我们称之为"发泄式攻击"。它来自大脑的本能：通过让别人感受到与自己同样的痛苦来达到被理解的目的。亲子之间的这类攻击并不代表不爱对方，相反，越是亲密的人越有可能受到发泄式攻击。

　　当两个人不断互相反击，你来我往，假的攻击会渐渐变成真的，谁对谁错也会在这样的互动过程中越来越模糊。如果我们想离开这个怪圈，最好的时机就是在卷入争端之前，及时启动元认知去觉察自己感受的来源。

　　虽然积累已久的思维方式不会突然变化，但每当我们用心观察自己的自我外沿中有什么的时候，愤怒情绪就能很快平静下来，这是元认知被激活的作用。

第九节　什么是有效规则

宁清说道："我还有一个担忧，是关于飞飞的。"

"飞飞怎么了？"

宁清的脸色凝重起来："也许是因为我最近改变比较大，飞飞开始信任我了吧，前两天，她找我深谈了一次，是关于早恋的事，飞飞早恋了。当然这么说也不准确，她现在已经分手了。老师，您应该知道这件事吧？"

我回答道："嗯，我知道，是我鼓励她让感情流动起来的。"

"是。她说，她对那个男孩子有好感，也告诉了您。在您的鼓励下，她主动去接触了男孩子，发现真实的他和她想象的不太一样。所以，她现在已经不那么喜欢他了。用她自己的话说'这个感情已经流过去了'。当然这个结局很好，她没有因为这件事而影响学习。但是，这件事还是引发了我的担忧。"

"您是在担心什么呢？"

宁清说道："她高一的时候我们很严肃地谈过一次，说好整个高中三年不恋爱。所以，当她选择和男孩子接触的时候，其实是破坏了我们一起制定的规则。现在她会破坏这个规则，未来会不会再挑战其他的底线？我觉得心里很没底，很怀疑。"

我说道："哦，我明白您的担心了，这个话题很值得我们深入探讨一下。很多父母都与孩子之间订立了规则。其中有些规则是很'原生态'的，直接反映了父母的需求，比如您说的'高中三年不早恋'，还有的时候，父母借鉴了外来的育儿理论和文章，订立了奖惩机制等看起来更完备的规则。但是，这些规则实行了一段时间，很多都会出现一些问题。"

宁清说道："确实有这个现象。我同事中有很多孩子比较小的年轻爸爸妈妈，在家里的墙上贴了表格，给孩子打分，分数高就奖励东西，分数低就剥夺娱乐时间，看起来是很完备了，但是好像实行一段时间，总觉得这个规则'水土不服'，家长和孩子都很难坚持下去，我也不知道是因为什么。"

"也许是因为，大家没有从本质上想明白规则究竟是什么，它的存在是为了解决什么问题。"

"哦？老师您说说，规则是什么？"

"其实，早期的人类社会本没有规则。是发生了有人伤害他人的状况后，才采用规则的形式来保护每一个人都不受伤害。同样的道理，在亲密关系中，很多情况下人们都不是'为了使对方痛苦而故意做一些事'，但事情的结果却经常令对方感到痛苦。这是因为不同的人自我外沿之间出现了碰撞和重叠。"

我喝了口雪梨汤，继续说道："比如在飞飞的事情中，她和那个男孩子接触，是为了让您痛苦而做的吗？"

"当然不是。"

"那么，为什么您会感受到痛苦？"

"大概是我的自我外沿中包含了什么东西吧。"现在宁清回答这个问题显得驾轻就熟，"应该是我对她应该怎么做的一种观点。"

"是的，就是这样。如果她将'选择自己是否谈恋爱的权利'纳入自我外沿，而您将'认为女儿不应该早恋的观点'也纳入了自我外沿，两个人之间就会产生矛盾和对立，其实这也是大多数亲子矛盾的基本形态。"

"对，如果她要谈恋爱，会伤害我。如果我不让她谈恋爱，会伤害她。"宁清说道。

"没错，是这样的。"我说，"所以亲密关系下，规则存在的意义就是双方在互相友爱的基础上约定一个做法，令两个人都不要觉得过于忍痛或受伤。只有基于这个目标，通过有效的方式建立起的规则，才是'有效规则'。否则，这个规则本身就是'无效规则'，当然也就无法持续地发挥作用，所以'无效规则'一般都会很快被破坏掉。"

"什么是有效规则呢？"

我解释道："有效规则需要满足三个条件：

"1. 参与制定的每个人都清晰了解规则内容是什么。

"2. 参与制定的每个人都愿意遵守这个规则。

"3. 参与制定的每个人都知道其他人也愿意遵守，并且对这一点很有信心。

"满足这三点，才算是一个有效规则。而任何强权的规则，其实都是无效的。比如，很多妈妈会规定孩子一天玩手机的时长，但是他们会发现，孩子只有在妈妈看着他们的时候才会遵守这个规则。在孩子的内心，并不真心愿意遵守这个规则，妈妈也并不真心相信孩子会遵守规则。这样的规则就是无效规则，对于孩子和妈妈来说，它除了带来额外的痛苦以外，并不会有什么实质性的好处。这个规则显然不是为了使孩子和母亲双方都不受到伤害而订立的，而是母亲为了方便控制孩子的行为而单方面制定的。"

我继续解释道："其实，孩子的骑手需要时间和机会来一步步增加力量，母亲真诚地分享自己认为玩游戏不好的经验，陪伴孩子的骑手成长，效果会比制定这样的无效规则要好得多。"

宁清想了想，说道："您这么说，我们当初关于飞飞高中三年不能谈恋爱的规则确实是一个无效规则，只是我的一厢情愿罢了。那我能怎样和飞飞订立有效规则呢？"

我回答道："家庭环境中，只有在大家的自我外沿发生了碰撞的情况下才需要规则，所以规则需要双方都做出一点让步。有效规则的建立，要在双方都平等、真诚、友爱地交流的基础上。双方都愿意为了对方'不是太受伤'而做出一定的努力。简单来说，我们需要每个人重新观察、理解，甚至重新定义自己的自我外沿，最后达成和解。"

我笑着为宁清添上了一杯雪梨汤："首先，我们要看到自己的自我外沿中有什么。比如，您的自我外沿中有'女儿不应该早恋'的观点，而飞飞的自我外沿中有'选择自己是否谈恋爱'的权利。那么，你们可以互相如实地看到，并且讨论一下怎样有一个让步和折中，使两个人都不会太受伤。比如，飞飞可以在真实需要的时候和男孩子交往，但不应该因此而影响学习。制定规则的讨论过程，其实也是我们每个人原本刚硬的自我外沿逐步软化、消失的过程，亲子关系也会在这样的过程中变得越来越和谐和健康的。这真的是非常值得我们去做的事。"

宁清愣了一会，说道："老师，我觉得您说的这个方法我完全可以接受。您可能不知道，这对我来说是很神奇的一件事。如果是过去的我，绝对没办法接受一个折中的规则。我要什么，就要不折不扣地执行。唉，这也是为什么过去我的家庭总是剑拔弩张的原因吧！"

宁清的整个身体放松地舒展了一下，继续说："其实认识您的时间并不长，但是我居然在思维挑战的这段时间里，完全刷新了自己对女儿的认知。以前，我总觉得她是个小孩子，满脑子叛逆思维，专门跟我对着干。这几周软性外沿思维的调节，我不再把她当成自己的作品和附庸，而是重新用一种很干净的眼光去看她的时候，我发现，她真的长大了，值得我去平等地对待，她也是可以信任的。过去我居然完全没有发现这一点，可想而知，她过去和我的交流一定是很憋屈的，我从来都没信任过她。"

宁清用小勺子舀了一块雪梨，放在嘴里慢慢地咀嚼。我也没有说话，静静地等待着她。自我外沿就像暗夜中的积雪，只要照到阳光就会渐渐地自行消融。运用元认知的观察，就是照在自我外沿上面的阳光。

过了半晌，她说道："我是该信任她了，信任她有自己的判断，是时候将她从我的自我外沿中摘出来了。唉，你看，孩子大了，我们就老了。"

看着宁清，我很感慨。她是中国千万母亲中的一员，日夜不间断地承受着对于任何人来说都无法忽视的压力。而这样的压力感已经形成日常，无论是自己还是身边的家人都对它疏于觉知，更罔论正向反馈。是这样日复一日的生活让很多中年母亲越来越被失落、焦虑和疲惫感占据心灵。在这样的时候，每一位母亲都需要一个温柔的声音不间断地提醒她：你是美好的，是功勋卓著的。你，值得被爱。

"您做得很好，我为飞飞有您这样美好的母亲而觉得开心。"我由衷地说。

本节知识点总结

家庭中，由父母强权建立的规则基本都是"无效规则"，很难被持续地遵守和执行，发挥它应有的作用。

有效规则需要满足三个条件：第一，参与制定的每个人都清晰了解规则内容是什么；第二，参与制定的每个人都愿意遵守这个规则；第三，参与制定的每个人都知道其他人也愿意遵守，并且对这一点很有信心。

制定有效规则的过程，是我们每个人原本刚硬的自我外沿逐步软化、消失的过程。首先，我们要各自看到自己的自我外沿中有什么。然后，共同讨论怎样互相让步和折中，使每个人都不会太受伤。亲子关系会在这样真实、平等、友爱的沟通过程中变得越来越和谐和健康。

第十节　自我外沿的终极形态

这是一个惠风和畅的下午，宁清再次出现在我的办公室。

"挑战成功的'毕业典礼'，飞飞和爸爸没来吗？"我笑着问。

"飞飞今天有课，但她写了封信，让我转交给您，还不让我看。"宁清笑着回答。

"好的，好的，谢谢您。"每当收到孩子送来的礼物，我都非常珍惜，将它们工整地放在一个专用的柜子中，就像珍藏一颗颗真诚的心。

宁清继续说道："飞飞他爸今天有个会议走不开，但他也有话要我转告给您。上次飞飞离家出走的事，他向女儿道歉了，他说是他刚硬的自我外沿伤害了孩子。以前他有一个根深蒂固的思维方式，就是他要让别人都知道我们错了，但他过去真的不知道，自己那种理直气壮地指出方式总是带有攻击性的。"宁清的表情突然带了一点点羞涩，非常好看，"所以他说自己活得很痛苦，身边的人更痛苦。每个人都觉得自己是受害者，大家都'输了'，谁都没有'赢'，这样的生活模式真是没有必要。"

"他能有这个觉察，本身就是很值得称赞的一件事了。"我微笑着说。

"老师您过奖了，他那是活了大半辈子，才看清楚这一点啊！"宁清笑道，"虽然现在他还没能真的将'观点'这个东西从自我外沿当中摘除，但起码他能知道，他感受到的痛苦是因为自我外沿受到攻击而产生的，不会继续陷入'你错了，你要受到惩罚'的思维循环当中，而是知道'是我痛苦了，我在反击'。"

我接口说："很棒，有一些元认知能力的储备，就可以如实看到大脑中发生的真相，不会被'正义凛然'的幻想欺骗了。"

"是啊！"宁清说得很大声。

我感慨道："当我们理解'爱'的真实含义，就可以问自己一句：我爱对方吗？我希望对方能有好的心理状态吗？我愿意为了她有好的心理状态，而暂时抑制黑马的战斗本能吗？"

宁清说道："这个问题非常有效果。尤其是对自己的家人，这样一问，很多攻击行为都能避免了。而且，我发现这种感觉和硬生生把想要攻击的语言憋回去的感觉非常不一样。有时我在外面想体现自己的涵养，明明心里已经看不惯了，嘴上还不能说，那种感受就像是'忍字头上一把刀'，用刀子插自己一样难受，会憋出内伤。但用了软性外沿思维来看到自己真实的心理状态之后，完全没有憋着的感觉了，而是很舒畅的感受，好像痛苦和愤怒是一层迷雾，看穿了，它们自己就消失了。"

我笑着说："看来你们真的已经准备好'毕业'了！"

宁清向我回报以甜甜的笑容。

我叮嘱道："软性外沿思维的练习并不会一蹴而就，需要我们长时间地观察和尝试。在开始的阶段，我们可能还是因为一些幻想的攻击而觉得痛苦。没关系，调动元认知如其所是地看到自己的痛苦，了解它正在流动，如果可以的话，尽量安抚自己的内心，不要因为剧烈的情绪而做出伤害亲人和让自己后悔的事情，这就可以了。未来随着我们一次次清晰地看到自我外沿的存在，它会自然地软化下来，情绪的逼迫就会少很多。"

"老师，我还有一个问题，也是我的一个好奇吧！"宁清说道，"我很想知道，软性外沿思维走到终极的状态是什么样的？再也不会对人感到生气了，对吗？"

"从理论的角度来看，在极致状态下，自我外沿当中可以什么都没有。长期践行软性外沿思维的人，内心会越来越趋近'一团云'的状态。当人走到云里面的时候，感受不到任何阻碍。云不会因为任何攻击而产生任何回击。当子弹射向云中，云也不会有丝毫痛苦。子弹穿过去，飞进后方深远的虚空，就是这样。"

"哇，好通透的感觉！"

"是啊，不会被别人伤害，也不会伤害别人，这个时候，人不是疲软无助的，反而是稳定和拥有力量的。"

宁清接口道："希望有朝一日我们也能达到这样的境界。即使不是面对所有人都能这样，起码我希望面对自己的家人，我可以做到不伤害自己，也不伤害他们。"

在这次思维挑战的最后，我照例为宁清留下了一个"锦囊妙计"。

"未来，如果您感受到攻击，有一个办法可以协助您更好地调动骑手力量，进入软化自我外沿的状态。这是一种可视化想象的冥想技巧，愿意现在试一试吗？"我问道。

"当然！我现在每天都用15分钟时间练习一下冥想，效果非常好！"宁清对冥想技巧非常感兴趣。

"现在，可以尝试想象一个受到攻击的具体场景。比如，您被一个人面对面地语言攻击了。未来，我们在感受到被攻击的痛苦时随时使用这个冥想技巧进行一下'情绪急救'。"

于是，我们开始了新的冥想引导。当她完成了对周围环境和身体触觉的感知以后，我请她将意识自然下沉到了呼吸上。具体来说，是下沉到小腹部跟随呼吸运动。

过了一分钟左右，我们在冥想中回到那个想象中的场景，对面的人说了一段令自己觉得受到攻击的语言。我引导她感受这段语言像是气态的子弹一样朝自己迎面而来，但并没有击中自己，而是穿越了自己的身体，进入后方的虚空，当子弹在身后消失不见，尝试去感受面前的人有怎样的心理状态？他／她在痛苦吗？

最终，我们给予大脑一小段完全自由的时间，然后回到了现实的触觉和周围的环境当中。

"先不要动，此刻你的感觉如何？"我问道。

宁清回答道："很轻松，很开阔。"

"您想到的是什么事？"

"我想到被飞飞说我的品位差，买的衣服很难看的场景，这种场景在我家经常发生。过去我总会觉得痛苦，又忍不住为自己委屈，觉得一片好心都被浪费了。刚才在冥想过程中，我留意去感受飞飞的心理状态。看到自己不喜欢的礼物，并且还是一件衣服，如果换了是我也会觉得抵触和不想穿吧？这是女人的天性。"宁清的语气很轻松。

"这个觉知非常棒。"

宁清继续说："飞飞说出的话穿过了我的身体进入后方的虚空，我完全没有疼痛的感觉，才意识到这其实只是将'我买衣服的选择'纳入了自我外沿而已。我完全可以软化这部分外沿，和飞飞'求同存异'地生活。最后的环节，我看到她长大了，她有她的审美。我可以不去干涉她，这样她也就不会来攻击我。这样想，好像自己也没有之前所想的那么委屈了，只是审美的差异而已，何必'上纲上线'呢？"

"太好了！"我由衷称赞，"很高兴地告诉您，您和您的家庭挑战成功了！"

本节知识点总结

  软性外沿思维的终极状态是内心趋近"一团云"的状态。当人走到云里面的时候，感受不到任何阻碍，当子弹射向云中，直接穿行而过，云不会有丝毫痛苦。

  感到被攻击时的急救冥想，是想象对方发出的攻击并没有命中自己的身体，而是射向后方深远的虚空。在过程中留意感受对方此刻真实的心理状态，有助于我们获得轻松开阔的心灵。

扫描二维码，获取本节附带冥想引导音频5：
感到被攻击时的急救冥想练习。

尾记　飞飞的信

老师：

您曾说，当我们还是小孩子的时候，我们根本就不知道自己是一个怎样的人。是外向，还是内向？是神经大条，还是敏感细腻？是擅长与人交往，还是擅长思考计算？什么是好的？什么是美的？什么是我想要的？

到现在为止，我仍旧不知道我终究是怎样的一个人。

但是，有一件事我清晰地知道。

那就是，我将会越来越好（此处应有掌声）。

当我看到一切都在变好的时候，我希望这里面有我的努力，让我的父母家人，让这个世界少一些痛苦，多一些温暖和爱。

这样，当有人问到"你是个怎样的人"的时候，我也许有底气自信地笑笑，说："你未来会知道的。"

爱你的郭飞飞

第四章

心域思维：感知、理解和接纳身边的人

徐莉和明淙老师：

　　我是两个儿子的妈妈，每天都过着鸡飞狗跳的生活。老大维浩正在上小学一年级，老二维瀚还在读幼儿园。

　　生二胎前，总有人告诉我"两个孩子能互相有个伴"。但现在两个孩子一天天长大，感情却越来越差，不是在抢东西就是在打架，从早到晚都会听到孩子的哭叫，震得人头疼。

　　比起这个，更让我焦心的是老大的心理问题。他在学校被老师嫌弃，被同学排挤，注意力也很差。我每天忙于到处救火，心理一直处在崩溃的边缘。我自己的心理状态也出现了一些问题，有时一整天一句话都不想说，常常想象自己一个人生活在一个星球上该多轻松呢？

　　我和我的家庭真的需要思维挑战的帮助，期待你们带来的改变。

> 挑战参与者
>
> 母亲：范晓夏
> 哥哥：孟维浩
> 弟弟：孟维瀚

第一节   谁是受害者

收到这位妈妈的信，我照例先见到了维浩和维瀚两个孩子。兄弟俩长得非常像，都有着挺翘的鼻子，眉眼离得比较远，印堂处给人一种很开阔的感觉。哥哥刚上小学一年级，是圆圆的单眼皮眼睛，据妈妈说浩浩的眉眼像爸爸。弟弟今年 4 岁，一双漂亮的双眼皮眼睛，睫毛长长的，应该是传承自妈妈。这天，两个孩子穿着同样的明黄色 T 恤和肥肥的小裤子走进了办公室，有种稚嫩的街舞人范儿。

"浩浩、瀚瀚，你们来啦！"我笑着向他们打招呼。

两个孩子走进来，很快看到了办公室的电脑。"我能打开电脑看看吗？"浩浩问道。瀚瀚听到哥哥的倡议，也停下了脚步，转头看着我。

"电脑是老师办公用的，现在它在休息，我们先不要打扰它。"我用柔和的语气拒绝了哥哥。

弟弟仿佛受到了我的态度提醒，接口对哥哥说道："你动电脑，警察叔叔就会来抓你。"

弟弟的表达引起了我的好奇，我转向他问道："为什么说哥哥动电脑，警察叔叔就会来抓他？"

弟弟回答："谁动，警察叔叔就抓谁。"显然这是他跟大人学的。

浩浩和瀚瀚的年纪还小，语言表达能力没有完全成熟。对于这样的来访者，很难以谈话的方式获得足够信息。所以我为他们选择了一个游戏，希望通过游戏找到通向孩子心灵世界的路径。我从桌上拿起了准备好的桌游玩具，问道："我们一起玩个游戏，好吗？"

兄弟俩都从座位上站了起来，上半身伏在桌子边，显然非常感兴趣。因为这个游戏需要一定的识数能力，而弟弟才 4 岁，我需要确认一下他是否认得这些数字。我侧头问向弟弟："瀚瀚，你能数多少数了？"

弟弟说："比 100 多很多了！"

我笑着比了大拇指，拿起了一个数字牌"23"，说道："真棒！这是几？"

弟弟不假思索地答道："23。"

对于已经 6 岁、上小学一年级的哥哥来说，认识这些数字应该已经不需要确认了。但看到哥哥在旁边跃跃欲试的样子，我转过头，也以同样的问题问哥哥："浩浩，你能数多少数呢？"

哥哥开心地回答："我能数比 1000 多很多了。"

"哇，那么多了！你们两个都很棒。"我笑着看看两个孩子，开始了游戏规则的讲解。

游戏规则很简单。在桌子中央有一个发牌机，每次推动装置，会有两张数字牌露出来。每个玩家手上有一张清单，上面是个色彩斑斓的九宫格，标志着 9 个数字。如果发牌机中出现了玩家清单里需要的数字，玩家就要大声喊出这个数字，然后把数字牌摆在自己的清单中这个数字所在的位置上。得到数字牌的人，就是下一轮操作发牌机的玩家。最先填满"清单"上九宫格中横、竖或是斜线 3 个格子的玩家获胜。

我向两个孩子首次解释这个规则，问他们："了解了吗？"弟弟瀚瀚飞快地向我点头，并且开始试着操作发牌机，而浩浩却直直地看着我，眼神中略带茫然。我为浩浩又解释了一次游戏规则，他才对我点了一下头，表示可以开始了。

我为三人各分配了一张清单，轻轻挪动了发牌机的位置，提醒两个孩子："我要开始发牌喽！"然后慢慢推动装置，露出了两张数字牌：

2 和 19。在哥哥的清单上，需要"2"这个数字。过了一小会的沉默，哥哥小声说："2。"

"很棒！'2'这张牌是浩浩的了，拿回去吧。下一轮，浩浩发牌。"

接下来的 4 轮，我和弟弟各自拿到 2 张牌，哥哥开始显得有点着急，在等待的间隙围着桌子走来走去。弟弟则是安静地立在自己的位置上，紧紧盯着发牌机。下面一轮又是我发牌，出现的数字是 6 和 8。

"6"是一个竞争很激烈的数字，在兄弟两人的清单上都需要。我停下来，安静地等待他们的反应。

"6！"弟弟大声地喊出来，声音因为兴奋而转了几个弯。

"6！"随后，哥哥也回过神来，但声音比弟弟还是小了一些。

弟弟大声道："我先说，是我的！"他伸手将卡牌放置在自己的清单上。哥哥也伸出手来，但比弟弟慢一步到达，抓了个空。他抿着嘴，小脸憋得通红。

就在这个时候，矛盾升级了。哥哥忽然凑近身去，一把将弟弟的清单连同上面的所有卡牌都掀了起来，丢在地上。弟弟看着我，"哇"的一声哭了出来。哥哥内心的愤怒显然还没有完全释放，他继续将桌子上散落的其他卡牌也拨到地上，瞪着圆圆的眼睛站在那里，不看我，也不看弟弟。从表情能看得出他内心的委屈。

看着面前的两个孩子，我忽然感到心疼。显然在这个事件中，哥哥和弟弟都先后感受到了自我外沿受到"攻击"。

首先是弟弟。从进门以来，弟弟内心一直有意识地向一个"隐形盟友"靠近，那就是我。弟弟帮助我维护"不能乱动电脑"的规则，并且表示很快速地接受了我介绍的游戏玩法。这个孩子的本能告诉他，在这个环境中与我结盟是最优的选择，这样的警醒很可能是在家庭环境中养成的习惯。这是一种比较普遍的现象，有多个孩子的家庭中，年纪比较小的孩子往往更有这样的意识，善于在小事上争取与家长"结盟"。当然，这项能力对他很有好处，日后上学可以凭借它取得老师的欢迎，甚至走进社会后，很多人还会沿用儿时积累的这种思维方式来处理与上司或权威人士的关系，只是随着阅历的增长更加隐蔽了一些而已。

在游戏的最后，弟弟辛苦建立的带有巨大优势的游戏成果被哥哥突然以暴力的方式破坏，弟弟瞬间感受到了自我外沿被攻击的痛苦。他用响亮的哭声来表达自己的失望和愤怒，同时也在用哭来提醒我出面"主持公道"。

同时，哥哥的内心也是一名受害者。从两个孩子的反应来看，哥哥语言中枢的发育可能比弟弟相对缓慢一些。对于这个年纪的孩子，尤其是男孩子来说，语言中枢发育快慢都是很正常的现象，大部分孩子会在几年内回到正常水平。由于日常交流需要使用语言功能，所以哥哥常常处在若隐若现的"劣势地位"，这一点他自己可以清晰地感知到，但无法准确地表达。

进门以来，哥哥对弟弟主动接近我的行为是有所感受的，这使他在肢体上明显有种主动疏离我的倾向。他也许本能地认为我不会喜欢他而更加喜欢弟弟，就像他的父母给他的惯常印象那样。这是长期"被排斥"的孩子的一种很常见的自我保护机制——"你们之间关系好就好吧，反正我也不在乎，我要主动离开你们"，借此来屏蔽掉被抛弃、被孤立的痛苦，这在心理学上被称为与养育者之间的"回避型依恋关系"。

美国心理学家玛丽·爱因斯沃斯博士（Mary Dinsmore Salter Ainsworth）的情景测验研究结果显示，不同孩子出于生长过程中与父母不同的相处模式，会发展出不同的依恋关系，大体分为三类：

1. 安全依恋（Secure）。这类孩子会主动寻求父母的关爱和陪伴，在得不到的时候表现短暂的不安，再次得到后很快就能平静下来。

2. 反抗型依恋（Insecure-Ambivalent）。这类孩子在得不到关爱和陪伴时会采取强烈的反抗措施，直至得到为止。即使再次得到，不安感还会持续很长的时间。

3. 回避型依恋 (Insecure-Avoidant)。这类孩子在得不到关爱和陪伴时故意对父母表现出忽视和躲避，以此来降低自己的痛苦感，就像维浩某种程度上所体现的那样。

回避型依恋带来的伤害比单纯被孤立的痛苦更为长久，可能会对未来建立需要信任感和托付感的亲密关系有所阻碍。同时这种依恋关系存在的基础就是长期抑制和阻断自己的真实感受，也会在很大程度上限制孩子元认知能力和自我内核成长。

刚才，当弟弟非常开心地拿到那张数字牌"6"的时候，哥哥的痛苦感受达到了需要发泄的顶峰。他的内心很希望被关注和认可，只是暂时缺乏用合适的语言和行动表达这种希望的能力。他只好在愤怒的白马驱使下以破坏性的方式去表达痛苦，把弟弟的卡牌乃至桌子上所有的卡牌都掀翻在地。他很清楚地了解这不是最好的选择，而是"两败俱伤"的打法，但他找不到更好的方式。所以在做完这件事之后，他立刻流露出委屈的情绪，似乎预见到我马上就要批评他一样。

当我们看到每个人心理状态的本质，就会发现在这件事当中哥哥并不是一个"施暴者"，他和弟弟一样，也需要被理解和安抚。

本节知识点总结

　　不同的孩子由于成长过程中与父母相处模式的不同，会发展出不同的依恋关系，大体分为三类：安全依恋、反抗型依恋和回避型依恋。其中，回避型依恋的孩子在得不到关爱和陪伴时，会故意对父母表现出忽视和躲避，以此来降低自己的痛苦感。

　　回避型依恋可能会对未来建立需要信任感和托付感的亲密关系有所阻碍，并且这种依恋关系存在的基础就是长期抑制和阻断自己的真实感受，也会在很大程度上限制孩子自我内核的成长。

第二节　底层情绪和情绪质量

弟弟还在大声哭泣，我在他身旁蹲下来，用手搭在他的背上轻轻抚摸："哥哥把瀚瀚的卡牌掀翻了，瀚瀚觉得很难过，对吗？"

弟弟的哭声小了一些，点了点头。

我继续说道："假如哥哥没把瀚瀚的卡牌掀翻，瀚瀚还需要一个什么数字就能赢？"

弟弟被这个突如其来的问题问得一愣。他停下了哭声，看向地面上的清单，认真地思索道："6、11，和21是一行。"

"太好了！那咱们就看看，还要几轮才能拿到21？"我笑着帮他把所有的卡牌都恢复到原来的位置。

然后，我走过来，轻轻抱起哥哥的整个身体，放在我的身上。我意识到哥哥在与世界互动的时候，使用肢体动作显然比语言更加舒适。于是，我选择用拥抱来向浩浩传递我对他的接纳和爱："浩浩担心弟弟快要赢了，所以有点着急了，对吗？"

哥哥默默点了点头。在我的怀里，哥哥的身体非常僵硬，两只小手都很冰冷。我将自己的手覆盖在他的小手上，轻轻握着他。

"没关系的。不用着急，胜败乃兵家常事。老师抱着浩浩，咱们一起玩同一个清单，好不好？"

游戏重新开始，我和哥哥拿了1张卡牌，弟弟又拿了1张卡牌。哥哥很快适应了我的体温，身体渐渐柔软下来，很放松地向后靠着，似乎有意要与我最大面积地身体相触。我在需要发牌和拿牌的时候询问他"是你来还是我来"，其余时间一直握着他的手。

没过多久，哥哥也组成了即将连成一条线的机会，需要的数字是0或者29。他渐渐活跃起来，从我的怀中站起身，不再需要与我接触。发牌的时候，他上半身伏在桌上，嘴里都反复念着："0！　29！　0！　29！"

可惜，这两个数字都没有出现。发牌机中出现了弟弟期待已久的"17"，弟弟赢了！他开心极了，兴奋地在地上跳来跳去。

我收回目光，安静地看着哥哥的反应。这一次，哥哥只是短暂地失落了一小会，但很快又抬起头，大声说："再来一局！"没有表示任何愤怒。我终于放下心来：这个孩子即使输掉游戏也不再忽然暴怒，看来底层情绪确实已经平静下来了。

底层情绪又称为"情绪质量"。它潜藏在表层情绪的下面，就像大海深处的洋流一样，无形无色，但它比表层情绪有更大、更持久的力量。在一个人元认知能力还不是很强的时候，通常很难察觉底层情绪的状态。但当底层情绪和表层情绪不一致时，情绪质量比较杂驳，表层情绪就会呈现得脆弱易变，仿佛有点微小的刺激就足以使它完全崩塌。

比如一个人在很欢乐热闹的聚会中和朋友一起讲着笑话，纵情大笑。笑着笑着，忽然听到朋友说的一句话触动了自己的心弦，内心瞬间觉得"悲从中来"，想下去越来越难过，甚至觉得想哭。情绪质量杂驳时，人会感受到不安，担心"我现在状态挺好，但不知什么时候又会开始胡思乱想，陷入难过？"当这样的念头出现的时候，难过的感受往往就会提早来临。

多年来我们用正念冥想的方式帮助很多人如其所是地看到了他们的底层情绪，让埋藏在下面的"洋流"被阳光照耀，充分地流动起来。在这种状态下，表层情绪会越来越稳定，不容易受到突如其来的事件影响。

我曾认识一位自称有"路怒症"的来访者，暴脾气可以说是"一点就着"。练习元认知思维以后，他的底层情绪有了很大的改善。一次他对我说："我现在的状态很不错，即使上班路上遇到大塞车，那也没有关系，既来之，则安之，趁着这个难得的时光坐在驾驶位上伸展一下肩颈好啦！"他不再每天出门都担心今天是否会塞车，而是相信自己无论是否遇到塞车，心情都不会受到太大影响。这样的心理状态我们称之为"情绪质量比较高"，情绪的感受也会比较纯粹。

当底层情绪平静下来的时候，我们的心情就像宽阔、深邃的河流。当一瓶墨汁被倒入河水中，它会将一个区域染成黑色。但随着水流的流动，黑色很快会被吸收掉，回归到清澈的状态。这就是元认知思维的力量，不阻止任何负面情绪出现，而是让它们顺畅地流动，河流最终总会回归它清澈的本质。

就在刚才，哥哥受到我的怀抱安抚，底层欲望得到了满足，底层情绪在这个时期渐渐变得充实而平静。随着他情绪质量的提升，他的表层情绪不再像之前那样大起大落，可以用来投入外界（游戏）的精力也明显增多了，整个人都变得更有活力。

这局游戏结束以后，我们将这个数字游戏又重复玩了几次。这时哥哥已经不再需要我抱着他，而是"自成一派"，两个孩子都玩得不亦乐乎，没再出现情绪的冲突。妈妈来接他们回家的时候，两人的神情都很依依不舍。

哥哥靠近过来拉着我的手，深情地问："老师，我可以再来看你吗？"

我从孩子的眼睛里收获了令人无比感动的真诚："当然可以，老师等着你再来。"

*

天气渐凉，整个世界都显得更加深邃而清澈。锅里熬制着红小豆，咕嘟咕嘟地冒着泡泡。我看着窗外，毛茸茸的云朵飘浮在深蓝色的天空中。门铃响动，是我的客人到了。

两个孩子的母亲范晓夏今年34岁，看起来比实际年龄更加年轻一些。她拥有令人羡慕的"灯泡"皮肤，白得像在发光一样，只是稍微欠缺一点血色。乌黑的长发在脑后扎了一个辫子，额前的法式空气刘海使她看上去就像刚刚毕业的大学生。这天，她穿了一件粉蓝色连衣裙，外搭着乳白色的小风衣。

"欢迎来到我的办公室！喝红豆奶茶吗？我自己做的。"我笑着招呼她。

"好。"晓夏在我的引导下坐在沙发上，用一只手捋了捋头发。

我用乌龙茶和鲜奶做了奶茶，将红小豆添在里面递给了她："红豆熬得比较甜，您看看还需不需要加糖，如果需要的话告诉我。"我率先打开话题："上次，我和两个孩子玩得很好，他们都是很棒的孩子。"

"嗯，弟弟比较乖，哥哥很让人头疼。"晓夏简短地回应道。

"为什么说哥哥很让人头疼？"我顺着她的话问道。

"哥哥不守规矩，很暴力。在家的时候他经常欺负弟弟，我怎么说都没用。"晓夏的语速很快，给人一种笃定的感觉。

"哦，哥哥怎么欺负弟弟，可以举个例子吗？"我继续问道。

晓夏想了想，说："很多啊。比如哥哥抢弟弟的玩具，还把弟弟推倒在地上。"

"这个玩具是属于弟弟的吗？"

"那倒不是，家里的玩具两兄弟都在玩。"

"那么，您为什么会认为是哥哥在抢弟弟的玩具，而不是弟弟在抢哥哥的玩具呢？"

晓夏的眉头轻微地皱了一下："他是大的，不应该让着弟弟吗？再说那个玩具发光发声的，本来就是给小孩玩的。他都上小学了还要和弟弟抢。"

看得出，晓夏对两个孩子已经形成了具有一定标签性的看法，比如"弟弟很乖""哥哥很头疼"。使用标签去理解世界，这是很多人优选的思维方式。可以说，人类历史走过了悠悠几千年，标签化思维就存在了几千年。因为它非常简单，容易对复杂问题快速形成自己的判断。究其本质还是来源于我们一种古老的幻想——恒常幻想。我们本能地希望找到描述一个人或是一个事件的终极答案，认为一旦找到了它就可以一劳永逸，未来无论发生什么，都能嵌入这个标签的评价框架内，笃定地说："你看吧！这个人／这件事就是如何如何！"

面对这位苦恼的母亲，我需要做的是协助她摘掉标签，调动元认知看到两个孩子内心的真实状态。

本节知识点总结

      底层情绪又称为"情绪质量"。它潜藏在表层情绪的下面，就像大海深处的洋流一样，无形无色，但它比表层情绪有更大、更持久的力量。当底层情绪和表层情绪不一致时，情绪质量比较杂驳，表层情绪就会呈现得脆弱易变，仿佛有点微小的刺激就足以使它完全崩塌。

      使用标签去理解世界，这是很多人优选的思维方式，因为它非常简单，容易对复杂问题快速形成自己的判断。我们本能地希望找到描述一个人或是一个事件的终极答案，可以一劳永逸。但是只有摘掉标签，才能看到别人内心的真实状态。

第三节　什么是心域

"不知道浩浩在学校和老师、同学相处得怎么样？"我稍稍转换了话题。

"不太好。"晓夏摇着头，"老师经常向我投诉他在学校推搡别的小朋友，或是用很难听的话骂别人。班上有个孩子很喜欢昆虫，和大家描述过苍蝇的样子和动作，浩浩就给他起了个外号叫'苍蝇男'。那孩子的妈妈找我来说这件事，我只好向人家道歉。"

"后来您有问过浩浩为什么要推搡同学，或是起这样的外号吗？"

"我问过啊，浩浩总是什么也不说，脸上的表情就好像是他受了委屈一样。唉，真的能把人活活气死。"晓夏的两只手交叉，用力地抱在胸前。想了想，她又补充道，"每次都是浩浩主动去伤害别人，他的攻击性很强。"

"您很想解决他攻击性强这个问题，对吗？"我问道。

"是，那是当然。"

"但是，假如这个问题并不真实存在，或是真实的问题其实另在别处呢？"

"老师，您的意思是？"

"攻击性很强，这是一个'标签'。而任何标签都是恒常思维的产物，都会阻碍我们看到孩子在当下真实的心理状态。如果我们先判定了一个标签，再去想办法处理这个标签，就像跟着失灵的导航仪转圈一样，总是无法真正到达目的地。"我微笑着对她说。

看到晓夏疑惑的眼神，我继续解释："为了说明这个思维方式，我们来举个例子。曾有一位年轻人真诚地告诉我：'我是一个很懒的人。'我问他：'为什么这么想？'他回答我：'我的老师都这么说，因为我经常不完成作业。'后来我们经过了长时间的交流，他恍然大悟，自己不完成作业主要来源于对作业内容不认同。他发自真心地认为这样的作业对提高能力完全没有帮助，为什么要做呢？而这和'懒'完全不在同一个范畴。后来，这位年轻人从事了他喜欢的互联网平台工作，每天都打起全部精神，做得废寝忘食，丝毫不存在懒的特征。

"很多父母师长都曾经在类似的场景下，将类似的标签贴在孩子身上。其实，如果我们尝试用元认知思维去如其所是地看到自己当下的心理状态，可以这样想：'孩子现在感到不认同老师留的作业内容。当他不认同的时候，完全无法逼自己去做'。观察足够清楚，就会找到改善和解决这个问题的方法：不是去逼迫孩子改变'懒'的标签，而是尝试找到孩子的思维和学习任务之间可以取得思想认同的交集部分，以这里作为突破口鼓励孩子去投入精力。当孩子的'骑手'在线，并且拉了拉'缰绳'的时候，及时对孩子给予鼓励，陪伴他的骑手成长。"

晓夏沉吟道："哦，我也在给孩子贴标签吗？所以，浩浩其实并不是攻击性强，而是由别的心理状态所驱使吗？"

"就是这样。"我赞许地点点头，"您曾经提到，每次和他说起这些事他都表现得很委屈。也许在浩浩心中，确实认为他自己才是那个'受害者'。从我见到浩浩这段时间他带给我的感受来看，这个孩子在人际关系中可能有比较强的恐惧感，常常担心别人会伤害他。很多时候他有意无意地做出对别人的'攻击'行为也许是出于恐惧或是痛苦的外放。比如您提到他推搡同学，给同学起外号，这可能是他长期被某个同学团体排斥，积累下来的痛苦感在驱动。"

"确实很有可能是这样的！浩浩和同学的关系不太好，很多孩子都排斥他，浩浩曾经提过他们也给他起外号，但我不知道是什么。"

我点点头，缓缓说道："浩浩也和所有的孩子一样啊，希望别人能理解他，能知道他的感受。只是他现在还没办法将自己的真实感受表达清楚，所以无论在学校还是在家里，他不断地被误解，这也是他痛苦的来源。所以他想让别人亲身体验他内心的一些痛苦，只能通过攻击别人，找不到更好的办法。"

晓夏把头抬起来，认真地说："看来感知孩子的真实感受真的很不容易。比如两个孩子发生冲突，弟弟在哭，哥哥在吵吵嚷嚷。这个时候我会觉得很烦很头疼，就想让他们赶快安静下来。"

"当母亲真的不容易，您辛苦了。"我起身为她添了一些奶茶，继续说道，"家里吵成一团的情况下，要一位母亲像个职业心理咨询师一样去安静自己的内心，观察兄弟二人驱动这次冲突的完整心理状态，确实非常不容易。所以在这样的情形下大多数母亲都会像您一样，直接套用'很可能又是哥哥在找茬，欺负弟弟了，他总是这样'的标签，快速形成对事件的评判性看法，然后采取措施。只是，基于这种判断所形成的解决方案甚至可能会起到相反的效果，越来越加剧浩浩对世界的恐惧和敌意。"

晓夏接口道："浩浩对别人的恐惧和敌意确实是越来越强了。瀚瀚没出生的时候，他也是个很可爱很快乐的孩子，瀚瀚出生后，长得漂亮，又越来越聪明伶俐。我知道自己有点偏心，但面对浩浩的时候，偏心也成了我的心魔。每次看到他，我都会想：'我不是个好妈妈，他会讨厌我吗？'越是这么想，越觉得这个孩子的一句话、一个眼神似乎对我都是一种伤害。我对他越来越粗暴，他也就和我更加疏远，就像恶性循环一样。我知道我做得不好……"晓夏把一只手放在额头上，闭上了眼睛。

我给了她一个安静的时段，隔了一会才说道："别担心，也别自责，这样的状态是有办法解决的"。

"有办法吗？"晓夏看着我，眼睛里弥漫着氤氲的水汽。

"有的。"我很笃定地回答，"试着把两个孩子都纳入您的'心域'。"

窗外，一片云游过去，太阳从云彩后面探出头，发出耀眼的光，我起身将窗帘拉下来一半遮住了光线。

晓夏问道："什么是心域？"

"每个人的内心，都有自己能够完全感知、理解和接纳的区域，我将这个区域定义为心域。不同的人心域的范围也不同，在这个范围之内，我们所看到的每个人都是真实的，是脱离标签和幻想的。比如，当我们将孩子纳入自己的心域当中，去感知他、理解他和接纳他，我们就能对他当下的真实状态有清晰的了解，由此而萌发出笃定力量，去顺畅地交流、陪伴乃至促成好的改变，这就是心域的用处。"

"感知、理解和接纳？这好像有点抽象，我还是不太明白。"

"那我们来打个比方，有一个历史很悠久的电脑内置游戏叫作'扫雷'，您玩过吗？"

晓夏笑着对我说："玩过啊！这个游戏可能有点暴露年龄了。"

"是啊，看来咱们是同龄人。"我也笑了，继续说，"我们对世界的理解，就像是'扫雷'游戏一样。一开始，我们盲目地乱点乱按，经常被炸得晕头转向，觉得'生活太难了，雷这么多'！比如对孩子的养育，不断爆发的种种问题常使我们觉得应接不暇，从兄弟两个的冲突、哥哥的学业到每天的饮食起居，总有意料之外的问题冒出来。这也影响了我们的心理状态，对吗？其实，我们去观察它本质的原因，是一种对未知领域的恐惧。准确地说，是对别人的心理状态未知而形成的恐惧。比如我们会想，浩浩这么有攻击性，未来的人际关系怎么办？我给他'救火'到什么时候是个头？兄弟两个不和睦，要吵到什么时候？如果未来我老了，没办法再为他们调停了怎么办呢？今天能和睦度过吗？明天这个家会不会又出现战争？……在很大程度上，我们的痛苦是由这些恐惧的感受形成的。"

"嘿，这个比喻太形象了，我就是一个蹚地雷的人，被炸简直就是常态！"晓夏的声音提高了一些，颇有些激动地说。

"是啊，很多人的生活都是这样的，您并不是特例。当我们回到元认知思维，就会逐渐进入更好的状态，能绕开地雷了。"我继续道，"还记得扫雷游戏的玩法吗？从一个角开始稳扎稳打地判断哪里有雷、哪里是安全的，把一片片的区域'点亮'。地雷的数量一个也没有减少，但是我们已经完全不怕了。只要清晰地知道，做好了标记，即使存在地雷也无法再伤害我们。渐渐地，点亮的区域越来越大，我们对剩余未知的区域也就胸有成竹了，是这样吗？"

"是！"晓夏干脆地回答，眼睛开始绽放光彩。

"这个'点亮'的区域，就是我们的心域。生活中，它是由一个个具体的人组成的，比如我们的父母、爱人和孩子们。"

本节知识点总结

　　每个人的内心都有自己能够完全感知、理解、接纳的范围，在这个范围之内，我们所看到的每个人都是真实的，是脱离标签和幻想的，这就是心域的概念。心域是我们对世界的理解中"最清晰"的部分。当我们通过练习使心域的范围越来越大，剩余的未知部分带来的恐惧、焦虑等痛苦的感受也会越来越小。

第四节　拓宽心域的三个步骤

晓夏的奶茶喝完了，用铜制的小勺轻轻舀着碗底的红豆，放进嘴里。过了一会，她幽幽地说："我刚刚又回忆了一遍自己头脑中关于家人的印象。好奇怪，我的丈夫和孩子们给我的感觉好像都是混沌的。今天来这里之前我觉得自己已经很了解他们了，我的丈夫孩子气，有点自私，什么事都不愿意承担。两个孩子，哥哥固执又爱攻击别人，弟弟比较乖巧懂事。但现在，我发现这些东西都是您说的'标签'，那他们真实是什么样的呢？好像变得非常模糊。我和他们一起生活了这么多年，似乎都不知道他们是什么样的心理状态！天哪……"

"别担心，这完全不是您的错。"我语气轻柔地说，"我只是在分享元认知思维的养育方式而已，而事实上，在接触元认知思维养育之前，大多数人都和您的感受是一样的，很少去关注和了解真实的心理状态。没关系，我们从现在开始尝试，做一分就有一分的喜悦，就有一分的收获，这就可以了。"

"好，那我应该怎么做呢？我想先试试将孩子们纳入自己的心域。"晓夏笃定地说。

"太棒了，那我们来说说纳入心域的方法。此前我们介绍了心域的概念，是我们能够如实感知、理解和接纳的范围。将一个人纳入自己的心域，也就分这三个步骤。换句话说，当我们完成感知、理解和接纳三步以后，这个人在我们的内心就会变得非常清晰。有时他还是会有攻击的动机和行为，但因为我们对他背后的驱动力完全了解，不会再形成情绪上强烈的痛苦，而是可以直切本质地采取最合适的应对方法。

"首先一步，是感知。感知其实并不困难，但需要我们保持一个态度，那就是'如其所是地看见'。比如浩浩抢了弟弟的玩具，这时我们可以安静下来，问一问自己：'浩浩现在是怎样的心理状态？他愤怒吗？他痛苦吗？他真正在需求什么，在渴望什么？'带着这样的觉知，站在中立客观的角度重新观察眼前的乱局，就会离事情的真相越来越近。"

我向晓夏描述了我和两个孩子一起玩游戏的经历，尤其是过程中我对两个孩子的心理状态的观察和判断。

"实话说，哥哥输了会发火，把弟弟的东西都破坏掉，这是我完全想象得到的，他在家里也这样。您刚刚提到他和您一起玩游戏的后几局，输了以后居然很平静，甚至心情还不错，这我真的没有想到！您不知道，哥哥平时真的情绪很暴躁。您只是见了他们一次就达到这样的效果，这就是心域的作用吗？"晓夏惊叹道。

"对啊，这就是心域的作用。未来我们还会有很长的时间，可以慢慢地进一步分享怎样用心域思维来帮助自己在乎的人向好的方向改变。"我微笑着说。

"所以首先就是要感知，感知孩子们在这个时刻真实的心理状态。"晓夏复述道。

"没错！"我继续说道，"接下来第二步，是在感知的基础上去理解。理解什么呢？简单来说，是我们充分了解别人的每个行为或思想都有他的缘由。万事皆有因，感知只是在看他当下的状态，而理解可以穿越时间的限制，看到过去。比如，浩浩给同学起外号叫'苍蝇男'，他当下的心理状态可能是一种痛苦感受的外放。那么，他这样的痛苦感受不会是没来由凭空出现的吧？一定有其原因。看到背后的原因，就做到了'理解'。"

晓夏问道："万事皆有因，这种理念下，是不是所有的行为都是对的？"

"不，在纳入心域的过程中，我们不需要强迫自己去'赞同'任何人。理解不等于赞同，我们只需要'充分了解'就可以了。不过，当我们践行心域思维去尝试理解的时候会越来越清晰地发现，我们面对的世界是立体的，是复杂的，是因果纠缠的。任何一件事都不是独立的，都有它的多面性。看得越清楚，'对错'的界线也会变得越模糊，越难以界定什么思想和行为是正当的，什么又是可耻的。这个时候，我们内心刚性的自我外沿也会渐渐软化下来，越来越不容易感受到被别人行为攻击的痛苦，这是一举多得的事。"

"老师，我听到这里，已经开始感受到拓宽心域可能是一件很舒适的事了，心域中能完整地包含别人，那得是多开阔的境界啊！"晓夏说道。

"是啊，拓宽心域的努力带来的愉悦感、价值感和满足感是非常强烈的。有很多践行心域思维的伙伴们反馈，当自己的心域中包含了自己的家人、朋友的时候，那就是一种不折不扣的'珍珠瞬间'，是最美好的时刻。"

"我能想象得到！拓宽心域的第二步是理解，那么第三步呢？"晓夏追问道。

"第三步，就是接纳。当我们完成了将一个人纳入心域的前两步：感知和理解以后，大脑中会自然出现一个主观的判断：我认同、喜欢他或是我不认同、不喜欢他。如果对方展现的特征是我们认同和喜欢的，'接纳'的过程就会显得轻而易举，我们很爱听他说话，也很爱向他表达，交流几乎不存在障碍。这个时候，我们已经将这个人纳入了心域之中。

"难点在于，如果对方展现的特征是我们不认同、不喜欢的，就会很想将他排除在心域之外。比如，假如您在尝试感知和理解浩浩以后，觉得：'很多孩子都受过同学的不公平待遇，为什么浩浩这么脆弱？为什么他非要把痛苦转嫁给别人呢？'有这样的想法，也是很正常的。"

我稍稍停顿了一下，晓夏接口道："不瞒您说，我就是这样。其实我曾经多少对他的心理状态有一些猜测，但我那时就是认为，即使我知道了他为什么这么做，又有什么用呢？他做的还是错的。我还是要教育他，警示他，让他不要这么做。这是我一直以来的想法。"

"是啊，这样的心理状态下，'接纳'就会比较困难一些。这时我们需要更深一层去观察，事情的真相究竟是怎样的。"

"哦？还有更深的层次吗？"

"有的，那就是'流动思维'。在真相当中，一切都是流动的，这是我们要在生活中不断观察和印证的底层思维。"我用认真的态度介绍道，"比如浩浩，他攻击别人来发泄自己内心的痛苦，是由于这种痛苦长久以来没有得到流动，积压下来所导致的。如果他的感受和需求得到充分流动，内心逐渐卸下防御，能够敞开心扉，就会对外界选择越来越柔和的互动方式。浩浩当下的状态只是流动过程中的一环，是暂时的而不是永恒的。我们要将浩浩纳入心域，最后的一步就是'接纳他这个状态在当下暂时地存在'。"

"您的意思是说，我过去那样强烈地不想接纳浩浩，是因为我在认为他现在的状态会一直持续吗？"晓夏问道。

"是的，担心他现在有攻击性，未来就会一直有攻击性，这本质上是一种恒常的幻觉。只要我们看到浩浩真实的心理状态，协助他去正确地处理，当下的状态自然会流动过去的。"我笑着说。

"就像您在玩游戏那天，对两个孩子做的那样，您看他状态变得多快啊！"晓夏看着我的眼睛，一字一句地告诉我。

"没错，这就是您的第一个挑战，尝试去将自己的孩子纳入心域。"我笑着说。

本节知识点总结

将孩子纳入心域分为三个步骤：

第一步是感知。只要保持用元认知去"如其所是地看见"，站在中立客观的角度重新观察孩子，就会离孩子真实的心理状态越来越近。

第二步是理解。充分了解孩子的每个行为或思想都有他的缘由。万事皆有因，当我们去理解的时候，可以穿越时间的限制，看到过去留下的影响。

第三步是接纳。接纳孩子的状态在当下暂时地存在，相信只要这个状态不受到阻碍，就会顺畅地流动过去。

第五节 社交恐惧的感受

南国的冬天往往来得很晚，又很突然。一夜的北风似乎完全置换了天地之间的空气，树木还是那样葱郁着，盛开着粉红色的花朵，看起来和夏天没什么两样，而空气中已经悄悄布满了清冽的味道。

今天见到晓夏，她穿着驼色的羊毛大衣，头发扎成了低马尾，皮肤好像比上次见面更白了些，就像一件完美的瓷器。

"晓夏来了，外面冷吗？快请坐。"我招呼她。

"昨晚北风呼号了一夜，忽然就降温了，今天出门前我找了好久的衣服，幸好找到这一件。"晓夏这次来，说话的语气轻松了很多，脸上的笑容也更多了。

"是啊，真的是措手不及！喝姜枣茶吗？我这里有很新鲜的枣子。"我说着，把姜和枣子放进玻璃壶里，放在电源插座上。

"好啊，这天喝点暖胃的东西应该很舒服，麻烦您了。"晓夏说。

"过去一周，过得还顺利吗？"

"很好，老师。浩浩和瀚瀚两个孩子还是照例每天一吵，但是我的心态比之前稳了很多啦。不知道为什么，就算只是有了这个方向，知道我要把他们纳入心域，要去感知、理解和接纳他们的心理状态，甚至还什么都没开始做，也会觉得心里安定了很多。"晓夏笑着回答。

"是啊，恐惧源自未知。只要有了清晰的方向，即使暂时还没有到达，也会在当下减少很多未知带来的痛苦。"我笑着说道。

"有时候，自己的负面情绪还是控制不住地冒出来，但发脾气的次数已经比以前少很多了！"晓夏说，"今天我来找您，是想聊聊在过去一周大脑中出现的很多困扰。这些其实是我自己的事，其中有一些是很久之前的事了。我觉得，它们似乎在阻碍我把孩子们纳入心域。"

我坐下来，认真地问道："好。是什么事？"

晓夏把姜茶放在嘴边，抿了一口，小声说道："上次您曾经说，浩浩在人际关系方面有一种恐惧，他总觉得自己会受到伤害。您还记得吗？"

我轻轻点点头。

晓夏接着说："其实浩浩这个问题，他的根源可能是我。我常怀疑自己有'社交恐惧症'，每天硬着头皮去交往，去上班，去参加朋友聚会……其实内心更渴望躲起来，一个人舔舐伤口。人际交往真的好难受，充满了痛苦和恐惧，这种感觉可以说无处不在，到处都很不安全。"

"可以举一个例子吗？"我问道。

"好啊，举个最近的例子吧。上周新闻报道说有一间幼儿园，老师总是在家长不留意的时候虐待孩子，对孩子体罚。幼儿园的小孩子又不会说，家长过了很久才在孩子身上检查出伤痕。当时看到这些新闻，我吓得寒毛直竖，有点不敢送孩子去幼儿园了。甚至每次我在幼儿园门口见到里面的老师跟我打招呼，心里就在想，她会不会是一个深藏不露的变态狂？老师，我这种心态是怎么回事？"

我回答道："我们看到幼儿园老师会有害怕的感受，是我们将'幼儿园老师'作为一个整体的标签，贴在了面前的人身上。新闻上的那个老师虐待了孩子，让我们对'幼儿园老师'这个标签产生了混沌又危险的幻想。进而我们给眼前的人贴上了这个标签，于是感受到恐怖和黑暗。其实，世界上根本就不存在一个聚合的'幼儿园老师'的实体。世界上存在的只有一个个独立的人，每个人当下真实的心理状态都是不同的。"

"我不太明白您的意思。"

"我们回到幼儿园老师的例子，就不难理解了。"我微笑着继续解释道，"现在我们回到这个场景：当您带着瀚瀚来到幼儿园，看到眼前的老师向您打招呼的时候，面前的这个人是谁？"

晓夏眨着眼睛，有些疑惑地看着我。

我继续回答道："她是一个有血有肉的人，对吗？她有自己的父母亲人，她有自己对这份工作的看法和感受，有对刚吃完的早餐的评价和回味，有对每个孩子的认知和感情……除了'幼儿园老师'这个标签与新闻上虐待孩子的那个人相同以外，她和那个人毫无关系。"

晓夏听着我的话，悠悠地说："哦……她是个有血有肉的人。嗯，这样想，我确实不再害怕她了。过去，我是把她'标签化'，也是'妖魔化'了，那种害怕确实来自幻觉。如果我真的想知道她有没有可能虐待我的孩子，其实我有很多种方法去调查她的人品和行为习惯，但我没有那么做，而是待在了自己的幻想当中。"

"这个理解太棒了。当您尝试去感知、理解和接纳这名老师的真实状态的时候，您就是在将她纳入自己的心域。"我伸出大拇指。

晓夏的眼睛睁得圆圆的："哦，原来幼儿园老师也可以纳入心域吗？"

"当然可以。把令我们感到恐惧的人逐渐纳入心域的过程，就是我们自己渐渐摆脱恐惧，感到舒适的过程，是非常有好处的。恐惧源于未知，更准确地说，我们对一个人的恐惧和排斥的感受，源于对她当下心理状态的未知。很多人终其一生心域中都只有自己一个人，当看到别人时，所想到的都是：'他理不理解我？他认不认可我？他会不会伤害我？'这样的心理状态是逼仄和紧绷的，随时都会引发痛苦。"

"对，就是逼仄和紧绷的感觉！您知道吗？甚至在电梯里碰到有陌生人，比如一名外卖小哥，我都会觉得浑身不自在，心想：'我今天没洗头，头发显得很油吗？被他看到了怎么办？他在心里笑话我吗？'"晓夏苦笑着说。

"这并不难。"我轻声说道，"只要我们从附着于自身上的视角中抽离出来一点点，尝试去理解和看见对方的心理状态，也许很快就会发现，他有他自己的事在苦恼。比如外卖小哥的表情显得很着急的样子，也许是这一单的送餐时限快到了。他的浑身都是汗，今天应该已经跑了很久。当我们看到这些的时候，我们可以清晰地发现他的关注点不会在'我的头发油不油'上面，还会觉得恐惧和紧张吗？这样的过程，就是开始尝试将外卖小哥纳入心域的过程。如果更进一步，我们还可以在电梯里开口问候他一下：'你送了这么多外卖，真是辛苦了！'对方会觉得很开心的。"

晓夏的嘴角翘了起来："这么说，估计他确实不会有意识来关注我的头发油不油呢。"

"估计是的。"我笑了，"当然，感知只是开始，还可以进一步去理解和接纳。还记得我们上次聊到的'扫雷'游戏吗？在心域的范围当中，每个人都是清晰的，我们对每个人都能够摘掉标签，去看到他当下的真实心理状态。如果他可能伤害我，如实知道。如果他根本没有伤害我的动机，也如实知道。就像那个游戏一样，虽然世界仍然是'善恶杂糅'，仍然存在着潜在的危险和伤害，但因为我们的元认知越来越健全，混沌的思维越来越少，就没有了幻想出的危险和伤害。这是我们践行心域思维最终的目标。"

晓夏思考了一会，目光炯炯地说："原来，我还是把心域思维想得小了。我以为它只是我和孩子相处，养育孩子的一种方式，其实它涵盖的是我们和整个世界的相处方式！"

"没错！这个理解很透彻，值得碰一下杯。"我举起了手中的姜茶，和晓夏碰了一下。

本节知识点总结

　　恐惧源于未知。我们看到负面的社会新闻后感觉身边的人也变得可怕，这是为身边的人贴上了标签，产生了混沌和危险的幻想。同样的道理，"社交恐惧"会产生逼仄和紧绷的感觉，也是源自我们对别人心理状态的未知。

　　实际上，世上并不存在类似"幼儿园老师"这样的聚合的实体，只存在一个个独立的，有血有肉的人。回到面前这个人在当下的真实状态中来，将他／她纳入心域，越来越健全的真实认知会破除对危险和伤害的幻想。

第六节　心域思维的冥想练习

晓夏说："和您聊过天以后，我有一种心里有底了的感觉。把自己的思维从'标签'中解救出来，回到当下，回到真相，真的是一件很舒服的事情。我觉得这个方向应该是对的，只是践行起来，不知道会不会做得走样，或者做不下去。"

我笑了："当我们践行起来觉得困难的时候，有一些简单的方法可以帮助我们回到心域思维中来，比如冥想练习。"

"哦？这怎么做呢？"

"您愿意现在就试试吗？大概需要 20 分钟。"

"好，好！"晓夏显得跃跃欲试。

"开始之前，我想请您想到一个人。他 / 她可以是您的孩子、爱人，或是同事、朋友，甚至外卖小哥。未来您使用这个冥想练习来帮助自己拓展心域的时候，就可以把具体事件中要面对的人纳入自己的冥想当中来。今天是我们第一次尝试这种方法，建议您可以选择一个自己在此刻很喜欢的人。"

"嗯……那我选瀚瀚，可以吗？"晓夏问道。

"当然可以！"

于是我用缓慢柔和的语言引导晓夏闭上眼睛，放松自己的身体，在留意自己腹部跟随呼吸起伏的动作的同时逐渐进入了一个场景的想象。想象瀚瀚就坐在自己的对面，他是没有压力的，放松并且愉悦的。这时，想象在自己的胸腔正中心出现一个温暖而透明的光球，同样的一个光球也出现在瀚瀚的胸腔正中心。随着光球自然而然地向每一个方向越长越大，穿越了身体的界线，将两个人笼罩在其中。渐渐地，看到瀚瀚的身体变得越来越放松，他微笑的表情也越来越明显，直到他的脸上展现出最灿烂的笑容。想象进行到这里，我们让所有场景在自己的头脑中慢慢地消失，然后给自己的大脑一段完全自由的时间，想想什么就想什么。接下来，我们让意识重新回到自己的触觉、听觉和嗅觉以后，逐渐睁开眼睛。

"现在，感觉怎么样？"

"太舒服了！"晓夏像是把心理上的重担卸掉了一样，整个身体缓缓地放松，将上半身用力往后靠过去，斜倚在椅子上。晓夏继续说道："光球出现的时候我觉得非常温暖和舒服，真的就像沐浴在阳光里一样！但我也有个问题，就是我的光球有时候存在，有时候又消失了。如果光球消失了，我应该重新开始想象吗？"

"不需要的。我们可以把这样的可视化想象技巧（visualization）想成一个电视屏幕。当我们在看电视的时候，有时会把目光游离开来，甚至起身去做点别的事。这个时候，屏幕的景象从我们的眼睛里消失了，但它还是自顾自地在那里播放着，不会因为我们看向别的地方而消失，直到我们再看向这个屏幕。可视化想象也是同样的道理。我们不需要紧张地维护着光球，担心它分分钟都会消失。我们需要做的，只是让它自然地在那里播放，看着它，就可以了。"

"好的，我明白了。刚才还有一个感觉真的很神奇。我在想象瀚瀚温暖、快乐、放松地笑着的时候，我们两个都被同一个光球笼罩。有一个瞬间，我好像忽然明白了为什么这个冥想要设计成这样。这可能是在帮我创造一种喜悦的思维，让我内心思考问题的底色变了。是这样吗？这个练习真的很棒！我很期待在我很烦躁，不愿意听孩子说话，也不想把孩子纳入心域的时候，试试这样练一会，是不是就会把心打开，更能包容他的感觉和看法？"

我对晓夏竖起了大拇指："您说得很对，这就是这个冥想练习设计的初衷。对于人际关系来说，首先我们的大脑中需要形成一个有利于与别人建立良好关系的底层环境。如果我们自己的大脑中没有这种良善、理解和爱的话，我们当然很难将它分享给其他的人。接下来，我们再将这样的大脑环境投射到真实的关系中去，通过冥想中建立的同频共振的感觉，为暂时比较艰难的关系打开一道门，让自己有可能将对方纳入心域。尝试这件事，就是您的第二个挑战。"

本节知识点总结

　　心域思维的冥想练习中采用了可视化想象的技巧，想象一个身边的人坐在自己对面，与自己都沐浴在光球中，达到越来越愉悦的状态。这样的练习需要在大脑中形成一个良好的底层环境，帮助我们将这样的大脑环境投射到真实的关系中去，为暂时比较艰难的关系打开一道门，让自己有可能将对方纳入心域。

　　可视化想象的过程中不需要紧张地控制想象场景一直存在。可以认为它像电视屏幕一样，不会因为我们看向别的地方而消失，而是自然地在那里一直播放，直到我们重新看向它。

扫描二维码，获取本节附带冥想引导音频6：
心域思维的冥想练习。

第七节   改变别人真的很难吗

晓夏的身体很放松地斜倚在沙发上，飘逸的马尾长发从沙发侧边倾泻下去，发丝上带着天然的微卷。我想起浩浩的头发就有一点自然卷，原来是承自妈妈的基因。瀚瀚的头发相对更加硬挺而根根分明，可能是来自他们的父亲。

过了一会，晓夏说道："老师，我其实还有一个问题。您说的把别人纳入心域，就是要去感知、理解和接纳。也就是说，我不能有想改变他们的念头对吗？比如浩浩，他在学校人际关系有问题是实际存在的，还有我老公每次出门半个月，回到家就做甩手掌柜，只给孩子买点礼物，其余什么都不管，这也是实际存在的。如果我将他们纳入心域，就是要接纳他们现在的样子，那我就应该一个人承受所有的辛苦，还不能抱怨吗？这样的日子值得我们追求吗？"

"这个问题问得非常好，非常有意义。您认为，改变别人很难吗？"

晓夏不假思索地回答："难啊！我和我老公已经结婚快十年了，我没有一天不想改变他，让他对家里的事多上心。但一点用都没有，他反而更变本加厉地到处出差。"

我笑着说："其实，我们认为改变别人很难，这里有一个根源上的概念混淆。我们将'改变'混同成了'控制'。控制一个人确实是太难了，因为想要控制的动机和行为本身就会引起别人的反弹，造成反作用。现在我们想一想，如果把'改变＝控制'的扭曲概念抛掉，又会发现怎样的事实呢？"

晓夏眉头紧锁，说道："我不知道。"

我继续说："流动思维告诉我们，世间的一切都是流动的，每时每刻都在改变，从来都没有停歇。而丈夫、孩子，他们的心理状态也并不是一成不变的，也同样在流动。关于'改变别人很难吗'这个问题，如果我们找到一个更好的概念去描述它，应该是这样的：让一个人的状态向着我们所希望的方向流动，这很难吗？其实，并没有想象得那么难。

"比如您提到先生不管家事的问题。一个人做一件事，可以由两方面的驱动力所驱使：外部驱动和内部驱动。当这两种驱动力同时缺乏的时候，人就不会想要去做这件事。对于先生来说，参与和处理家庭事务的驱动力比较缺乏，但这只是流动过程中的一个心理状态而已，也完全不是十年都无法改变的事情。"

晓夏接口说道："可是，我确实努力了十年，什么成效也没有呀！"

"嗯嗯，这可能是他正常的流动过程受到了阻滞。简单地来说，每当您向他表达自己对他的负面评价，指责他不管家里的事的时候，这种评价使他痛苦，让他觉得受到了攻击，本能地想逃避这样的家庭氛围。他近年来出差越来越多，可能有工作需要的因素，也可能有想逃离家庭的因素，我们要看到他的真实状态再去下结论。另一方面，能够拉他回来的作用力就是爱。他对家庭负责主要源于对您和对孩子们的爱。这种爱也是流动的，会在他与家庭成员亲密互动的过程中加深，在受伤或远离的过程中减弱。"

"所以说，是我之前只要一看到他在家就责备他，这样的行为阻断了他流动的状态吗？"

"有可能是这样的。"我简单地向晓夏介绍了软性外沿思维的大致框架，然后说道："当您责备他的时候，您攻击了他的自我外沿，让他感到痛苦而需要反抗。大部分情况下，反抗者希望攻击者也承受痛苦，才能理解自己的痛苦感受。如果他完全'就范'，按照您的要求去做，您

'赢了'，他会觉得自己'输了'，从而加剧痛苦。相信我，每个人的内心都具有向好、向善的力量，希望自己身边的环境是舒适和谐的。只要我们不去人为阻断他的流动，夫妻间的关系就会回归到一个令双方都比较舒服的平衡状态。而现在他越来越回避交流，很可能是源自某种人为的阻断。"

晓夏侧着头想了想，继续问道："那我有什么方法能正确地帮他改变吗？"

"有的，那就是将他纳入心域的范围中，去感知、理解和接纳他。在这样的基础上，表达期待和祝福。"我微笑着说道，"这个过程是基于流动思维：首先知道他现在这样的状态不是永恒的。每当大脑里出现这样的念头——'如果我纵容他这样，我的未来将会永远操劳悲惨'，就要如实知道这是对事物恒常不变的幻想，它正在阻碍事情向好的方向流动。我们允许这种状态存在，这样就可以消弭'你赢我输'的战争关系，让交流回到正常状态。"

我继续说道："其实，每个人心理状态流动的方向都会很大程度上受到身边环境的影响。当妻子将丈夫纳入心域的范围中，丈夫也会有愿望向着妻子期望的方向流动。'控制'了多年都做不到的事，换成了'期待和祝福'，也许很快就做到了。"

晓夏怔怔地看着窗外的紫荆树，这样的初冬时节绽放了满树嫩粉色的花朵，每片花瓣都把一半身子遮在绿叶中，给人一种欲拒还迎的感觉。过了一会，晓夏回过神，说道："我刚刚在反思自己对老公的行为，好像每句话听起来都在'拉他回家'，但实质上都在'推他出去'。比如他出了长差回家，我不但没有让他感到家的温暖，反而一直拉着脸，和他生气这次出门时间太长。所有这些行为，不正是人为地把他越推越远吗？看来他不想回家，其中也有我的一份'功劳'啊。"

我轻轻说道："过去的已经过去了，如果因此而自责也不必要哈。

我们将别人纳入心域，其实最应该纳入心域的，恰恰是我们自己。如其所是地感知自己真实的情绪、需求和渴望，去理解这些感受背后形成的机制，接纳目前自己的种种不完美，这就是元认知最应该做的事。别着急，我们慢慢来。"

"好的，老师。"晓夏说道，"您说的纳入心域才能改变别人的方法，我想对浩浩也同样很适用吧，我过去总是抱怨浩浩太难管，无论我是讲道理，还是惩罚他都没有用，他还是要在学校招惹别的小朋友引发众怒。我经常认为自己能做的一切都做了，还是丝毫不能改变他。其实，您上次说过的，浩浩在学校的人际交往中经常感到恐惧和被攻击，就像我一样。那么这种心理状态也是流动的，对吗？"

"是啊，是流动的。只要我们不去人为地阻断他，他的好转可能比我们想象的还要快一些。"

晓夏继续说道："所以我应该将他纳入心域，接纳这种状态暂时存在。每次我因为这些事情去责备他的时候，会更加剧他感觉没有人理解他的孤独感，也会使他面对别人的时候更加恐惧。唉……其实这些事我只要设身处地想一想，都很容易理解。假如我妈妈总是这样说我，我的社交恐惧症也会越来越严重啊！为什么换到孩子身上，我就想不到了呢？"

我用深长的语气说道："其实人与人之间，悲喜不能互通才是常态，即便是一家人也是这样。这也是为什么心域是非常珍贵的，心域就是那个我们可以如实互通悲喜的范围。其实可以这样理解：当我们尝试将一个人纳入心域的时候，我们的心理世界才真正有了他。"

"我要把这句话写下来，时刻提醒自己，要用心域思维去拓展自己的世界，让它可以包含更多的人。对于我的恐惧情绪来说，这可能就是救赎的方法吧！"

"加油，这个过程中我会陪伴着你。"我真诚地祝福道。

本节知识点总结

　　我们认为改变别人很难，根源上是一个概念的混淆造成的：我们将"改变"混同成了"控制"。控制一个人确实是很难，因为想要控制的动机和行为本身就会引起别人的反弹，造成反作用。但如果把"改变＝控制"的扭曲概念抛掉，给予"改变别人"一个更好的定义，它可以是：让一个人的状态向着我们所希望的方向流动。

　　一个人心理状态流动的方向会很大程度上受到身边环境的影响。当妻子将丈夫纳入心域的范围中，丈夫也会有愿望向着妻子期望的方向流动。"尝试控制"很多年都做不到的事，换成在接纳基础上的"期待与祝福"也许很快就做到了。

　　当我们尝试将一个人纳入心域的时候，我们的心理世界才真正有了他。

第八节　结局奇妙的沙盘大战

再次见到浩浩和瀚瀚是在两周后的星期天。他们穿着同款的黑色打底 T 恤，外面套着米黄色背带裤。看得出晓夏对孩子们的服装搭配非常用心，每次见到两个小伙子都像看到画册上走下来的小模特一样，别提多精神了。

"老师！我来了！"一进门，哥哥率先跑向我。我蹲下来，给了他一个大大的拥抱。就在这个当口，只听到身后传来一声充满兴奋的声音："哇！"

发出声音的是弟弟。他正站在办公室一侧的大柜子前，这个柜子一直延伸到房间的顶部，在孩子娇憨的身形前面显得非常高大。柜子的两扇门都敞开着，一排排的格子里摆满了各种小玩具：房屋、交通工具、动物、士兵、花草树木、车以及各种人们耳熟能详的卡通形象，应有尽有。

弟弟的眼睛闪耀着光，抢步上前抓起一只三角翼龙，拿在手里珍爱地把玩着。

"快放下！你拿老师的东西，警察叔叔会来抓你的！"哥哥喊道。还记得类似的对话在兄弟俩第一次来工作室的时候也曾出现过，只不过那时的说和听的主体正好相反，表达想动电脑的是哥哥，替警察叔叔"代言"要抓走对方的是弟弟。

弟弟忽然有些紧张起来，又不舍得把三角翼龙放回去，只是仰头看着我。我走到弟弟旁边，用一只手抚着他的肩膀安定他的内心，同时面向哥哥问道："警察叔叔会这样做，是妈妈告诉你的，对吗？"

哥哥轻轻点了点头。

有一个非常值得我们注意的问题，就是如何协助孩子构建广阔的心域，其中最重要的一步是结合孩子发展的阶段去协助他们感知真实的世界。儿童发展心理学家让·皮亚杰（Jean Piaget）通过研究孩子在不同阶段大脑认知发展的特征，得出了这样的结论：2-7 岁年龄阶段的孩子倾向以自己的身体和动作为中心，相对难以从客观的、他人的观点出发去认知事物。孩子需要在成长中不断通过与他人之间的语言交流、肢体接触、情感交互这些过程，来逐步构建自己心中他人和世界的形象。

假如过程中父母经常有意识地扭曲孩子眼中的客观世界，比如"你做错了某件事，警察叔叔就会来抓你"，这样的语言会阻碍孩子的感知能力的健康发展，形成错误的刻板印象，甚至一些扭曲的思维烙印，影响未来少年、青年乃至成年以后的人际关系。比如有的孩子长大后，倾向认为"别人的所有情绪都是因为我，他们不好一定是因为我做了什么"。还有的孩子倾向认为"每个人对我都有潜在的攻击性，对我做的事不完全满意的时候，他们就会伤害我"，这些感受是包含痛苦的，也是由无法将真实的他人纳入心域而构成的幻想。

"警察叔叔真的会来吗？"我用疑惑的语气问他们。

哥哥的表情茫然了一会。显然在过去的日子里，他自己或是身边的小朋友"违反规则"的情形多有发生，但警察叔叔似乎还没真的出现过。

"我们不是很确定，对不对？"

弟弟再次点头。

"有什么办法，能让我们找到这个问题的真正答案呢？"

哥哥想了想，没有回答。身边的弟弟忽然说道："问一问警察叔叔。"

"太棒了！下次我们见到警察叔叔的时候，可以问问他，看看他到底什么情况下会来把小朋友抓走。这样，我们心里就有数啦！"如果条件允许，带领孩子安全地接触真实的世界，从别人口中了解他们的真实看法，会对孩子的心域成长有很好的促进作用。

我摸着弟弟的肩膀，安抚道："瀚瀚，没关系的，老师把柜子门打开，就是为了要把这些玩具介绍给你们。你可以玩这个三角翼龙。"

弟弟的眼睛放着光芒，把手中的三角翼龙搂得更紧了。

大柜子里包含三角翼龙在内的所有玩具，其实都是沙盘的玩具。这时，我向两个孩子介绍了多人沙盘游戏的规则。游戏中，哥哥和弟弟每人进行一轮操作，可以选择移动沙具和重塑沙盘里的沙子，形成河流、湖泊和丘陵高地，也可以在玩具架子上选取一个玩具，放在沙盘中自己喜欢的位置上。游戏先从年龄最小的成员开始。

弟弟首先将三角翼龙放在了沙盘的正中央。

哥哥马上抬头问我："老师，是两个人用一个沙盘吗？"得到了我肯定的回答后，哥哥马上拿起弟弟的三角翼龙丢到沙盘的右半区，并且在沙盘中间开辟了一条河："一人一半，不许越界。"

弟弟毫不示弱，在自己的河边建起栅栏，哥哥也在自己这边安置了铁丝网，两个人的"军备竞赛"就此展开，很快就形成了剑拔弩张的对峙之势。

浩浩和瀚瀚沙盘的第一阶段（复原版）

隔河对峙的状态很快就被打破了，起因是哥哥在一次操作中，抓了一把士兵都摆在了自己的一侧。

"老师，他一次拿了好几个士兵！"弟弟回过头看着我。

"士兵太小了！一次可以多拿几个。"哥哥理直气壮地自我辩护。

我没有说话，低头记录沙盘的过程，在这个事件中保持着疏离的"观察者"角色。

弟弟见我没有给出权威裁判的意思，也抓了几个小恐龙摆到自己的阵营中。想了想仍觉得心意难平，他拿起三角翼龙跳过栅栏，冲向哥哥的阵地，一下子击倒了哥哥的好几个士兵。

哥哥那边当然不甘被动挨打，开动战车直接碾压过去。很快，整个沙盘战场一片狼藉，"尸横遍野"。

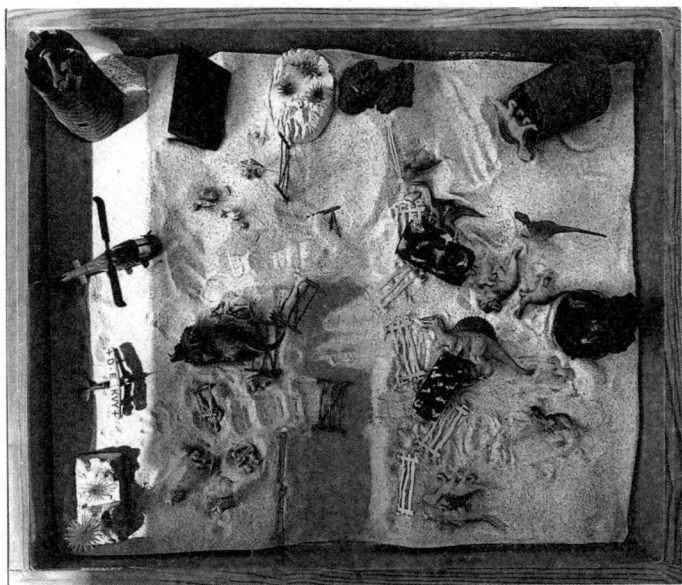

浩浩和瀚瀚沙盘的第二阶段（复原版）

*

　　半个小时后，当孩子们的母亲晓夏来到工作室的门口时，两个孩子正在并肩往外走，嘴角挂着同样的胜利笑容。哥哥的一只手搭在弟弟的肩膀上，紧紧地搂着他，两个人的上半身几乎贴在一起，很亲昵的样子。

　　"老师，我们下次再来玩！"哥哥向我随意地挥了挥空出来的那只手，是他面对"好哥们"的状态。

　　"好啊，等着你们再来玩！"我笑着挥手道。

　　"老师再见！"弟弟也大声喊道，声音稚嫩而充满活力。

　　看到这样的场景，晓夏的眼睛瞪得圆圆的。一直看着孩子们被爸爸接走，出了工作室的大门，她的表情还没有恢复原状。晓夏低声说道："说来您可能不相信，我这两年以来，都没见过两兄弟这么亲密的样子了！到底发生了什么？"

本节知识点总结

2-7 岁年龄阶段的孩子倾向以自己的身体和动作为中心，相对难以从客观的、他人的观点出发去认知事物，需要在成长中不断通过与他人之间的语言交流、肢体接触、情感交互这些过程，来逐步构建自己心中他人和世界的形象。

如果父母经常有意识地扭曲孩子眼中的客观世界，比如"你做错了某件事，警察叔叔就会来抓你"，这样的语言会阻碍孩子的感知能力的健康发展，形成错误的刻板印象，甚至一些扭曲的思维烙印，影响未来少年、青年乃至成年以后的人际关系。

如果条件允许，带领孩子安全地接触真实的世界，从别人口中了解他们的真实看法，会对孩子的心域成长有很好的促进作用。

第九节   将孩子纳入心域的效果

我笑了："刚开始的时候，他们两个还打得不可开交呢。"我们三人所做的沙盘已经整理干净，但这次沙盘其实并不涉及隐私，我一边向晓夏简要描述"龙炮大战"的场景，一边把水壶放在底座上开始烧水。

"听起来是打得不可开交啊，后来呢？您是怎么做到让他们勾肩搭背的？"

"别急，别急。"我示意晓夏坐下来，继续说道，"今天一定会告诉您的。先来说说，您这段时间和孩子的沟通感觉怎么样？"

"啊，老师！"晓夏调整了一下坐姿，显然有很重要的事情要和我说，"最近我试着把浩浩纳入心域，就越来越发现，他很多'错误'的行为其实都是很有道理和有原因的。尤其是他在学校和同学之间发生的那些事，很多时候其实是同学先对他有排斥和偏见。前几天，他用脚踩了一个女同学掉在地上的衣服，把衣服踩得很脏。女同学说他是故意的，他却说自己不小心。看浩浩的眼神我就知道，他确实是故意的。如果放在以前，我肯定会大发脾气，批评他又给我惹事，做了坏事还说谎，逼他去和女同学道歉。但是这次我想到了'心域'两个字，刚要烧起来的火很快就灭掉了，我有比发火更重要的事要做。"

我笑道："现在，您能将他的心理状态感知得越来越清晰了，对吗？"

"对，真的是越来越清晰了。老师说纳入心域是要去感知、理解和接纳嘛。我先是去感知他真实的心理状态，发现他的眼神里是那种又委屈又倔强的感觉。之前我无数次看到过这个眼神，但每次都觉得他是在跟我对抗，没有耐心去好好理解他到底为什么有这样的情绪。第二步是理解，我就问他：'这个女同学伤害过你吗？'他开始是摇头，但过了一会，又说：'她嫌弃我。'我又问他：'她怎么表现出嫌弃你？'浩浩说：'她和另一个女同学小声说我有毛病，被我听到了。'浩浩其实很敏感，有些事他会一直记在心里，积压了很多痛苦。我说：'是她伤害你了，让你感到痛苦，你想报复她一下，也是正常的。'"

说到这，晓夏不自觉地扬了扬下巴，声音也更大了一些，显得有些激动："老师您知道吗？浩浩当时眼圈就红了。他可能完全没想到我会这么说吧。我还接着说：'你说自己不是故意的，倒也很巧妙，避免了正面矛盾升级。只是说谎还是不太好，不到万不得已还是不要说谎吧。'浩浩过了一会，突然很大声地说：'妈妈，我以后不说谎了，也不捉弄她了。'那时我看到孩子那种很自然流露的真诚的感觉，突然想到三个字：'他爱我。'真的太神奇了，过去我怎么感受不到？他爱我啊！他其实愿意为了我改变。我觉得自己幸福极了。"

我由衷地说："这就是人间最美好的情感流动，您感知到了他爱您，他感知到了您爱他。真为你们感到开心！"

"以前我真的一心认为他就是错的。他向我倾诉学校的事，我听到就很烦，感觉是又出了什么问题要我去解决，什么时候能消停一点？唉，这孩子真的太不容易了，有我这样一个强硬的妈妈，受了委屈回到家，没有得到理解，反而是居高临下的指责。"

"过去的就让它过去吧，什么时候开始都不晚。放心，只要现在让孩子的真实感受流动起来，过去的经历不会造成实质性创伤的。"我轻声地安慰她。

"我发现妈妈的反馈对孩子真的很重要，我去接纳他的所有感受，他的情绪很快就流动起来了，那种又委屈又倔强的感觉很快就消失了。一直到夜里我都在回想这件事，那个美妙的感觉在我心里一遍遍地回播。到了第二天早上，我突然想明白了！”

“想明白什么了？”我饶有兴致地问道。

“上次您说，与人交往就像是玩‘扫雷’游戏，对吧？还真是这样的。以前整个游戏盘都是灰色的时候，我一直觉得浩浩是排斥我的，是不听话的。这次，我用心域思维‘点开’了一个区域，发现里面其实很温暖，也很讲道理。这是让我收获最大的地方。”

“没错！其实不只是浩浩，可以试试在面对生活中其他人的时候，也把这个区域‘点开来’好好看看，不管开出来的是我们喜欢的，还是不喜欢的，都比缩在厚厚的玻璃墙后面去猜疑和恐惧要有趣得多呢。”我笑着说。

“果真是这样。”晓夏笑着说，“像是打开了新的窗口看这个世界一样！”

水开了，我泡了一杯绿茶放在晓夏的面前，青绿色的茶叶竖立在水面下方，像是一排整装待发的小士兵。

“人间值得。”我举起杯子。

“是啊，人间值得！”晓夏也举起了杯子，向我示意了一下。然而，杯里的茶水还太热，我们两人都下不去口，原样放回了桌子上。

晓夏轻轻用嘴向杯里吹着气，问道：“哎哟，我差点忘了。老师现在该告诉我，刚才到底发生什么了吧？不瞒您说，我进来的时候真的很惊讶。他们两兄弟就是这样，在家里玩游戏也是互相打打杀杀的，动不动两个人就真的打起来，又哭又喊地叫我去裁决。这样的情形几乎每天都有，我真的应付得很累啊。”

“孩子们的矛盾确实是很令人头疼的一件事。”我说道，“也许我们换个思路，就能找到解决问题的方法呢？”

"什么思路？"

"面对浩浩和同学的矛盾，您可以把他纳入心域。那为什么面对兄弟俩之间的矛盾，这件事就变得困难了呢？"

晓夏低头看着面前的绿茶想了一会，说道："我说不清。手心手背都是肉？他们两个互相对着干，我应该去理解哪一头呢？"

我笑了："必须要选一头吗？对两个孩子都同时去感知、理解和接纳，不可以吗？"

晓夏皱着眉头想了想，回答道："好像比较难。浩浩和同学的事，我可以完全站在浩浩的角度去考虑，我们两个是利益共同体。但浩浩和瀚瀚之间的事，我总要判出个对错吧？错的一方该怎么去理解和接纳呢？"

"关于这件事，我的理解是这样的。"我说道，"父母在这种场景下很难处理，不是因为孩子互相是对立的，而是因为父母在其中担任了一个角色，那就是'法官'。就像您说的，我们认为自己有义务为他们裁决对错，解决问题，帮助受害的一方伸张正义。自己卷进了这个事件里，这阻碍了我们的元认知工作，去看清事情的真相。"

在本书前面的章节中，我们介绍了元认知能力起作用的方式，是将自己从马路上的车流一般纷繁复杂的念头中"撤退"出来，站在路边，以观察者的角度中立、放松地看着马路上的车来车往。对于外在的事件，元认知能力也在以同样的方式起作用。从父母把孩子之间的争端当成了自己的任务开始，父母就跳入了争端事件的"车流"，成为其中的一个部分，跟着它萌生压力、紧张和烦躁等情绪。比如："你们就不能安静点，让我过一会安生日子吗？"或者："这个孩子怎么这么无理取闹，就是不能让着弟弟？"抑或："这次我如果不拿出点雷霆手段，下次就镇不住这两个小混球了！"看，父母的情绪和思维完全进入了"马路"，开着"一辆车"一骑绝尘而去。

"这个角度倒是很新颖。"晓夏说。

"想想看，孩子之间为什么会吵架，甚至打起来？"我问道。

晓夏说："这就是我不理解的地方，他们之间也不需要有什么特别的过节，好像随时随地都可以吵起来一样。就像您说的这个沙盘，他俩一起玩个沙盘，和和气气正常地玩不行吗？非要搞一个什么大战出来。"

我回答道："'战争'只是事件，是外面的表象而已。在它背后，两个孩子当下的'心理状态'才是真相。在开始做沙盘时，哥哥用游戏规则得到了属于自己的阵地，弟弟虽然服从了规则，但哥哥扔恐龙的举动让他感受到了自我外沿被攻击。于是弟弟建起栅栏保护自己的领土，这反过来激起了哥哥的防御心态。这样的来往之间，兄弟俩互相的抵触感在逐渐加深，直到弟弟认为哥哥违反规则时，弟弟的愤怒达到了顶点，他开始实施真实的攻击。这样观察下来，是不是一切都有了清晰的脉络？"

晓夏拍了一下手掌："原来背后还有这么多细致入微的东西，看来我这个当妈的实在是太粗糙了。以前他们两个吵来吵去让我觉得很累，很烦，不想多花心思了。"

"觉得很累，很烦，这是作为一个妈妈的正常反应。"我轻轻安慰道，"或者，我们可以试试花'更少的心思'呢？"

"咦，这是什么意思？"

"您不是想知道刚才在沙盘游戏的后期我做了什么吗？我现在就来告诉您。"

本节知识点总结

　　人间最美好的情感流动，就是家庭成员之间互相真实地感知到相爱：我希望你有好的心理状态，并且愿意为之有所付出。

　　父母的反馈对孩子是很重要的，当父母完全感知和接纳孩子的所有感受，孩子的情绪会快速地流动起来。

　　如果父母在孩子的冲突中选择扮演法官的角色，将自己卷进这个事件里，萌生出压力、紧张或烦躁的情绪，就会脱离中立、放松的观察者位置，阻碍自己看清事情的真相。

第十节　怎样处理兄弟间的矛盾

当时在那个沙盘中，"龙炮大战"打得如火如荼，好几只恐龙都已经牺牲了，大炮一方的士兵也有一多半被粗暴地砸进沙子里。就在这个时候，我对两个孩子说："老师也加入这个游戏，和你们一起玩好不好？

兄弟俩疑惑地看着我。

我从架子上拿了唐僧，从兄弟俩阵地中间的山上下来，边走边说："我从东土大唐而来，去西天拜佛取经，路过这里，又渴又饿，你们能给我一点水喝吗？"

"不能。"兄弟俩异口同声地回答，说完两个人互相看了一眼。

我又拿了猪八戒，跟在唐僧的后面，粗声粗气地说："嗯嗯，你们有馒头吗，我老猪饿了。"

"没有。"兄弟俩再次异口同声，他们惊讶地对望了一下，突然，哥哥将弟弟拉到旁边的角落里，在他耳边尽量压低声音说："下次再出来的就是孙悟空，孙悟空超厉害，我们肯定打不过他。"

"那我们先消灭唐僧和猪八戒吧，孙悟空就不来了。"是弟弟稚嫩的声音。

小哥俩从角落走出来，一个拿起恐龙，一个开动大炮，一起攻击唐僧和猪八戒，我拿着唐僧逃跑，恐龙在前面堵，大炮在后面追，他们既懂分工，又能协作，我故意让唐僧走过了恐龙阵和大炮阵，破坏了他们原来的防御工事，两个人都没在意，很快他们合力镇压了唐僧。

看着被大炮和恐龙击倒的唐僧，我问："你俩谁赢了？"

小哥俩第三次对望一下，哥哥说："是我们都赢了。"

"对，我们都赢了。"弟弟骄傲地说。

听到故事的结尾，晓夏乐了："老师可真是太可怜了，平白遭受池鱼之殃。他们两兄弟这样做可不厚道啊！"

我也笑了："这个故事有趣吧？孩子之间矛盾状态的流动速度经常快到超出我们的想象。家长要做的事只有一件：从他们真实的心理状态出发，去减轻这件事在他们心理上引起负面情绪的'重量'。"

"情绪的重量，这个说法很有意思。很多时候我去当'法官'，好像反而是加重了他们的情绪重量呢。"晓夏说道。

"是有这个可能。"我笑着说，"比如，您认为哥哥欺负了弟弟，帮弟弟'讨回公道'。哥哥越发觉得自己委屈吃亏，没人理解他，这使哥哥内心加重了负面情绪的重量。很多家长为了当好孩子们的'法官'，对孩子们的矛盾制定了若干规则，比如'谁先拿到玩具就谁来玩''谁哭得比较厉害就倾向谁''谁年纪小就倾向谁'，甚至有的家长不设规则，只凭自己当时的好恶来模糊地裁定输赢。如果家长认为自己可以一直保持正确，甚至将自己的认知和判断纳入了自我外沿，强迫孩子听从，就会脱离元认知思维养育的本意。"

"我以前就是这样的，心里也制定了好几个规则，也有事到临头情绪上来了，全凭好恶做'法官'的时候。也许和我这样的做法有关吧，他们两个的关系确实越来越差了，明里暗里都在作对。其实我心里也明白，弟弟看起来一直在吃亏，实际上他才不会真的输，他知道我每次都会帮他。"晓夏幽幽地说。

我笑了："是的，瀚瀚是个聪明的孩子，他更知道'游戏规则'是怎样的。我们试试不要急着去评价浩浩，也同样不要急着去评价瀚瀚。把心域的门打开，让心与心之间去交流：他们为什么会冲突？他们在感受怎样的痛苦？他们有怎样的需求？他们的心理状态在流动吗？守住这一个角度，让孩子们的矛盾情绪真实地流动起来，就会变得越来越轻。"

"老师，我想想。"晓夏说着垂下了眼帘。她的上身斜靠在沙发上，很安静地回忆和感受。

短暂的静思，是我们每个人可以随时随地唤醒元认知的方法。美国正念专家安迪·普迪科姆（Andy Puddicombe）和他的团队曾制作很多小贴纸，上面画着一个个圆形的形状，给参加过冥想工作坊的学员贴在自己日常可能看到的地方，随时提醒自己："我现在可以回归正念一会儿了。"这是个非常有趣的小创意，帮助我们随处触发一个"短暂静思"的小练习。

想了一会，晓夏开口了，她的声音清澈而稳定："我知道了，他们需要的就是真实的感受被看见。被看见了，才会减轻负面情绪的重量。比如浩浩做那么多无厘头的事，都是想让瀚瀚和我看到他的委屈。瀚瀚有时候甚至是主动吸引浩浩来对他做点什么，这是渴望我的关注，让我看到他的懂事。这两个孩子啊！"

"恭喜您，新的心域区域被'点亮'了。"我由衷赞赏。

在儿童的发育过程中，大脑边缘系统（白马）相对比较发达而前额叶（骑手）发育滞后，导致面对很多刺激，成年人可能觉得没什么，但孩子可能产生强烈的情绪。对于孩子之间矛盾严重的负面情绪，家长可以介入去承托和陪伴。如果并不严重，可以像我在沙盘游戏中所做的那样，保持平等和自然的态度，甚至带点幽默感，降低这件事在孩子心理上的"重量"，矛盾状态也会很快地缓解甚至消失。

一切流动的，都会过去。

"老师，我还有一个问题。"晓夏问道，"我们在家庭里可以接纳孩子的所有需求和心理感受，但是孩子还要面对这个社会，社会上有规则的存在，有外面形形色色的人。在把孩子纳入心域的同时，我们是不是还要教孩子为人处世的规则，让孩子更好地适应社会呢？不然的话，孩子会不会像养在温室里的花朵一样，脱离现实呢？"

"这个问题问得好，我正想和您聊聊这个。"我开心地说，"想想看，孩子能不能很好地适应社会，取决于什么？"

晓夏一时怔住了，过了一会才说："是孩子能不能了解社会运行的规则吗？"

"那么，社会的规则谁说了算？社会上为什么会有规则存在呢？"我继续问道。

"嗯，是为了保护大家吧。"

"对，社会的规则看起来纷繁复杂，有成文的，也有不成文的，一条一条地教，什么时候才教得完呢？"

晓夏皱着眉头："我养浩浩就是这样，他在与人交往中遇到的问题真是千奇百怪，我也只能头痛医头脚痛医脚地教他规则。"

"确实是这样，不过好消息是，社会的规则有其背后一贯的逻辑，那就是：让你不太难受，我也不太难受，大家都不太难受。"

晓夏的眼睛放出了光芒："老师，我好像明白了！这一切看起来是'事件'的互动，其实还是着落在心理状态上。比如浩浩现在在学校的社交很不适应，我一直认为他是不懂和人交往的规则，所以我一直很想给他纠正，对人要有礼貌，要谦让，不要触碰别人的身体……搞了一堆复杂的规则，也没有产生效果。其实我真正想要浩浩了解的不是这些东西，而是：'我要尽量不让别人感到难受'，这才是核心！浩浩是对别人的心理状态完全没有感觉，所以才总是做出格的事。"

"没错，没错！我完全同意。"我肯定道，"我们要做的，就是协助孩子们拓展他们的心域。"

晓夏的手用力地挥舞一下："对，正是这样！"

　　"可惜今天天色已经晚啦，下周我们再接着聊。"我望向窗外，碧绿的草坪中插着无数小太阳能灯，点缀着一窗的梦幻。

　　"唉，时间怎么过得这么快？我还一点都不饿呢！"晓夏不满意地噘起了嘴。

本节知识点总结

　　处理孩子之间的矛盾，家长可以从他们真实的心理状态出发，去减轻这件事在他们心理上引起负面情绪的"重量"。对于孩子之间矛盾严重的负面情绪，家长可以介入去承托和陪伴。如果并不严重，家长可以保持平等和自然的态度，甚至带点幽默感地处理。孩子之间矛盾状态的流动速度经常快到超出我们的想象。

　　社会的规则看起来纷繁复杂，但背后有其一贯的逻辑，那就是：让你不太难受，我也不太难受，大家都不太难受。协助孩子理解和适应社会规则，最重要的一步是对别人的心理状态建立感知，并遵守我们尽量不让他人感到难受的准则，孩子就不会做出会引起严重后果的事。

第十一节　成长历程对心域的影响

最后一次见到晓夏，在一个冷风呼号的上午。昨晚下过了雨，城市显得质朴而干净，仿佛什么浮华的东西被洗掉了一样。晓夏穿着藕粉色镶灰色宽边的羽绒服，是时下很流行的莫兰迪配色。头发披在脑后，因为静电的缘故显得非常蓬松，脸上泛着红润的颜色，显然这身衣服的保暖效果非常好。

"晓夏来了？吃小饼干吗？刚刚烤好的，还在烤箱里保温呢。"我笑着说。

"自己烤的吗？当然要吃！"晓夏露出期待的眼神。

我打开烤箱，一股热腾腾的气息瞬间涌了出来。我想起一次和瀚瀚聊天，他向我兴致勃勃地历数什么是甜味的，什么是咸味的，什么是辣味的……说到白粥的时候，他的鼻子一皱，说："粥是烫味的！"那表情别提多可爱了。

我戴着厚厚的手套取出了托盘，用铲子将小饼干铲出来，放在藤编篮子中垫着的一块厚厚的白手帕上。一块块乳白色的小饼干，边缘是脆脆的金黄色，形状胖乎乎的，在篮子里散发着浓浓的奶香味。

"我没有用模具，就是用管子挤出来的，所以每一块长得都不太一样。"我笑笑。

"没事没事，我不嫌弃它们。"晓夏显然已经等不及，用手指拈起一块，塞进嘴里。

我也拿了一块小饼干吃了，看向晓夏："准备好开始讨论问题了吗？"

晓夏说道："我准备得可好了！我还写了稿子。"

这个举动很出乎我的意料："哦？稿子上写了什么？"

晓夏忽然变得很严肃，正色道："老师，上次您说到我们要帮助孩子去拓展心域。回家后我一直在想这件事。我想先从自己的角度思考一下这个问题的答案，然后再来和您探讨，这样才能得到最大的效果。"

"您这个认真的态度令我非常感动。"我也收敛了笑容，认真地说道，"那么，您是怎么想这件事的？"

"不瞒您说，我想到了我小的时候父母对我做的事。老师您知道的，我一直都有些'社交恐惧症'。和您聊过后，我开始试着把孩子和同事纳入心域，已经觉得这种紧张和恐惧的感觉好多了。但我还是控制不住地想去回忆是什么造成了我的社交恐惧。"

"嗯嗯，您小时候的情形是怎样的，可以告诉我吗？"我温柔地问。

"我生长在一个小县城，父母都是国企的员工，一辈子安安稳稳。据说母亲怀我怀得很难，家里也只有我一个孩子，没有兄弟姐妹。父母从小就告诫我外面的世界很危险，我性格又软弱，他们想让我留在县城，和他们有个照应。"晓夏悠悠地说着，打开了回忆的画面，"我和您说过，我对整个社会都有一种恐惧，觉得外面的人都要骗我、伤害我，这其实是我父母告诉我的。他们常说，像我这样的人，如果出去社会上，被人卖了都不知道。很长一段时间，我天天看网上女生被拐到乡村里给人生孩子的帖子，觉得外面的社会恐怖得不得了。

"从小到大，我一直都很乖，读了省城的大学，在那里遇到了我先生。当时找这个人，也是按照父母的要求选的。在他们的评价体系里面，我遇到的男生只有非黑即白两类：要么是骗子、渣男，一无是处；要么就靠谱、踏实，非他不可，我先生就是那个'非他不可'的人。为了让我尽快和他结婚，我妈直接去和对方父母谈定了婚期和彩礼，那个时候我们两个连手都还没牵。"

晓夏忽然像是忘了什么，她打开手机记事本，上面写着密密麻麻的小字，看着说道："我妈没想到，她还是看走眼了。我俩结婚很早，结了婚，我先生就提出要到南方大城市发展。我没办法，只能跟着他来。那段时间我父母特别强烈地反对，但我能做什么呢？我改变不了先生，更改变不了父母，只能夹在中间，感觉自己就像风箱里的老鼠左右为难。最后，我还是跟着先生来到了这座城市。每年我都会回老家一两次看望父母，每次心里都很矛盾。一方面我特别想依赖他们，让他们还像小时候那样为我遮风挡雨。另一方面，我又害怕他们。他们说话的方式很极端，很绝对，我听了就像被扼住了喉咙一样。老师，您能理解我的感觉吗？"

"谢谢您和我分享这些。我完全能理解您的感觉。从我的理解来看，一直以来父母用自己的评价体系为您编织了一个黑白分明的、虚幻的'世界'，在这个世界里，身边的每一个人都在，但他们又都不是他们原本的样子，而是被脸谱化的样子。这个世界中，父母就是主宰。您在这个虚幻的世界中成长会感觉到压抑和恐惧，这是因为您看不清它本来的样子，'把控感'更加无从谈起。"

晓夏的眼睛瞪得圆圆的，说道："是啊，您真是把这个感觉说得太清楚了！"

"想清楚了，会不会觉得好受一些？"我轻声问道。

"好像感觉好些了。这么多年总有一股无形的压力压在我的心口，好像这么说一说，压力就释放了一些。"晓夏回答道。

"那就好。"我微笑着。

晓夏正色道："刚才您这么说，我就明白了。我父母给我构建了一个他们主宰的虚假世界，所以我很难看清这个真实世界，清楚地理解世界中的每个人。他们告诉我，新闻上有人拐卖妇女，所以我出去遇到的都是坏人，每个人都可能伤害我。这就是把整个社会给'标签化'了，而且还是用一种极端小概率的标签去套每一个人。用心域思维想想，其实挺夸张的。"

"是啊，听您诉说自己的历程，真是辛苦了。"我轻叹了一口气，"如果我们讨论父母对孩子的心域产生的影响，同样可以从感知、理解和接纳三个维度去展开。

本节知识点总结

　　如果父母从小为孩子构建一个非黑即白的虚幻世界，这个世界里的每一个人都不是他们原本的样子，而是被脸谱化和标签化过的形象，可能造成孩子长期感到压抑和恐惧，对孩子处理人际关系也会产生深远的不良影响。

第十二节 陪伴孩子拓展心域

我开始逐项展开进行讨论："首先是'感知'。对于孩子来说，他人的形象最初都是模糊的，需要在成长过程中不断通过与他人的接触来构建。这个时候，如果父母扭曲孩子对真实世界的感知，孩子就会越偏越远。比如您提到，您的父母希望您陪在他们身边，他们对您说：'你这样的性格在社会上肯定会被人欺负，还是留在父母身边才能安全。'这就是一种扭曲的感知。而真实的感知是，让孩子清晰地了解：'社会是复杂的，每个人都有自己真实的心理状态，但并不可怕。我们希望和你住在一起，这会令我感到安心。'"

说到这，我停顿了一下，笑了笑继续说："传递扭曲的感知在亲子养育中其实很常见。比如，我已经不止一次在浩浩和瀚瀚那里听到'你乱动别人的东西，警察叔叔就会来抓你'这样的话了，这也是一种扭曲的感知。"

晓夏不好意思地笑笑，说道："确实是这样啊，我只是有时候烦了，想快点让他们听话照做而已，没去想这样做的后果。"

"完全不需要自责，您的家庭工作已经很繁重了，想要减少一些育儿过程中的麻烦，这是非常正常的需求啊。"我轻声说道，"并且我们也不需要强迫自己马上改掉，只需要在每次想这样做的时候，如实地了解哪些话可能会扭曲孩子心中的真相，就可以了。"

"好的，这样想好多啦。"

　　"心域思维的第二个维度是去'理解'，看到一个人心理状态背后形成的原因。作为家长的角度，阻碍孩子真实地理解他人最常见的做法就是'贴标签'。您刚刚提到您父母对很多人都有着非黑即白的评价，这就是'贴标签'。"

　　晓夏回忆道："对，我父母是很喜欢贴标签。原来我家住那种筒子楼，邻居们门贴着门，低头不见抬头见。有一次妈妈带我在公园玩，远远地看到一个老大爷往路边草丛里吐了一口痰。我妈说：'你看，随地吐痰的人都是垃圾人。她没留意到那个人就是和我们同一层楼的邻居。从那以后，每次我见到那个老大爷，心里都会想：'你这个垃圾人。'他向我打招呼，说话来逗我，我都觉得特别不自在。直到现在，我都还记得每次出门都生怕遇到他，怕他和我说话的那种感觉。"

　　我温柔地回应道："其实，妈妈评价老大爷为'垃圾人'也不是为了害你，很可能只是自己主观上确实讨厌这种行为。我们的大脑有一种很有趣的倾向性幻想，那就是：'只要我对错误的事情表现得足够排斥和愤怒，我就是正确的。'妈妈向你表达她对随地吐痰这件事的愤怒，可能也在无意识地构建一种心理上的优越感。当然这只是猜测而已，妈妈当时真实的心理状态，可能只有她自己才了解。只是，这种'贴标签'的做法，确实对你后来的人际关系产生了比较大的困扰。"

　　晓夏点了点头："是啊，今天回忆起来，我对偶遇陌生人的那种恐惧的感受，好像就是从这个老大爷开始的。这么一件小事，对我居然有这么大的影响！"

　　"是啊，现在我们作为父母，假如遇到类似的事，就可以尝试去将老大爷纳入心域，理解他行为背后的原因。其实，那一代的老人有很多都并不了解'不应该随地吐痰'的规则，或者他在那个时刻可能确实没什么别的选择，又或者，他很清晰地知道这样会污染环境，并且确实不重视别人的感受。你们是邻居，其实有很多的机会可以去观察和交流，了解他真正是个怎样的人，经历了怎样的过往。"

晓夏的精神振奋了一些："每个人都是立体的，而我们去'贴标签'就像是把他拍成了一个'相片'，扁平化了。好的坏的，香的臭的……其实我们还原到立体的时空来看，每件事存在都是有其合理性的。这么想，自己心里就没那么多对别人的讨厌、排斥和看不惯了，也就能心平气和地去理解对方。老师，我说得对不对？"

"太对了！正是这样的。"我说，"长期在'贴标签'习惯下长大的孩子，遇到别人的偶然行为不符合自己心意时，更容易简单粗暴地判断：'这个人没有公德、这个人自私自利、这个人是个渣男……'，主动把别人排斥在心域之外。我们都希望自己和孩子都能有个良性的人际关系，用宽广而通畅的心理状态与人交往。作为父母，我们可以帮助我们的孩子去心平气和地理解对方，这就完成了心域思维的第二步。

"最后是心域思维的第三步，接纳。很多时候，即使我们理解某个人的行为'事出有因'，仍然不会认同这种行为，比如那个老大爷在公园里吐痰。心域思维并不是在强迫我们认同一切。没有人是完美的，再好的朋友也有差异，再甜蜜的恋人也有争吵，再高尚的善人也有过失。如果我们依据'是否认同'去判断一个人做的每一件事，就会变得敏感起来，时刻警惕他随时可能做出'错误'的行为，伤害到我们自己。"

"所以我们要用流动思维。"晓夏得意地笑了起来。

听到她这句话，我稍有些惊讶，问道："您对流动思维已经有感触了吗？"

"嗨，这件事我忘了和您说了。上次我们聊过关于怎样帮助我老公改变的事情以后，我回家试了试。他一身肥肉懒懒地瘫在沙发上玩手机的时候，我看着他，心里默念：'这样的状态不会永恒，它会流动过去。'我不摆脸色给他看了，他也对我温和了很多，回家也明显更早了。最近周末的时候，还会陪我和孩子们去近郊玩玩，全家人都很开心。不得不说，他的状态确实是流动起来了。虽然现在离优秀老公的标准还差得很远，但我的心情真的好了很多。"

"这一点我真的没想到，您的进步太快啦。"

晓夏接着说道："唉，说来真的很惭愧。以前我总是在孩子面前抱怨老公不回家，不管家里。这对孩子也是有影响的，是吗？其实是我自己讨厌他，就想让孩子们也讨厌他。"

"会稍有一点影响。在'恒常思维'中成长的孩子更容易感觉愤怒和绝望，自己或者别人的一点失误都会引起心理上比较大的波澜。但还是那句话，什么时候开始元认知思维养育都不晚。"我回答道，"如果我们能再进一步，试着在每一个事件当中，陪伴孩子一起观察和分享事件背后的真实心理状态，不断向孩子传递流动思维的思想，就可以一起感受心域渐渐打开的喜悦。这一点您已经开始做了，相信未来一定会做得更好的。"

晓夏忽然安静了下来，从篮子里拿起一块小饼干，默默地吃着。过了一会，她幽幽地道："也许，我父母认为，这样我就会一直在他们身边，永远都不离开。"

我轻轻说："是啊，从您的描述中，我能感觉到，他们其实非常依赖您。"

晓夏垂下眼帘，睫毛在肌肤上形成深深的阴影："他们应该是很难过吧。想到他们，我总是开心不起来。"

"慢慢来。"我缓缓说道，"我们要一步步来，自己的内心有力量了，才能最终将父母也纳入自己的心域。"

晓夏轻声说："好，我会好好练习，期待把父母纳入心域的那一天。"

时钟悄悄指向了正午 12 点，窗外的喷泉按时启动了。薄薄的水雾被大面积地洒向半空，与温暖的阳光交汇在一起，映出绚丽的彩虹。

本节知识点总结

　　父母的行为对孩子心域产生的影响可以从三个层面来讨论：

　　感知层面，如果父母为了养育方便或是自己的需求，故意扭曲孩子对真实世界的感知，孩子就会比较难以构建别人的真实形象。

　　理解层面，如果父母习惯对别人和孩子贴非黑即白的"标签"，会影响孩子发展理解他人的能力。

　　接纳层面，如果父母经常使用"恒常思维"，认为不好的行为和状态都会永恒，会对孩子的接纳能力有比较大的影响，尤其是接纳当下状态有瑕疵的人。

　　在陪伴孩子成长时，需要帮助孩子去了解这个真实的世界，和他一起去感知、理解和接纳身边的人与事，使他能逐渐认识到每一个人或每一件事都是立体的和多元的，在黑与白之间还有大量的灰色地带。宽广的心域会让他们在处理任何关系上游刃有余。

尾记　来自浩浩和瀚瀚的礼物

临走前，晓夏递给我一个围着植物花边的小木板，上面依稀看得出是一只小猪和一只小熊的形状。

"这是浩浩和瀚瀚送给我的礼物吗？"我欢快地问道。

晓夏带着神秘的表情点点头，然后说："但这里面有一个题，要您来猜。这只小猪和小熊，哪个是浩浩做的，哪个是瀚瀚做的？"

"哟，这可是难住我了！"我闭着眼睛乱猜道，"小猪是浩浩？"

晓夏开心地笑了："能看到老师被难住，真是让人开心的事啊！答案是，这两只小动物都是两兄弟一起做的，是他们用您带他们做的沙盘游戏的方法，一人一块交替摆上去的。"

"哦？这可真有意思！"

"可不！他们还小大人似的跟我说，这叫'你中有我，我中有你'。小狗熊哭了，小猪去安慰它，还把两个气球都给了小熊。"

想象着这两个小小的孩子是以怎样剔透的智慧和真诚在给我制作了这份礼物，我非常感动："请帮我谢谢他们，这样珍贵的礼物，我会好好珍藏的。"

来自维浩和维瀚的礼物

第五章

CHAPTER 5

平等思维：亲子间互动最顺畅的状态

徐莉和明澪老师：

　　我曾经是一名军人，退伍以后读了大学，现在是一家家电公司的技术人员。我妻子因为工作原因在北京，和我长期异地，经常一个月才回来看一次，女儿荣誉主要是我在带，现在已经 15 岁了。

　　荣誉小的时候很乖，但前年上初一开始，她交了几个不好的朋友就不好好学习了，成绩一落千丈。那段时间我经常批评她，盯着她学习。后来，她就得了抑郁症。这两年以来，荣誉经常躺在床上，一哭就是几个小时，做什么都提不起兴趣。她还说自己看到过灵异的东西，晚上不敢睡觉。半年前，她吃过半盒安眠药，好在及时发现，到医院做了洗胃处理。但我当时真的吓坏了，我不能理解的是，曾经那么乖的孩子，怎么会变成今天这个样子？！

　　从去年开始，我意识到事情的严重性，带着孩子到处看病，也吃了很多药，但是总不见好转。荣誉已经三个月不上学了，每天待在家里哪也不去。她今年初三，本来最重要的时刻，现在却一直沦陷在这个状态里，完全看不到一丝希望。

　　我自问是一个很善良的人，这么多年对孩子几乎是又当爹又当娘，尽到了家长的一切责任，最后还是把生活搞得一团糟。我的内心也快要到了绝望的边缘，请你们帮助我。

　　　　　　　　　　　　　　　　　挑战参与者
　　　　　　　　　　　　　　　　父亲：荣山行
　　　　　　　　　　　　　　　　女儿：荣誉

第一节　拍视频的工作邀请

收到这位父亲的来信，我照例先见了这位女孩。荣誉的皮肤很白，头发剪成了男孩子的短发造型，戴着一副黑框眼镜。她的鼻子翘翘的，唇形很美，只是嘴唇上有些干裂起皮，少数几个地方出现了裂口。她穿着一身宽大的运动服，走进工作室的时候双手插在裤兜里。

"荣誉来啦？快来坐。我煮了水果茶，来尝尝！"我向她打着招呼。

"老师我不爱喝茶。"荣誉淡淡地拒绝道。

"那，你想喝什么？咖啡或者白开水好吗？"

"都不用。"她说。

"好，那我们就只是坐着聊聊天。"我微笑着说。

荣誉坐在沙发上，上半身斜倚着沙发一侧的扶手，身体显得有些疲惫。

"今天过得怎么样？"我简单地开启话题。

"就那样呗，觉得做什么都没意思。"

"上午都做了点什么？"

"看视频，玩游戏。"荣誉用右手在干燥的嘴唇上左右摩挲着。

"哦？你喜欢看哪一类的视频？"

"看别人玩游戏的视频吧，也都很无聊。"

"无聊是因为他们玩得很菜吗？"我问。

荣誉笑了一下，随即表情又严肃起来："是因为我自己，我做什么都觉得提不起精神来。"

荣誉反复提到的"做什么都提不起兴趣"是抑郁情绪的典型症状，我想了解她对这类症状是不是有明确了解，于是接口问道："你过去已经看过心理医生和心理咨询师了，对吗？"

"嗯，我是抑郁症，现在正在吃药。"荣誉摸到嘴唇上脱起的皮肤，用手指扯下来一块，露出隐隐的血迹。她用舌头舔了舔，显然是感到了一丝痛楚。

"喝点水吧，润一润嘴唇。"我再次递过一杯温水。

这次荣誉没再拒绝，接过水杯喝了一口。

"这个是什么时候确诊的呢？"我继续问道。

"半年多了吧，去年年中的时候。"

"哦，原来都这么久了。是感觉做事提不起精神吗？"

"觉得活着也没什么意思。"

我轻轻问道："那，你有喜欢的游戏吗？"

荣誉的嘴巴抿了抿："王者荣耀。"

"这个游戏真的很火啊！虽然我自己不会玩，但很多已经工作的朋友也都会在午休的时候打上一两把。"

荣誉认真地点点头："嗯，还挺好的。"说起这个游戏，荣誉的眼神明显灵活了一点儿。

"你喜欢用哪个英雄？"

"我喜欢用司马懿，直接打后排，幽影之咬还能分身，比较快。"

我饶有兴致地问道："是司马懿的技能很强的意思吗？"

"技能很实用吧，狂暴技能绝对彪悍，在低分段是战神啊。"

我对这些游戏上的语言感到陌生："你有固定的队友一起打吗？"

"有几个人，一起组队打，也有时候时间约不上，他们都要上学。"说完，她似乎又后悔提到了上学这件事，轻微地皱了下眉头，向一边歪着头不再看我。她的父亲曾经在信中说，荣誉已经有三个月不上学了。让她回去上学一直是父亲最大的愿望。

看到荣誉内心的抵触，我并没有向休学的方向去展开，而是继续着轻松的话题："你们打游戏的时候，开麦克风说话吗？"

女孩的表情轻松下来："开啊！要开麦才配合得好。"她好像忽然想起什么，脸上露出甜甜的笑容，"我们队有两个很厉害的人，我有时候打打酱油，都能赢。"

我笑了："和你一起打游戏的是男生还是女生？"

"我们经常一起玩的六个人，打得最好的那两个人都是男生。"

"他们在哪里？也在这座城市吗？"

"是啊，但我没有面基①过，只是听他们的声音，照片都没见过。"

我将话题引到面前的女孩身上："你的水平怎么样呢？"

"我比较一般吧，我有时觉得累，也没法像他们那样操作那么快。"

"觉得累的时候，会停下来吗？"

"会吧。"荣誉有些犹豫，轻声说道。我留意到，和很多处于抑郁情绪或抑郁症的人一样，荣誉的元认知能力相对比较弱一些，无法准确识别自己的真实感受。她对自己感受的描述经常来自对抑郁症典型症状的知识，而不是真实细致的自我观察。

那天，我们把这支"民间游戏战队"的人员构成都聊了个遍，荣誉很有耐心地向我讲解这个游戏构建了怎样的世界，里面在遵循怎样的力量守恒。在聊到感兴趣的领域时，她的表达很丰富，也很主动，虽然谈不上眉飞色舞，但表情也是轻松愉悦的。荣誉的逻辑思维和表达能力都很强，很善于将复杂的知识系统转换成通俗易懂的语言传递给我这个"小白学生"。于是，一个计划在我的脑海中渐渐成型。

"荣誉，老师需要一个人帮我做一件事，你可能是最合适的人选。"

---

①　面基为网络语言，即网友见面的意思。

我提出了邀请。

也许是好奇心的驱使，荣誉问道："什么事？"

"我想拍一段给青少年看的微视频，宣传游戏中的团队精神在现实生活中有什么启示。我很需要你这样的人来帮我构思要怎样去体现，写一个视频脚本出来。你愿意帮我吗？"

荣誉的眼睛放出了光芒，说道："可以啊老师，我其实不只能写脚本，还会拍视频。游戏可以录屏，现实生活中也可以拍一些镜头，让二次元和三次元混搭，这样效果最好。"

"这个想法太好了！"我真诚地邀请道，"那就全权委托你来帮我拍这段短视频，可以吗？"

荣誉点点头，显然已经对这项任务有很多自己的想法。这次会面结束前，我们相约下次见面的时候再沟通一下思路和进展。

本节知识点总结

　　在抑郁情绪的状态下，人的元认知能力普遍相对较低，作为咨询师需要分辨来访者对自己感受的描述是来自对抑郁症典型症状的知识，还是真实的自我观察。

　　对于有抑郁情绪的未成年来访者的咨询治疗，一种相对快速有效的方式是从来访者感兴趣的话题入手，邀请她参与一项周期不长的工作。一方面可以在过程中加深对来访者的了解；另一方面协助她获得价值感、愉悦感和满足感合一的珍珠瞬间，重建对生活的期盼。

第二节　记忆中的创伤

南国的春天来得一般都很悄然，与北方萧瑟天地间忽现几芽嫩绿的草色那种沁人心脾的感受大不相同。同样的太阳，同样的大地，同样温吞吞的空气，当这一切熟悉的元素聚合在一起的时候，人们总会恍惚地怀疑，刚刚过去的冬天，真的曾经出现过吗？而全然忘了短短一个月前还是寒风刺骨的样子。

第二次见到荣誉是一周以后，她还是穿着那身宽大的运动服。也许因为天气回暖，屋内比较潮湿的缘故，她皮肤和嘴唇的状态比上次见面好了很多。

"荣誉来了，快请进。"我到门口迎接她。

"老师好。"荣誉也向我问候。

我端出一盘刚洗好的草莓，红艳艳地躺在一起，散发着清香。

我们吃着草莓，两个人都很放松。荣誉掏出手机，向我展示她已经构思的微视频脚本："老师，我想用任正非的一句话来作开头：胜则举杯相庆，败则拼死相救。这句话很有气势，而且很符合团队协作的主题。我们可以配上很有气势的那种音乐，这样氛围就出来啦。"

"这个想法非常棒！然后呢？"我饶有兴致地问道。

"然后出现一个游戏画面，是团战中一个人勇悍开局，牺牲了自己的生命，但是为整个团队拿到了强有力的压倒性优势地位。这个部分是借鉴了EDG战队在英雄联盟2021全球总决赛夺冠场的表现，应该会很酷！"

"听起来就很燃的感觉。"我认同道，"我们还可以给场面做一个解说，让大家更清晰地知道我们想表达什么。"

"对，老师，我去写个解说词。"荣誉一口答应。

"然后呢？"

"然后，我是这么想的。"女孩的眼睛一改上次见面时的黯然无光，重新恢复了神采，"直接给大家揭示这场游戏的结果太没意思了，所以我想留个悬念在这里。镜头一转，开始拍摄三次元的现实生活。可以拍同学之间的矛盾，一个学生的英语成绩很好，就对英语不好的学生嗤之以鼻，欺负她，把她的书本扔在地上。"

这个部分的构思显然来自荣誉内心的一些创伤，我轻轻问道："这个被欺负的学生，脸上是什么表情？"

荣誉的笑容消失了，露出愤恨的神色："她脸上是很痛苦的神色。她看了一眼老师，老师正站在远处冷笑，在嘲笑她学习不好还要受人欺负。"

"那她反抗了吗？"

"没有。老师也站在对方那一伙，她反抗只能是自取其辱。"荣誉脸上露出了理所当然的神色。

"可是，她只是这样隐忍，也不是办法，会很难受的。"我垂着眼，轻声说道。

"所以才有了开头那一幕啊，她在游戏里第一个冲向对方，用自己的生命换取了团队的胜利。"荣誉的声调重新高昂了起来。

"她最终为了团队的荣誉牺牲了自己，对吗？"

"是的。"荣誉说道。

随着故事的构思，女孩的内心在我面前渐渐打开。过往她在学校曾经有过不愉快的经历，其中很重要的角色应该是一位老师，英语老师或是班主任。这位老师在她的内心象征着权威，使她觉得难以反抗，长期积压的心理压力形成了她内心的创伤。而女孩在虚拟世界牺牲自己的英勇做法可能源自她内心对价值认同的渴望和自我伤害的倾向，考虑到荣誉半年前曾经有过服药尝试自杀的经历，目前还是很难判断这两个驱动力中哪个更强一些。

我轻轻问道："后面的情节呢？"

"后面？"荣誉显得有些茫然，"我就想到这里，后面就不知道了。"

"这个想法怎么样？"我试探性地补充道，"仗打赢了，我们的英雄小姑娘就可以和自己的队友一起庆贺胜利啦！如果想表达团队精神，这个部分很有帮助哦。"

"哦，那我没想到，我可以加上去。"荣誉说。

"他们这个战队是几个人？"

"5个。"

"太棒了，我们是不是可以拍一个镜头，5个莫逆相交的伙伴们聚在一起？比如互相拥抱，有声有色地聊天，或是围在一桌热腾腾的火锅周围举杯相庆？"

荣誉低着头想了一会，显然对这个提议并不完全认同。

"这样的场景，会让你觉得不喜欢吗？"我追问道。

"嗯，我也说不上来。我就是觉得……"荣誉皱着眉头，似乎在很艰难地寻找用于表达自己的词语。

我停下来，安静地等待她。

荣誉抬起头看着我，说道："觉得他们的快乐好像和我无关。不但无关，而且好像还……总之我不喜欢。"

"这样快乐的场景，可能会使你觉得更加孤独和疏离？"我补充道。

荣誉点点头。

"那微视频的这个部分我们不加了，只是用你所说的那些，我觉得就很好。如果有任何需要演员、人力和物力的地方，都告诉我，我帮你解决。"我语气坚定地说道。

荣誉显得很感动，忽然问道："老师，真的按我这个就可以吗？会不会太暗黑了？"

"暗黑？我一点都没觉得暗黑。"我直视着她的眼睛，"我觉得这是个很温暖的视频。一个女孩在生活环境中没有得到老师的认可和伙伴的支持，在游戏环境中通过自己的努力却带领团队获得了胜利，这不正好体现了团队精神吗？我觉得非常棒，我很有信心你能把它拍好！"

"谢谢你！"荣誉抿着嘴，真诚地说。过了一小会儿，她忽然想起了什么，问道："老师，我做这件事，我爸知道吗？"

"他知道的，我已经电话和他说过，他同意了。"

荣誉笑了笑，嘴角有一丝自嘲的意味："现在我做什么他都同意。"

"如果放在过去，他会不同意吗？"

"那肯定不同意啊！以前我爸管我管得可严了。他要是见到我的手碰到平板电脑，都会说我。"

就这样，我们渐渐聊到了荣誉的过往。

"老师你知道吧？我和我爸一起生活，我妈从来都不管我。她在北京工作，有时候会在网上买一些东西寄给我。但我不需要这些东西。她从来都不知道我真正需要什么。"荣誉打开了话匣子，倾诉道，"有一次我过生日，我妈买了一套水彩颜料寄给我。那套颜料装在一个木头盒子里，上面画了很漂亮的花纹，可好看了。我挺喜欢的，可是拿着它，眼泪就一直往下流。那个时候我已经不学画画一年多了，我妈还以为我在学画画。

"我妈很少回来，我每隔一段时间就会收到她买来的包裹，里面装着奇奇怪怪的礼物。还有一次，她给我买了一辆自行车，但是就在一年前，她已经给我买了一辆几乎一模一样的自行车，她自己忘了。"荣誉描述这些事情的时候，脸上什么表情都没有。

"你收到这些东西，会联系她吗？"我轻声问。

"会。我会说谢谢她，礼物我很喜欢。"荣誉的嘴角轻轻咧动着。

"为什么这么说？"

"如果我不这么说，她就会觉得我不是个懂事的孩子吧。我爸也一直让我收到妈妈的礼物要跟她说谢谢。以前我一直都很懂事的。"

"这样会很累吗？"

荣誉抬头定定地看着我："我真的累了。我不想再做乖孩子了，太累了。"

"我真的很理解你的感受，如果我是你，也会觉得很累的。说出来，会好一些。收到这些礼物，你的真实感受是什么？不被理解的难过吗？"我鼓励她开始尝试激活元认知，让自己的心理感受被如其所是地看到和表达。

"我觉得……"荣誉停了下来，不再说话。我递给她一颗草莓，安静地等待着。过了良久，荣誉继续说道："我觉得她根本就不关心我！别人的妈妈都能天天陪着他们，接他们放学，陪他们去钢琴班、画画班。我呢？我妈在哪？她什么时候对我的事上过心？她心里哪有我的位置？我在她心里什么都不是！"当第一句话出口时，她的眼泪就遏制不住地流了出来，边说边抽泣着。

我递给她一张纸巾，轻轻握着她的手："妈妈总是忽视你，让你觉得非常难过，对吗？"

荣誉的情绪发泄了一阵，渐渐平和下来，点点头。

"这种感受，你和父母说过吗？"

荣誉的眼泪又涌了出来："我只要和我爸说，他就说是我的问题，说他们小的时候孩子那么多，爸妈还要干活那么忙，哪有时间照顾孩子啊？现在虽然我妈不在身边，但我爸也照顾着我，怎么那么多抱怨。说到底，我要是学习再好一些，我妈也许会更关注我。"

本节知识点总结

"

很多抑郁情绪的未成年来访者都曾经历过主要养育者的长期缺位。不只是物理层面的缺位，心理层面的忽视甚至否定对孩子的打击更加严重。父母给孩子最好的礼物，是陪伴在他们身边，和他们一起成长。

"

第三节　抗争权威和自我伤害

荣誉吃草莓有个习惯，总是捡触手可及的草莓当中个头最小的一个来吃。我学她的样子也这么做，于是现在就剩下了最大的一颗草莓在盘子里，"硕果仅存"。这只草莓的形状很特别，一个梗的顶端分成两个尖，就像一颗红彤彤跳动的心。

"把它吃掉吧，最后一颗是福根，会带来好运的。"我拿起盘子，端到她面前。

她拈起这颗草莓，小口小口地吃着，脸上还挂着眼泪。

俗话说，"胃是人体的第二大脑"。胃肠道有自动调节的神经系统，并且通过迷走神经与大脑神经系统相连。2017 年，加州大学洛杉矶分校的克尔斯滕·蒂利施（Kirsten Tillisch）和埃姆兰·迈耶（Emeran Mayer）通过对测试者服用益生菌酸奶后的脑部扫描观察得出，肠胃进食可以显著影响大脑情绪中心的活动。那么，吃什么呢？伦敦大学教授巴里·史密斯（Barry Smith）在一项调研中发现，86% 的人只要幻想吃草莓的感受，就能觉得更放松。他说："草莓的味道可以唤起幸福的回忆，这是人工香料很难模拟的气味。"换言之，草莓是水果当中能舒缓情绪的"神器"。

一盘草莓下肚，我们聊起了荣誉对父亲的感受。说起父亲荣山行，荣誉能忆起的多是上学以前的点滴。那时荣誉还小，但她清晰地记得，每次自己身体不舒服或者单纯地哭闹，爸爸都会马上放下手头的工作来陪她，后悔自己哪里没有做好。

"小的时候，我觉得他是世界上最好的爸爸，别的人也这么说。他经常让我骑在他肩膀上，带着我转圈。我晕了，就使劲抱着他的头，把脸埋在他的头发里。当时我觉得他头发里的味道真好闻，不知道为什么，那个味道我一直到现在都记得。"

而这一切，到荣誉上学以后就变了。

也许是因为身上还带着些许军人气质，荣山行对女儿的要求很高，认为她无论在家还是在学校，都应该依循师长的教导，循规蹈矩。他对女儿的学习成绩非常上心，一直盯得很紧。荣誉小学的学习成绩在班级中上游徘徊，每次成绩出来，荣山行都会"赏罚分明"，好的就带女儿去旅游，不好的也会惩罚她。

"我一直压力都很大，觉得每件事我爸都在监控我。"荣誉淡淡地说，"后来我上初中，就开始想到要反抗。我爸老说是因为我交了几个不好的朋友被影响的，其实我想反抗他不是一天两天了，是我自己想做的。"

"你一般会采取怎样的方式反抗？"

"一开始是和他讲道理，然后哭、闹。那时候我刚升到初中，小学的英语底子打得不太牢吧，英语学得特别艰难。那个英语老师总是针对我，说我背不上来课文，但我就是背不出来啊！很多词都不认识。我回家和我爸说那个英语老师对我不好，我不想学英语了，学英语太难了，我爸就骂我，说老师批评我那是为了我好，怎么能怨恨老师？英语学不好就多努力，还盯着我背课文，让我觉得特别窒息。从那以后，我看到英语就觉得里面的字母像小人一样跳来跳去的，大脑一片混沌。"

"可能是学英语的体验带给了你一种逼迫的感觉，让大脑产生了抗拒。"我温和地说。

"可能是吧，后来，我英语就越学越差，看见英语就头疼，我爸对我也是越来越没耐性。有一天早上他正看着我背英语，我觉得忍受不了了，突然崩溃大哭。我把头发抓乱了，把书都撕了，像疯子一样跑到外面去一直到中午才回家。”

“在高度的压力下面，有这样的激烈反应也是很正常的，当时真的是辛苦你了！爸爸肯定很着急吧？”

“应该是吧，我出门也没带手机，什么都没带，不知道他怎么找我。”荣誉说起这件事似乎还有余怒，嘴唇轻微地噘了起来。

那一天，就是荣誉第一天不上学。自那以后，荣誉时常感到头痛、头晕，渐渐每周都有一天要请假。父亲带她看了很多医生，也吃了一些药，但总不见效。这段时期中，父女的冲突越来越大，荣誉将过去几年生活在父亲“威权”之下的不平等感受通过种种方式发泄出来，而父亲也因为女儿的病和频繁的言语挑战弄得身心俱疲，越来越没有耐性。

“我爸还说我装病不上学。”荣誉脸上露着倔强的神色，“其实我是真的有病提不起精神，那个时候也不知道这就叫抑郁症。”

“你生病了，妈妈知道吗？”

“我妈常住在北京，回家特别少。”荣誉又习惯性地用右手摸着嘴唇上起脱的皮肤，拉扯着，“我出事之后，她回家也多一些了，但我不想和她说什么，她也理解不了。她给我买很多贵的东西，但我们越来越觉得没什么可说的了。”

“后来呢？”我继续问道。

“后来我就开始失眠，每天吃安眠药，我爸带我到处看医生。去年6月份有一天，他说我都是装的，有病也是装的，就为了不上学。那天我觉得活着真的没什么意思了，就吃了半盒安眠药准备自杀。”

我疼惜地看着眼前的女孩：“你希望用自己的行动来证明，爸爸是错的，对吗？”

荣誉稍显惊讶地抬头看了，似乎这句话说中了她的心事。她沉默了一会，说：“他哪有错的时候？他认为自己永远都是对的。”

"去医院抢救的过程你还记得吗？"

"我没什么印象了，我睡得很沉。"荣誉含糊不清地说，"我就记得，我爸一直陪在我身边，虽然洗了胃，我还是昏睡了有两三天的时间吧。他应该是哭过，后来我醒了，他向我道歉。从那以后，我爸就不逼我上学了。他现在对我挺好的，我想要什么都给我买，我想做什么，也不会逼我。我得这个抑郁症，他才开始真的关心和理解我。"

"嗯嗯，那件事对他也是一个警醒，提醒他女儿的心理状态也需要关注和尊重。他经历了这些，也许他也是痛苦的吧。"

荣誉说道："他现在最大的痛苦就是我不上学。他唯一的心愿，还是要让我回去上学。"

"上不上学，这只是一个'事件'。与是否上学比起来，让自己有更好的'心理状态'才是更加重要的。比如今天你给我讲解微视频思路的时候，我看到一种很好的心理状态：你的理智思维认为自己做的事是有价值的，情感思维此刻感到愉悦，本能思维对自己很满意，所以有种满足感。这就是最好的一种心理状态，我把这种状态称为'珍珠瞬间'。不上学的日子，如果能拥有更多这样的'珍珠瞬间'，同样可以过得很精彩。"

荣誉的上半身忽然往后一摊，说道："我爸要是也这么想就好了！"

"老师也会尽力去帮助爸爸的。你也要帮老师，在不上学的日子里保护自己的心理状态，好吗？"

荣誉点点头。

"还有。"我拿出一只新的润唇膏，递到荣誉面前，"可以时不时涂一涂润唇膏，嘴唇会舒服些的。"

荣誉显得很愕然："为什么给我这个？"

"你的嘴唇起皮了，用手去撕会痛，感觉到了吗？"

荣誉下意识地低头看着自己的手，似乎从未意识到自己撕嘴唇的习惯性动作。而父亲毕竟是男人，也没有提醒过她这个小动作可能带来的伤害。

荣誉接过了润唇膏，答应我每天早上刷牙后涂上一些。临走之前，她还不忘和我约定了下次见面要讨论微视频的工作进展。

本节知识点总结

　　青春期孩子出现问题时，很大程度上是因为不被环境理解和接纳造成的，这个环境可能是家庭环境、学校环境或社会环境。

　　每一个孩子的心都是渴望被感知和被理解的，他们能很敏感地感知成人对待他们的态度中的潜在目的，继而影响到他们的行为方式。

第四节　曾为军人的父亲

初次见到荣山行，他的五官硬朗分明，穿着收腰款式的男士风衣，显得身姿非常挺拔。

"老师您好！"他向我打招呼。

"您好！欢迎来到工作室，这边请坐。"我引他坐在沙发上，"喝点铁观音，好吗？"

"好的，随您。"荣山行迫不及待地说道，"老师，我不是质疑您的方案，但我很想了解一下。最近荣誉在家里打游戏的时间明显比以前还多了，她说是您让她这么做的，要做什么微视频，所以要没日没夜地守着电脑。这样做……"

荣山行似乎迟疑了一下，后面的话并没有说出口。

"您担心这个工作会对她有不好的影响，甚至想如果她一直这样打游戏怎么办？是吗？"我递过一小杯泡好的工夫茶，问道。

"我想，您应该有您的道理。"当他说话的时候，语气中隐隐含有一种威严感。

"非常感谢您对我的信任。"我声音柔和地反问道，"假如不考虑我的意见，您看到荣誉在做这样一件事，一般会怎么反应？"

荣山行短暂地思考了一下，叹了口气："如果是以前，我一定会制止她的错误行为。但是现在……老师您也知道，目前她这种生病的状态下，我也不敢对她干涉太多。"

"从您说的话里面，我能体会到一个父亲对女儿的真实的爱。这些年她状态不好，您肯定经历了很多。"我说道，"我会和您一起努力，让这种状态流动过去。"

荣山行的眼神显得很疲惫。他用食指和中指两个指节轻敲桌面，按习俗，这是表达我为他倒茶的谢意。他边敲边说道："自从荣誉得了这个病，家里一切都乱了。她每天都不上学，在家吃吃睡睡，玩游戏，稍微说她一下，她就会情绪崩溃躲在房间里哭个半天，有时还会站在楼顶往下看，或者站在阳台栅栏的外侧，真的吓死我了。现在她说想买什么我都满足她，只希望她能好起来。"

"是啊。"我说，"过去的家庭关系让她觉得有些痛苦，所以她需要用痛苦的方式来打破它，建立新的关系。"

荣山行对我说的话显然有点惊讶："老师，您说的我不太明白。"

我说道："从我目前对荣誉的了解来看，她的痛苦可能是由成长过程中真实的心理状态很少被看到和理解引起的。她过去很少给您惹麻烦，是吗？"

荣山行点了点头："她从小就很乖，我说什么她基本上都会听。虽然我是一个人带她长大，但没有觉得特别累。她的性格安安静静的，有点像我，不像她妈妈。"

"关于她妈妈的事，她会经常提起妈妈缺位给她造成的感受吗？"

"不经常啊，她都习惯了呀。"荣山行快速地说。

"那么，假如她向您提到妈妈不关心她，您听到会怎么说呢？"我问。

荣山行的嘴唇闭得紧紧的，鼻孔中喷出一口粗气。他说道："她妈妈的事，想必您已经猜到了一些。她妈妈的事业发展得很好，比我要强。实话对您说，我们已经没什么感情了，她现在在北京有没有别的人，我不知道，也不想知道。但我们一直都没有离婚，就是为了荣誉。"

他端起茶水喝了一口，继续说道："我们有共识，互相不过问对方的私事，但我的底线是不离婚。荣誉现在还这么小，离婚不是会对她有很大的打击吗？在荣誉的事情上，我自问能做的已经全都做了。荣誉也会向我抱怨妈妈不管她，我都会替她妈妈说话，维护她在女儿心中的形象，让这个家看起来是完整的。我自己心里的苦都咽到肚子里，一句也没和荣誉说过。老师，您看即使我做到这样，荣誉还是得了这个病。"

他紧皱着眉头，呆呆地注视着我。

"您别担心，荣誉会好起来的，我会和您一起帮她好起来的。"我轻声说道，"荣誉母亲离开这个家，您心里也是有怨恨的，是吗？"

荣山行点点头："当然有。可能是因为这个吧，其实每次荣誉和我说起妈妈的事，我的语气也不是太好，一般会很生硬地顶回去。"

"真的辛苦您了，这么多年独自承受了很多内心的压力和痛苦，没有人能为您分担。"我说，"您自己的真实感受也需要被看见和流动，一直憋着也不是办法。如果您担心会伤害女儿的话，可以找个更安全和中立的渠道把它说出来，写日记也可以。家长要先照顾好自己的心理状态，才能照顾好孩子啊。"

"我当过兵，什么苦没吃过？这点小事还是难不倒我。生活再苦，我也能过得下去，把女儿培养成人。我们现在需要解决的问题是她，不是我。"荣山行微微挑起眉毛，恢复了坚毅的面部表情。

我轻轻一笑，不再坚持："好，那我们继续聊聊荣誉。从我的观察来看，母亲的缺席确实在她心里形成了一些创伤，但并没有达到现在这样严重的程度。真正对她造成伤害的，是真实的感受长期受到了阻断。而阻断可能在很大程度上来自您，或者说，来自您思维中的一个幻想。"

"什么幻想？"荣山行追问。

"不平等的幻想。在您的思维中，认为父亲和女儿天生是一种不平等的关系，这种不平等关系的体现，就是您认为自己扮演的角色是可以对女儿的行为、语言乃至思想感受做出'权威评价'。"

荣山行微皱眉头："我不太明白。"

我继续说道："不平等的关系对于双方都是痛苦的。如果两个人都从内心接受了不平等关系的'幻想'，就会被裹挟着形成了一个僵局：互相都爱着对方，却又常常伤害对方。"

荣山行皱紧了眉头："可是，人世间根本就不存在什么平等啊，条条大路通罗马，但有的人一生下来就已经在罗马了。完全的平等只是个乌托邦理想罢了。"

"这要看我们如何去定义'平等'了。"我微笑着回应，"我们认为人世间不存在平等，这可能是由于将'平等'的概念与'公平'混同在了一起。确实，我们所在的世界，资源是无法被绝对均分的，也就是我们常说的'没有绝对的公平'。但是资源的分配只是一个事件，而一切事件都不是目标，也不是本质，只是我们达成某种心理状态的一个路径而已。资源分配不平等的事实，并不妨碍我们在这个世界的人际关系中去体验真实的、本质上的'平等'。"

看到荣山行仍旧疑惑的眼神，我继续解释道："您曾经是军人，现在我们一起设想一下，有红、绿两个部队，红队补给充足，装备精良，绿队的装备差了很多。两队对抗演练，相比来说，红队可以称得上是'生在罗马'的人了。那么，我会认为绿队战士在心理层面比红队战士低下吗？"

"当然不会。军队里，这样的演练中绿队战士甚至会有一种优越感。"

"为什么呢？"

眼前硬朗的男人思索了一会，似乎没有找到非常满意的答案。

我继续说道："这就是人与人之间关系的本质，不在资源的分配，而是心与心的交流。不平等关系也是这样的，它是一种评价权的体现。

从元认知思维的角度，我们对不平等的关系做了一个诠释：就是一个人有权对另一个人进行'权威评价'。比如在军队中'服从命令听指挥'是军人的天职，班长有对战士绝对的'权威评价'的权力。如果班长说这个战士不是合格的兵，战士就不是合格的兵。对吗？"

"军队里确实是这样。"谈到军营，荣山行的神色又肃穆了些。

"这就是一种典型的不平等关系。无论上级还是下级，都认为'下对上的反抗是错误的'。而我们刚才所说的对抗演练的例子中，绿队战士不认为红队可以对他们的任何方面给予'权威评价'，甚至认为这样的装备差异本身就是自己能力过硬的一种体现。所以，即使物质分配非常不公平，他们的内心也不存在不平等关系。所以我们说，不平等关系是一种关于'权威评价'的心理状态。"

荣山行想了想，直截了当地回应说："这个理念很有道理，我认同。"

我为他添了茶，笑着问道："那么，您和荣誉的关系呢，是平等的，还是不平等的？"

荣山行双眼微眯，直言不讳地说道："她还小，我是她父亲。于情于理，是非曲直都应该我来评价吧。"

"也没有这么绝对，您过去也曾经将'权威评价'的权力让渡给荣誉的。"我笑着说。

"哦？"这句话引起了荣山行的兴趣，他认真地看着我。

本节知识点总结

　　亲子关系中的不平等幻想体现为父母认为自己可以对子女的行为、语言乃至思想感受做出"权威评价"。而不平等的关系对于双方都是痛苦的，可能形成互相都爱着对方，却又常常伤害对方的结果。

　　我们所在的世界，资源是无法被绝对均分的，也就是我们常说的"没有绝对的公平"。但这并不妨碍我们在人际关系中去体验真实的、本质上的"平等"。

第五节　不平等关系的转换

对于很多家庭来说，亲子之间的不平等关系都在不同阶段发生过转换，只是这样的转换并不是一夜之间发生的，很多人都对它缺乏觉知而已。

在荣誉的家庭里，虽然荣山行很有一些老派家长的气质，但仍然有一个时期他确实曾经将评价的"权柄"交给了女儿。只是那个时期过去太久了，乃至大家都已经忽略了它的存在，那就是在荣誉一直怀念的，上小学之前的日子。

我对荣山行说："她在婴幼儿阶段，身体和心理都在快速发展，成长进程中受到先天、后天的影响因素很多，有很大的不可控性。那段时期您对她很关心，只要她不舒服、不健康、或是某个方面没有其他的孩子发育得好，您就会归咎自己，认为是自己哪里做错了，甚至认为自己不是一个好爸爸。这个阶段，是荣誉占据'权威评价'的主动权，她是这段不平等关系中的优势方。"

谈到这段日子，荣山行的目光柔和起来，回忆起久远的往事："那个时候，她就是那么小小的一点儿，软软的特别可爱。我又当爹又当妈，给她买衣服，带她出去玩，小区里的那些婆婆妈妈都夸我是个难得的好爸爸。哪知道现在，唉……"

面前这个刚毅汉子忽然展露内心柔软的一面，让我觉得非常感动。他有一套黑白分明的是非标准，父父子子，君君臣臣。要和女儿完全和解还需要跨越一些认知的差异，而驱动他终将做成这件事的，就是心中这份浓烈的父爱。

"别担心，只要我们找到事情的症结，一定会越来越好的。"我轻声安慰着。

"老师您放心，我没那么脆弱。我只是想知道问题出在哪，如果有错误，我会全力配合您改正的。"荣山行的脸上又恢复了坚定的神情。在这段简短的沟通中，荣山行多次表达他在用"对与错"的标尺衡量他面对的一切，同时习惯性地压制"心理状态"这一因素。这为我向他传递元认知思维的平等理念增加了些许难度。

我继续讲述道："不平等关系的转变，很可能发生在荣誉上小学以后。到了这个时期，您不再时常认为自己做得不好，而更多地用一些标准来'权威评价'孩子。如果荣誉不按您的期望行事，不尊重师长，考试无法取得好成绩，您可能会给她贴上'懒、粗心、叛逆'等标签，而她的内心也认可了您的'权威评价'。她真实的心理状态受到阻碍之后，长期都无法健康地流动。举个例子，您曾经很看重荣誉的英语学习，认为她对老师比较叛逆，由此而排斥英语，对吗？"

荣山行轻轻点了点头："是的。我们当初矛盾的爆发点就是在背英语课文上。那个时候我每天花一个半小时，接她放学，给她做晚餐，看着她背课文。但是她就是不好好背，一会玩玩这个，一会看看那个，时间都浪费在神游上了。是我对她太严厉了吗？"

"您这样陪着她学习真的很不容易。"我由衷地说道，"只是，您可能将自己和老师的心理定位放在权威的'管理者'位置，认为孩子天然应该听从师长的安排，如果不听从就不是个好孩子。这是一个不平等的感受，她内心的声音会被压下来，像一间黑暗的密室一样，总是不见阳光。"

"那她内心的声音是什么？"

"荣誉曾经和我提到，她当时看英文字符都像是在跳跃一样，大脑一片糨糊，这可能是由于过去学英语的不愉快经历导致大脑的应激反应，是在学生中很常见的一种状态，并不是简单'努力'就能跨越的障碍。"

荣山行犹豫了一下，还是脱口而出："但是她作为一个学生，学习就是天职。即使有困难，也应该努力把任务完成，这才是一名合格的学生应该做的，而不是找各种各样的借口逃避责任啊！"

我执起茶壶为他添了茶，轻声说道："作为一名退伍军人，相信您现在也是用这个标准要求自己的。遇到工作上、家庭上的任务，即使困难再大，也会不折不扣地去完成，对吗？"

荣山行回答："正是这样。"他没有多做解释，但这简单的四个字掷地有声。

我由衷钦佩地说道："这样的理念让人佩服。只是，这是您的理念，不是荣誉的。"

荣山行一愣，看着我没有接话。

"您天然地认为，您是父亲，所以您和荣誉之间，应该持有怎样的理念，如何做才是对的，这都应该是由您来权威评判的事。而她怎么想，怎么感受，怎么行动，都应该纳入您的标准当中，这就是'不平等关系'的实质。荣誉作为这段关系中的劣势方，长久以来感受到了深切的痛苦。"

荣山行思考了一会，说道："您这样说，我承认我从来都没有关注过荣誉的评价标准是怎么样的。每次她告诉我她怎么想，我都在判断'她这样想对不对、应该怎么想才是对的'。现在，我在回想她自己有怎样的标准的时候，我甚至什么都想不出来。"

我轻声道："荣誉还小，她很可能还没有形成自己的判断标准，所以您想不起来是很正常的。并且多年来她也接受了和您之间的不平等关系，所以她也会将您的判断标准当作是正确的。当您在否定她的真实感受的时候，她也会否定自己、攻击自己。这也是一直令她感到痛苦的因素之一。比如，她曾提到妈妈不关心她是由于她学习不好的缘故，这就是她在自我否定与攻击。"

荣山行长叹了一口气："她母亲的事确实是我没处理好。我知道她心里难受，其实很需要我安慰。但是一方面我就是个粗人，不会安慰小姑娘。另一方面，就像老师您说的，我也坚持了自己的一套评价标准。我觉得既然人生这么安排了，抱怨有什么用呢？只能接受它，认真努力地生活。"

"您有坚毅的心智，可能觉得抱怨没有用。"我说道，"但荣誉只是个孩子，她需要学会怎样让自己的真实感受顺畅地流动起来，抱怨的过程对她而言是有意义的。最重要的是，家长怎样对待她的抱怨，这决定了她怎样看待世界和她自己。"

"您的意思是，我把她的难过判定为'错的'，是这个判定对她造成了伤害？"

"嗯嗯，可以这么理解。"

"唉……到她生病以前，一直都还是很乖的，大部分时候都是顺从我。我的脾气也不好，如果她反抗我，我就会非常生气，让她罚站或者是抄书。"荣山行的嗓音越来越沙哑，仿佛开口发声，都需要莫大的力量，"后来她得了抑郁症，是不是我这个爸爸当得太强势了，逼得她心理失常？"

"并不完全是这样。"我感受到他深深的自责，缓和了语气说道，"您内心还是非常爱她的，相信也不会把她逼到那样的地步。"

"那……"荣山行的身体靠在沙发一侧，用一只手抚着额头，"我们为什么会走到今天这一步啊？"

"可能有很多因素，其中一项是孩子心中的一种本能需求。长期作为不平等关系中的'劣势方'积压的痛苦，使她有了要重建关系，翻身成为'优势方'的本能愿望。由这样的愿望所驱动，她一步步形成了现在的心理状态，只是她自己也不能清晰地意识到而已。"我说道，"还记得吗？在她的记忆中，还依稀存留着曾经为'优势方'的回忆：只要我过得足够不好、足够惨，爸爸就不是一个好爸爸……这种想重新掌握权威评价权力的愿望可能在孩子的内心十分隐蔽，但她会有一种内部驱动，要主动搞砸自己的生活。"

荣山行的上半身忽然立了起来，直直地看着我的眼睛："难道她是主动想要变得越来越糟糕，为了能'权威评价'我吗？"

我默默地点点头："她自己都可能没有想得很清晰，只是潜意识在支配的行为。现在，因为她的状态非常脆弱，所以她随时可以用自己的状态左右这个家庭的评价体系：谁是对的，谁是错的。您之前所坚持的那些原则，在这样极端的危险面前都不再坚持了，不是吗？"

"是的，确实是这样。"荣山行垂下眼睑，显得很沮丧。

"她内心对权威评价权的本能需求甚至超过了对舒适和快乐的需求，她甚至愿意选择让自己更加痛苦。"

荣山行缓缓地抬起头："半年前有一天，她告诉我她头疼得厉害，浑身都没力气，什么都做不了，不能去上学。那个时候她因为这个病三天两头不上学，我特别焦急，每天都在想办法让她回归学校。这天听她这么说，我就说她是装病，就是为了不上学……我当时放下狠话，让她吃完早饭就给我去上学。在我做早饭的那段时间里，她就吃了药……"

"嗯嗯，在您评价她'装病'的时候，她的内心一定非常痛苦吧。这样牢固地陷入不平等关系之中，好像无论自己做什么，都无法翻身。"我垂着眼睛说道。

荣山行长长地叹了口气："是啊，是我真的太强势了，压得她喘不过气来。她吃那么多安眠药，一方面可能真的觉得有点绝望了；另一个方面，可能还有要胜过我，逃离我的权威评价的意思。她为了这个，甚至不惜去自杀。"

"孩子们对事情后果的严重性缺乏认知，所以很容易在冲动下做出伤害自己的决定。所以，还是要家长多承担起让两个人情绪流动起来的责任。"我默默地给他的茶杯中添了茶，"其实不平等关系本身是没必要存在的，它对关系中优势方和劣势方一样，都只会形成痛苦的结果。而我们现在陷在这里面，想要脱离这种痛苦也并不困难。"

"老师，我应该怎么做？"

"让元认知工作起来，及时摘掉不平等的幻想，回到本质上的真相。"我看着他的眼睛，坚定地说。

"什么是真相？平等吗？"荣山行问道。

"是的，真相就是事物的本质。在本质上，人与人之间从来，也将永远都是平等的。包括父母和孩子之间，没人有给予别人'权威评价'的权力。"

本节知识点总结

　　对于很多家庭来说，亲子之间的不平等关系都在不同阶段发生过转换。

　　孩子在学龄前的阶段，身体和心理成长进程有很大的不可控性。那段时期父母对孩子很关心，只要她不舒服、不健康，或是某个角度没有其他的孩子发育得好，父母就会归咎自己，认为自己不是一个好爸爸/妈妈。这个阶段，孩子占据"权威评价"的主动权，是这段不平等关系中的优势方。

　　孩子读书以后，父母不再看到自己的问题，而倾向于创造种种"权威评价"的标尺来衡量孩子。如果孩子不合父母心意，就可能被贴上"懒、粗心、叛逆"等标签，这个阶段父母是不平等关系的优势方，孩子在这一过程中可能会感受到不同程度的痛苦。

　　如果孩子的痛苦实在难以承受，可能选择一种相对极端的方式：通过主动搞砸自己的生活来重新获得"权威评价"的权力："只要我足够惨，我就可以权威评价父母了。"有时这种选择是无意识的，并最终以疾病的形式表现出来。

第六节　构建平等的亲子关系

　　紫砂壶中，原本是一个个小球的茶叶已经舒展开来，松松软软地塞满了一壶。当冒着热气的清水注入壶中时，在表面激起了一串小水沫。我轻轻用壶盖拂去这些水沫，留下一潭平静的水面，溢着兰花般的幽幽茶香。

　　在我们的一生中，时刻都在受到外界的种种刺激。这些刺激进入大脑的边缘系统（白马区域）时，常会激发痛苦的感受，时而沮丧，时而愤怒，由此萌生愿望要改变这一切。我们认为驱走痛苦的唯一方式是改变现下正在面临的外界状况，就像荣誉做的那样。

　　那么，痛苦究竟是什么呢？在白马区域中有一个名为"杏仁核"的部位，主宰人体的恐惧、危险识别和情绪回忆。当杏仁核过度兴奋时，通常是人们陷入痛苦感受的时候。也就是说，痛苦是人类的一种心理状态，是大脑的一种活动模式。外界状况的刺激并不能直接导致杏仁核的兴奋，它更多是由我们内在的反应方式决定的。

　　如果将人类的大脑比喻成电脑的话，每一种反应方式就像是一个应用程序。外界刺激按动了电脑上的"按钮"，由反应方式形成一种情绪和应对。比如两个不同的人，面对同样一句来自朋友担心的问候，一位可能会感受到温暖，另一位却感受到不被信任的攻击。再比如两位司机开车走在同一条拥挤的道路上，一位感到焦虑和愤怒，另一位却能安心接受，这就是"应用程序"的差异。

在多年锻炼元认知能力的过程中，我逐步发现一个不易察觉的事实，那就是人与人之间"应用程序"的差异主要源自幻想。外界真实的状态只是驱动幻想的助推剂而已。往往是一个人只说了一句话，在另一个人内心已经自导自演一出百转千回的戏码，大脑自动去抓取种种回忆和种种幻想，为证明"这种情绪是对的"而添砖加瓦。当受到幻想驱动的时候，面前的状况就会变得越发不可忍受，非改变不可，甚至不惜为之付出沉重的代价。这个时候，我们忘了自己真正需要应对的其实从来都是"痛苦"本身，真正改变它的方法是摘掉幻想，回到元认知思维"如其所是"的反应方式中来。

茶汤上又浮起了一串细小的泡沫。我静静地看着它们，什么都没有做。十几秒后，它们都消失得无影无踪了。

我开口说道："权威评价，这是一个幻想。是您和孩子的内心都接纳了它存在，它才显得似乎是真的。其实摘掉不平等幻想的方法很简单，就是用元认知能力不加评价地回到两个人在此刻真实的心理状态当中来，把自己从'优势方'或者'劣势方'的位置上摘出来。如果您的内心能回到平等的状态，女儿渴望成为优势方的需求也会逐渐减弱直至消失。"

"好，我愿意往这方面去尝试。无论我还是她，都没有权力权威评价对方。对吗？"荣山行喃喃自语道。

"是的，就是这样。在眼下，矛盾的一个主要集中点可能在于荣誉是否去上学。"

荣山行面露惭色，说道："我一直认为，她赋闲在家是错的，能回去上学才是对的。而她也常说一些伤害我的话，她说都是因为我不好，她才得了这个病，没办法去上学。我觉得上学就像是一个魔咒，我越想得到，就越是得不到。"

"控制是相互的，正是因为您有渴望控制她的念头，才会在这个点上反过来被她所控制。"我轻轻地说道，"您愿意听我给您讲讲一个和荣誉经历有些相似的女孩的故事吗？"

"您说。"

"那个女孩的名字叫作小桃。2019 年她的母亲找到我的时候，小桃已被诊断为抑郁症，一年多没上学了。小桃很喜欢动漫，想象力极为丰富。在高中的时候就已经自己写了一些宇宙题材的科幻小说，虽然文笔还比较稚嫩，但放在网络上，也收获了很多同龄人的追捧，后来还签约平台得到了一些收入。因为做这些事，她的课程一直学得不是很好，妈妈对她很失望，经常说她心思不在学习上，这样下去人就废了。她处于权威评价的劣势方，内心非常痛苦，这种痛苦同样以疾病的形式表现出来，她患上了抑郁症。"

"经过一段时间的疏导，她的母亲渐渐理解两个人是平等的，也渐渐在生活中尝试摘掉权威评价的幻想，去倾听自己和女儿内心真实的声音。她看到在自己的心里，有对女儿的爱，有来自自我外沿受到攻击的痛苦，也有失去权威评价'优势方'地位的失落；还看到在女儿的心里，有过往真实感受受到了阻断的痛苦，有长期被权威评价的委屈，也同时存在对母亲的爱。这样的心理状态，也许和您的家庭很相似吧？"

荣山行点了点头："我猜我和荣誉也很有可能是这样的。"

我继续讲述道："在用平等思维交流的过程中，两个人把不平等幻想渐渐摘掉，女儿意识到妈妈是爱自己的，用主动搞砸自己生活的方式来权威评价母亲，自己想要获得的'胜利'本身就是一个幻想，只会使自己和母亲都承受更大的痛苦而已。妈妈意识到，女儿对生活有自己的思考，完全用成年人的对错评判标准粗暴地对待她，可能会真正导致女儿的沦落。最终她们的和解，还是'爱'在起作用。"

"爱在怎么起作用？"荣山行问道。

"说到底，两个人都真诚地希望对方能有个好的心理状态，并且都愿意为了对方有好的心理状态而有所付出。当时母女两人的大脑中都有渴望对方顺从自己的本能，此前经常不自觉地进入角力的战斗状态。但当她们看清了这种大脑活动，为了不伤害对方，自己愿意将这种本能的战斗渴望抑制一会儿，只是如其所是地看到自己和对方，让感受顺畅地流动，这就足以说明她们是爱对方的。"

"老师，我也能做到，为了荣誉。"荣山行声音低沉地说。

"您对荣誉的爱，我从来都没有怀疑过，这也是为什么我对荣誉的恢复充满信心。"我微笑着继续讲述道，"过了三个月，小桃就回到学校去上学了，并且她上学以后很努力，考到了不错的大学。您猜这是为什么？"

"这我可猜不出来。"荣山行笑了，露出一排整齐的牙齿。

"小桃在网上看了别人优秀的著作，真切地感受到了自己语言的匮乏。她从内心里想要读大学，学更多的知识，也想输出更多的知识。现在小桃已经大二啦，读书非常认真，这就是内在正向反馈的力量。"

荣山行的眼神再次柔和起来："其实荣誉也是一个爱学习的孩子，可能确实这些年被我阻断得太厉害了，所以才出现这样的厌学情绪吧？"

我轻声说："是啊，'上学'这个事件本来是中性的，并没有对错。一个孩子去上学，她能感受到在集体中的乐趣、与人互动的存在感和努力后能收获正向反馈的幸福。当然，她还会感受到学习任务的压力、同学之间的矛盾和老师负面评价带来的委屈和痛苦感。上学是一种苦乐参半的体验，就像人生中大部分体验一样。但有一点是明确的，就是这件事是关于她自己的。准确地说，是关于她真实的心理状态的。当她由内生出上学的需要时，是会回去上学的。

"而这个时候，如果父母以不平等的身份介入这件事，就会使'上学'从原本单纯的意义中脱离出来。您认为荣誉回去上学您就赢了，那么谁输了呢？自然是她输了。本不涉及输赢的一件事，在父女两人共同的幻想驱动下，变成了一场隐形的角力。她对学校的真实感受已经不被看见，剩下的只有大脑为了证明'自己是对的'，而不断抓取关于学校的痛苦回忆甚至幻想来强化这种感受。于是，事情就演变成了现在的样子。"

荣山行缓缓地道："其实荣誉也常说，在家待着没什么意思，游戏玩多了也会觉得恶心的。但她仍然选择这么做，原来这也是她对不平等关系的一种抗争。"

"是啊，既然有爱，何不为了对方，暂时放下不平等的幻想？就像为大脑的应用系统'杀毒'一样，我们练习用元认知观察的过程，就是在应用程序中"去伪存真"，通过剥离种种幻想来解除痛苦，也帮助孩子解除痛苦。这就是您的第一项挑战。"

"好的老师，您等我的消息。"荣山行笃定地说。

本节知识点总结

　　如果将人类的大脑比喻成电脑，每一种反应方式就像是一个应用程序。外界刺激按动了电脑上的"按钮"，由反应方式形成一种情绪和应对。在多年锻炼元认知能力的过程中，我们逐步发现人与人之间"应用程序"的差异主要源自幻想，外界的刺激只是驱动幻想的助推剂而已。

　　摘掉不平等幻想的方法很简单，就是不加评价地回到两个人在此刻真实的心理状态当中来，父母和孩子都从"优势方"或者"劣势方"的位置上摘出来。当孩子渐渐感受到平等思维方式在父母身上体现，她渴望成为优势方的需求会逐渐减弱直至消失，心理状态也会好起来。

第七节　明亮的眼中世界

在办公室的窗外，有一条仿照旧金山九曲花街建造的小路。这时节，曲折回环的人行阶梯两侧开满了缤纷的向日葵，很多蝴蝶盘旋在其间，从楼上望下去便会使人疑惑：为什么"清雅"和"热烈"两个截然相反的词，居然可以形容同一件事物？为了便利行人通过，"九曲花街"的侧边有一条长长的手扶电梯直通最顶端，行人络绎不绝。

我正坐在窗前欣赏美景，一个穿着灰粉色宽大运动服的少女映入眼帘。虽然头发是短短的男孩头，但她的姿态轻盈，在"九曲花街"中也不着急，一会看看花，一会拍拍照，踱着步走了上来。

"我的视频摄影师来了！"我笑着打开门，正迎上荣誉从电梯间走过来。

荣誉显得很诧异："老师怎么知道我来了？"

心理学先驱唐纳德·温尼科特（Donald W. Winnicott）曾经尝试过这样一种治疗方式：提前预备在门后，在来访者即将敲门的时候把门打开，给人一种全能感的错觉，好像自己需要门打开，门就自动打开了，用以弥补儿时全能感的缺失。但这种治疗方式在客观上会使来访者难以区分现实和幻想，某种情况下可能会加剧心理上的问题。所以当我意识到自己可能给荣誉造成这样的困扰时，立刻对事实的真相加以解释："我刚刚看到了你在下面走花街，算着大概这时候就会上来。"

荣誉并没有在意，径直走进了办公室："我在楼下拍了一些视频的素材，可以用在咱们的视频里。"

这句话倒是出乎我的意料，我好奇地问道："哦？这样蓝天白云、鲜花绿草的视频也能用得上吗？"

荣誉说："老师这是我想和您商量的。最近一段时间我埋头在做这个视频没怎么出门。今天忽然看到这条路上的花这么漂亮，我突然有个想法：大自然的世界，比游戏里的世界还漂亮。所以我就拍了几个视频片段，想放在我们的视频末尾，给大家这个感受。"

"这个感触真的太棒了，我投赞成票！"我伸出大拇指。

很多父母都会担心孩子沉迷电子游戏，认为只要自己不加控制，这种沉迷的状态就会永恒下去。诚然，电子游戏的设计初衷是要最大限度地抓住玩家的注意力，通过频繁的即时反馈、不确定性设计和超预期结果等方式，让大部分刚刚接触它的人将注意力消耗在其中，就像人造的甜味剂口味千差万别，确实很能吸引孩子。

但是甜味剂虽好吃，天然的浆果还是很难被取代。除了少量确实可以在游戏中获得价值感、愉悦感和满足感合一的"珍珠瞬间"，很适合走电竞职业道路的孩子以外，对于大部分孩子来说，注意力持续被游戏吞噬并不是一种非常舒适的体验。几乎每一位连续玩十几个小时电子游戏的孩子都曾经表示：玩到后面不再觉得开心，甚至有些恶心的感觉。当他们重新回到阳光下，很多孩子都有过类似荣誉这样的感受：真实的世界很轻松，也很美丽。

真正影响孩子是否会陷入游戏瘾而不愿出来的因素是在真实的世界中是否存在令他们强烈渴望逃离的东西，比如父母因为担心孩子陷入游戏瘾而不断施加在他们身上的"权威评价"。

"老师，我已经拍了一些片段，给您看看。"荣誉掏出手机，向我展示着。故事大纲和她之前设计的基本一致，一个女孩在现实世界因为英语成绩不好遭到了同学欺负，在游戏的团战中用自我牺牲的方式赢取了团队的胜利。

"这段学校里的情节是我表弟帮我找同学拍的。"荣誉说道。

"我觉得拍得非常棒，画面很用心地设计过，意思表达得非常清楚！其中有些转折的地方，我们可以用文字带过去，方便大家理解。"我说。

"好，我回去就加上去。"

"嗯嗯，然后加上片尾，我们就可以发布出去了！"我期待得摩拳擦掌。

"老师，这样就可以吗？"荣誉踟蹰道，"我觉得和网上那些视频的水平还有很大差距"。

"嗨，这有什么？"我语气轻松地说，"我们又不是粉丝很多的大号，只是想向世界传递一点自己的声音而已。只要动机是善意的，思想是中正的，表达方式有什么要紧呢？况且我确实觉得我们这个视频非常好。假如我在网络上无意中看到这个视频，会在心里默默感激发布者的。"

"真的吗？"荣誉的眼睛闪烁出光芒。

"是的。"

"动机善意，思想中正，嗯，动机是最重要的。"荣誉说，"我也是最近和爸爸聊了好几次，他也和我讲了老师的平等思维理论，我开始理解了这句话的含义。"

"哦？和爸爸聊了什么，愿意分享给我吗？"

"聊的内容，就是我觉得我爸好像是从'神坛'上掉下来了。"荣誉抿着嘴笑了笑，"小时候我觉得他就是钢铁超人，无所不能。后来长大一点，我知道了他只是个普通人，是以前当过兵的缘故吧，他那一套道德标准特别高。我用尽了所有力气还是做不到，做不好，觉得他永远都在家里的道德制高点。最近我和他聊天，听到了一些很不同的事情，他真正的心里话！"

我笑着，露出非常好奇的表情。

荣誉继续说道："他说了关于妈妈。妈妈的离开，他也特别难受，会时不时在被窝里哭。我老爸也会哭！真是不可想象，他从来都没告诉过我他也会哭。"

"听到爸爸独自一个人哭的时候，你是什么感受？"

"嗯……"荣誉停下来想了一会。她的元认知能力暂时还不能很快地启动，回忆内心感受的过程显得有些艰难，"我好像有点心疼他……啊不是，我当时好像挺开心的，我觉得他居然和我一样会哭。老师，我这么想是不是有点冷酷？"

"你这样想是正常的，这是你从被不平等幻想压制的状态下解脱出来的过程，也是你真正开始认识和理解爸爸的过程，很值得庆贺。"我肯定道。

"哦，是这样吗？聊到的有些事情还挺颠覆的，我确实觉得自己更理解他了。他说，以前我抱怨我妈不关心我的时候他也很难受。每次我一抱怨，他就觉得自己很失败，连老婆都守不住。然后他又觉得做人应该不畏艰辛，勇往直前，所以他每次都怼我'一点小困难都受不了'。这种感觉很奇妙，我爸和我坐在那，他说他的心事，我说我的。他说的时候小心翼翼的，但我很喜欢。"

"听起来这种感觉很温馨啊。"

"实际上一点都不温馨，老师。"荣誉大声说，"大部分时候我其实在哭，控诉他哪里对我不好。我控制不住我自己，就是要发泄、要哭。他没有批评我哭，就是那么看着我，有时候还向我道歉。"

"哭过以后，会觉得轻松一些吗？"

"轻松多了，从来都没有那么轻松过。"

一个人精神的紧张和压抑程度，与身体姿态有很大关联，尤其对于抑郁症患者。此前我坐在窗边远远地看到她在楼下看花的时候，就已经感受到她的心理状态放松了很多。同样的天空、同样的花草，她过去一定也曾见到过，但今天才在她的眼睛中明亮起来，这就是来自父亲平等真诚的交流带来的疗愈效果。

"你们还聊了什么别的吗？"

"还聊了我的学习，我爸很认真地问了我为什么不喜欢学英语。如果不是看在他已经完全放下'人设'和我讲了那么多内心小黑暗角落的份上，我肯定认为他又是要'钓鱼执法'了。"荣誉说道。

我被她的话逗乐了："你告诉他了吗？"

"告诉了。"荣誉轻笑着说，"我就说，我觉得英语老师对我有意见，就是不想让我学好，她留的作业都刚好不在我的技能点上，我看了头疼。他居然表示理解！"

"看来他真的很努力在理解你的真实感受了。"我笑着说。

本节知识点总结

　　很多父母都会担心孩子沉迷电子游戏，认为只要自己不加控制，这种沉迷的状态就会永恒下去，这是一种恒常幻想。对于大部分孩子来说，注意力持续被游戏吞噬并不是一种非常舒适的体验。当他们重新回到阳光下，很多孩子都感受到真实的世界很轻松和美丽。真正影响孩子是否会陷入游戏瘾而不愿出来的因素是，在真实的世界中是否存在令他们强烈渴望逃离的东西，比如父母因为担心孩子陷入游戏瘾而不断施加在他们身上的"权威评价"。

　　对于有抑郁情绪的孩子来说，来自最亲密的人平等真诚的交流会带来非常明显的疗愈效果，心灵上那层灰暗的色彩也会渐渐褪去。

第八节　恶意评价的来源

正午的阳光倾泻下来，透过雕花的玻璃盆壁照在盆里的青枣上，在锃亮的枣子表面印上了一层绚丽的光斑。

荣誉说道："老师您知道吗？以前我幻想了无数次，以后我要去参加高考，考一个300分的分数，把成绩单甩在我爸面前，让他知道他这样逼我是错的，一切都是错的。"

"现在还会这么想吗？"我问。

"现在我爸变了，我突然发现自己好像没有力气向他发泄和抗争了。"荣誉说着垂下眼帘，不知道是喜还是忧。

我用轻柔的声音说道："这种力量的消失，很可能是你内心已经渐渐回归到平等关系的真相当中，不再像原来那样激烈地渴求父亲的'权威评价'了。很多时候，我们以为用极端手段向父母抗争是在追求平等。但事实恰恰相反，抗争的过程中，我们反而会在不平等的底层思维中越陷越深。正是接受了爸爸有权力对自己进行'权威评价'，才要不惜一切代价改变他的思想，获得他的认同啊！即使只是让他意识到自己错了。事实上，没人能从这样的反抗中获得真正成功的感受，只会在痛苦的泥潭里越陷越深。"

荣誉仍旧垂着眼帘，一动都不动。

"吃枣子吗？很脆的。"我拿起一颗冬枣递给她。

荣誉接过冬枣，握在手中却不吃，看着我说道："老师，我还在想那个英语老师和同学对我做的事……我恨他们。"

"他们对你做了什么？"我关切地询问。

荣誉却沉默了。她把玩着手里的枣子，一遍遍地摩挲着，没有开口说话。

我也不出声，给她一个安静的环境去回忆。有时候，我们内心一些深切的痛楚会很"怕光"，仿佛看到它就已经在造成伤害。但当我们终于可以找到一个安全的环境，有勇气将它暴露在阳光下的时候，就会开启疗愈它的路程。

"这个，我和我爸也没说过。我不知道为什么，那天挣扎了很久想说，但还是没有说出口。"荣誉的声音有些嘶哑，"那年我刚上初一，就遇到这个英语老师。最开始她对我还好，但有一天上课，我帮同学出头顶撞了她。那天因为什么我已经忘了，太久了……我就记得她说：'不想听课就别听！'然后，她把我赶出了教室。从那以后，她经常当着全班同学的面宣布谁没背好课文，每次都有我。她说我背不出课文是态度问题，说：'再蠢的学生都能背简单的课文。'她说她从来都没见过我这么差的学生……但她越是这样，我就越觉得脑子打结一样，英语课文一点儿也钻不进我的脑袋，一篇也背不出来。她就像我的噩梦，每次见到她都特别害怕。有一段时间，我确实连续做噩梦，梦里各种恐怖的东西，有些没有身体，只有一个头，上面是她的脸，还有的四只脚在爬，说出话来是她的声音……"

"原来你对英语老师的感受埋藏得这么深，这么多年来已经很受折磨，对吗？"

两行清泪从荣誉的眼中留下，她无声地点点头，嘴角向下撇着。虽然事情已经过去一年多，但委屈的感受仍然十分清晰。

"在你顶撞英语老师之前，她也一直强调背课文的重要性吗？"

"之前她也强调，但不会向全班公布背不出课文的学生名单。是我顶撞了她之后，她才开始每周都要点一次这些人的名字，点到我还要多说两句。"

"那么，她对其他同样背不出课文的学生，也是同样的反应吗？"

荣誉歪着头回忆了一会，说道："好像不会。我们班有一个男生也和我一样，属于背课文非常费劲，但考试还可以的这个类型。她从来都没说过那个男生学习态度有问题。老师，你是在怀疑英语老师针对我吗？"

我点了点头，说道："从你的描述来看，英语老师并不真诚地认为'背课文是评价一个学生学习态度和成果的主要标准'。那么，她用这个标准来不断强化对你的负面评价，动机中可能确实包含一些故意扭曲的成分：她在有意识地故意制造一种'扭曲的权威评价体系'，以此来达到和你之间越来越悬殊的不平等关系。"

"所以我确实是被她欺负了，是吗？"

"是的，可以这么说。她要利用一种不平等地位来弥补自己（她的自我外沿）受到你攻击形成的痛苦感。"

"她是老师啊，怎么能这样呢？"荣誉恨恨地说道。

"老师只是她的职业而已。除此之外，她也是一个有血有肉的人，有自己的欲望和痛苦啊。她渴望用扭曲的评价标准来营造不平等关系，但不平等关系的存在本身就是她的幻想。没有人可以'权威评价'你，除非你自己也接受了这个幻想。"

"在英语课上，我一直都是差生的典范！"荣誉的眼睛里燃烧着愤怒，"我绝对没有她说得那么不堪，我小学一直都是比较好的学生，老师很喜欢的类型。而且我的英语成绩也不是倒数啊！只不过作文分数不行，课文背不出来而已。她就每次都点名批评我！"

随着她情绪激烈的控诉，内心淤积的感受渐渐流动了起来，眼泪也不再像断线珍珠一般地流出来。

"试试看，用元认知能力看到自己内心真实的状态当中去。如果觉得思路比较混乱，我们可以用一个简短的冥想练习来平复自己的感受，找回对自己真实的评价。你愿意试试吗？"

"好。"荣誉的眼泪已经停止，但胸口还在轻微地起伏着。

"这段冥想练习是在我们感受到负面评价的当下做急救用的。被人负面评价以后，身体和内心都会非常抗拒和紧张，我们从一个渐进式的放松开始。你可以靠在沙发上，或者躺下来。"我温柔地看着她。

于是，荣誉靠在沙发上，让身体的每个部位都能获得支撑。我引导她从脚底开始，一寸寸有意识地放松肌肉，直到自己的整个身心都因充分放松而感受到下沉。她舒服地躺在那里，嘴角微微上翘着。我用温柔稳定的语言，引导她在放松的情绪底色中思考：如果排除英语老师对自己的影响，在英语这件事上，自己的骑手、白马和黑马各有怎样的感受？

再次睁开眼睛以后，荣誉的情绪显得平静了很多。她开口说道："我发现，我的内心深处对英语其实谈不上讨厌，我只是真的很讨厌背课文而已，觉得背课文又难又无聊。如果不是老师对我这样，我甚至挺爱做选择题的，英语的选择题不难。"

"是了！"我说，"永远记得，在对自己的评价这件事上，只看自己内心真实的感受。比如：我对英语并不真的排斥，我愿意做选择题，当做得好的时候，也能感受到来自骑手的价值感、来自白马的愉悦感和来自黑马的满足感同时出现的瞬间。但是在背课文的时候，我的骑手觉得这很无聊，不是有效的复习方式；我的白马联想到英语老师对我的伤害，感到痛苦；黑马也出现一片空白的阻断感受。所以，我并不愿意，也不擅长背课文。这才是我们对自己的真实评价。"

女孩看着我，说道："所以我应该只遵从我自己心里的评价，对吗？"

　　我很认真地说："没错。每当外界的评价出现时，无论它是来自老师，还是来自爸爸，都只不过是我们今生会面对的众多外界评价中的一个而已，都不是'权威评价'。真正的评价在你自己的内心，是如其所是的观察结果，不在其他任何地方。"

本节知识点总结

在人与人的关系中，可能会遇到有人故意用扭曲评价标准来营造不平等关系，这样的行为可能包含一定的恶意动机（包括人们所说的"PUA"）。

每当外界的评价出现时，无论它来自谁，都不过是我们今生会面对的众多外界评价中的一个而已，不是"权威评价"。权威的评价只在我们自己的内心，是元认知对骑手和白马、黑马当下真实状态如其所是的观察结果。

扫描二维码，获取本节附带冥想引导音频7：被负面评价时的急救冥想练习

第九节　团体评价就是权威吗？

荣誉怔怔地看着我，又流下泪来："只有我自己的真实感受才能评价自己，想想就觉得很解脱。如果我现在就能立刻做到，那该多好呢？"

"现在不能立刻做到，也完全没有关系。只要有一个目标，祝福自己未来会做到，就可以了。"我微笑着说。

"可是，身边的人，大家都那样认为啊！"荣誉泪眼婆娑地说。

"身边的谁？"

"我那个班里的同学。他们看到英语老师总是点名批评我，也都觉得我是个差学生啊！平时他们之间聊到英语，总是扯到我头上。有一次音乐课老师给我们放了一部英文的音乐剧，下课以后他们聚在一起，叽叽喳喳地说我听不懂英语，会不会以为是狼嚎……"聊起这些事，荣誉显得非常痛苦。

社会包容性和同伴认可的中心地位是贯穿整个青春期的内在驱动因素，所以我们经常看到，类似荣誉这样非常注重老师和同伴评价的心理状态是几乎每一个青春期的孩子都会经历的。

我抓了三颗冬枣，然后同时放手，让它们回到盘子里，碰撞出乒乒乓乓的闷响，问道："现在我们探讨这样一个问题。如果任何一个单独的人都没有权力对别人形成'权威评价'，那么一群人合起来，就会拥有这个权力吗？"

荣誉看着我说道："我没想过。"

我笑了："网络上的'键盘侠'们，可是把这个问题想得很清楚呢。我们试想这个场景：一家大型企业的创始人，中国富豪榜上有名的企业家在微博上发布了一条言论，被一群网友群起而攻之，说他不尊重女性，德不配位，是新时代的封建余孽。这个企业家说的真的是错的吗？"

荣誉认真地回答道："我不知道。"

"对，我们不知道。不知道他在说那句话的时候，是否真的怀有不尊重女性的心，不知道他是不是真的对女性群体怀有鄙夷和恶意，所以我们不知道。那么，这些网络上的'键盘侠'们为什么就要一口咬定这个企业家是恶意的呢？"

荣誉这时已经止住了哭泣，她嘴角上翘了起来，饶有兴致地等着我回答。

"因为他们都在一个幻觉当中找到了很爽的感觉。这个幻觉就是：当一群人聚在一起，就获得了对一个人进行'权威评价'的权力。他们在生活中也许很普通，每个人在自己的岗位上，被自己的主管领导所评价。在那样的场景中，他们是被评价的一方，感受到了不平等关系带来的痛苦。他们渴望'翻身'成为不平等关系中的优势方，于是发现了这个方法来实现：在网络上聚合在一起，一群人一起去评价巨头。"

"真有意思！"荣誉终于笑了起来。

"是呀，你的同学也是这样的。他们聚在一起评价你的时候，会有'我们都处于不平等关系的优势方'带来的一种很爽的感觉。从你的角度，却不需要接纳这样的评价来折磨自己。"

"老师，那我应该怎么做呢？"

"我们需要有一些元认知能力，看清在这个过程中的两个幻想就可以了。第一个幻想，是我们之前所提到的关于'权威评价'的幻想。对于我们而言，任何评价都只是千万外界评价当中的一个，真正的评价只在我们内心。而第二个幻想，是聚合的'他们'是存在的。所谓'他们都认为我是个英语的差生'，其中的'他们'其实并不存在一个聚合的实体。真正存在的，只有每一个人在当下真实的心理状态，这是各有不同的。"

荣誉轻轻皱起了眉头："可是，就是有五六个人，总是聚在一起说我的坏话呀。"

"不妨试试暂时把被攻击的痛苦感掀开，静静地观察一下每个人的心理状态：他／她，是为了让我痛苦而这么说吗？我们会发现，其中一部分起了关键作用的人可能确实对我们怀有恶意，但还有一部分人，可能只是在顺应别人，保护自己不从'权威评价'的优势方变成劣势方，维持自己在团体中的位置而已，这个出发点并不是针对你。"

"哦！老师这么说，确实是这样的！那个小团体里面有一个人很讨厌我，是因为之前我拒绝给他抄作业。后来他总是提起这些嘲笑我的话，其他人可能更多的是附和吧。"荣誉说着，将上半身靠在沙发靠背上，内心状态也相应地松弛下来。

"是啊。所以这个'局'不难破解。只要暂时将思路从'对和错'上抽离，去观察每个人在这个时候真实的心理状态，就可以把有恶意和无恶意的人区分开。区分开了，'他们'的概念就消失了。这是一件很有意思的事：当我们自己内心和这些无恶意的人回到平等关系的状态，不去故意敌对和排斥，甚至在轻松自然的心态下建立一些良性沟通时，这个小团体在对你负面评价这件事上就会渐渐瓦解掉，你受到排挤的状态也会渐渐消除。"

荣誉的眼睛闪烁着光芒，显得有些跃跃欲试。

我试探着问道："假如以后回去上学了，换了另外的班级和英语老师，你愿意试试掀开过去留下的不美好回忆，给自己一个机会重新开始吗？"

　　荣誉想了想："我觉得可以试一试。"她认真地说。

　　当一个人开始从不平等幻想的消耗中挣脱出来，不再通过自我否定无穷无尽地内耗，不再为了抗争而绞尽脑汁甚至故意搞砸自己的生活，就会渐渐找回充沛的活力，来面对真实的外部世界设下的种种挑战。

▎本节知识点总结

“团体权威评价”的幻觉是：当一群人聚在一起，就获得了对一个人进行“权威评价”的权力。他们每个人在生活中也许很普通，充分感受到不平等关系所带来的痛苦。他们渴望翻身成为不平等关系中的优势方，于是用聚合在一起的方法来实现这样的身份转换。

任何一个团体的关系都没有想象的那样牢固，处于被团体排挤的一方可以用“提问法”来看见团体中每一个人的真实心理状态：他／她是为了让我痛苦而这么做吗？我们会发现，其中一部分人可能并不怀有恶意，只是在顺应别人，保护自己而已。对于这部分人，我们可以尝试去建立良性的沟通。当“权威评价”的幻想被越来越多的人打破，这种受到排挤的状态就会渐渐消除。

第十节　每个家长的最佳角色

这天清晨，草叶上的晨露还没有消散，显出格外翠绿的颜色。我早早来到工作室，先做了一会冥想练习，然后安静地等待着今天的客人到来，这是我们思维挑战中的最后一次见面。

随着叮叮咚咚的门铃响动，一袭雪白的衬衫映入眼帘，下半身是笔直的西装裤和锃亮的皮鞋，将荣山行挺拔的身姿凸显得高大而庄重。

"老师，我是来感谢您的。"他踏进工作室就表明了来意。

"哦？有好消息要告诉我吗？"我笑了。

"我已经和荣誉和解了，她现在快乐了很多。虽然我还没和她提过回去上学的事，但我觉得上学是迟早的事。"荣山行说道。

"为什么这么有信心？"我笑着问。

"怎么说呢……我能感觉得到，她身上有一股劲儿在松弛下来。好像是这股劲儿在促使她和世界对抗一样，我不逼她，她就松弛下来了。我说不清，这是一种感觉。"

"您做得真好。"我说，"看得出，您在面对女儿的时候，在渐渐地从上位'管理者'的角色中退出来，这可是值得开心的事啊。"

"不瞒您说，是有真实改善的因素，也有我在您面前想要装一下的因素，哈哈。"荣山行爽朗地笑了。他的牙齿很白，咧着嘴笑的时候，给人一种很阳光的感觉。

他接着说道："我最近想了很多。每天晚上躺在床上，我就会回想自己过去和荣誉相处时都扮演了什么角色。有'裁判''侦探'，更多的时候是'长官'。扮演这些的时候，我还挺在行的。嘿，就像被别人灵魂附体了一样。"荣山行的笑容里更增添了自嘲的味道："有一天我突然发现：我经常说她的那个语气，真的和我在新兵连时候的班长一模一样！"

"曾经经历过的不平等感受，很容易在我们的心里种下一颗种子、一个渴望：我未来要成为不平等关系中的优势方，我要权威评价别人，而不是被评价。您的元认知能看到这场'模仿'，这就是对自我认知的一次很重要的革新。恭喜您！"

"真是惭愧。"荣山行讪讪地笑，"现在我很小心自己的语言和动作，希望能和女儿相处得平等一点，从这些身份当中退出来。但是，老师，我现在不太知道自己应该处在一个什么样的角色，感觉似乎有些茫然。我不去尝试操控她的生活，好像很多事都不用做了，很多话都不用说了。那我能做些什么、说些什么呢？"

"这真是个好问题。"我看着荣山行的眼睛，开始了今天最后一次会面的核心话题，"多年来，我们发现父母在子女养育过程中最好的角色，乃至于所有社会关系中交流效果最好的角色，都是同样的。我们给这个角色取了一个名字，叫作'陪伴师'。基于元认知能力，以温暖、清晰和有效的方式去互动，这就是陪伴。就像我对您做的一样。"

"哦？怎么做才算是陪伴师？"

"其实，怎么做倒不是很重要。"我认真解释道，"重要的是动作的出发点。如果我们从这里出发：我感知到了她的心理状态并不很好，我要怎么做才能帮助她达到更好的心理状态？以这个最干净的愿望驱动的语言和行动，即使没有任何技巧，也能在元认知的范围内避免对孩子无意义的攻击，避免来自幻想的标签化评价和自身情绪的不良作用，达到两个人交流的最佳结果。说到底，'道'比'术'更重要。"

"那么说，我最近去放下自己的观点，如其所是地倾听女儿的想法，这就已经是在做陪伴师了，是不是？"荣山行脸上露着笑意。

"确实如此。"我很肯定地说，"接下来的问题就是，我们能在多大的程度上，在多少的时间里回到陪伴师的角色？"

"这可有点难。"荣山行踟蹰道，"您说的这个很干净的驱动力，我自问我大部分时间是做不到的。我陪伴荣誉，还是想让她好起来，尽快回去上学。这目的就不纯了，对吧？"

"是的。"看着面前的中年男人怀着这样诚恳的心态与我讨论元认知思维的道理，我非常感动。如实地观察自己，这是走向开阔真相的一条必经之路，"当目的不纯的时候，我们会希望去控制孩子。有趣的是，就在我们希望去控制的这些点上，我们才会被'反控制'。比如您想让荣誉去上学，自己反而会在上学这件事上被她所控制，将上学这件正常的事情变成了一场'控制权之争'，不是你输，就是我输。"

"这我已经感觉到了。我们明明是父女关系，却搞得像军备竞赛一样，互相角力。而我作为她的'假想敌'，她想要比下去的对象，对她说什么道理都是没用的。"

我认同地点点头："所以我们才说，陪伴是最有效的互动方式。当父母从管理者、裁判或者侦探的角色中退出来，进入'陪伴师'的位置时，最有可能看到孩子内心的真实感受和愿望，也最有可能让孩子看到父母内心的真实感受和愿望。"

我向荣山行简单地讲述了自我内核思维和心域思维的主要内容，然后总结道："在父母进入'陪伴师'的位置时，父母最有可能将孩子纳入心域，同时自己也最有可能被孩子纳入心域，使孩子出于对自己的爱和对父母的爱而获得改善的力量。"

"老师，我大致明白了。那我在目的不纯的时候，有什么办法可以调整自己吗？"

"有的。一个很有效的方法是把我们的视野从当下困住我们的东西上暂时脱出来，开拓视野的宽度，让它能够穿越时间，穿越事件，穿越周期。"

荣山行显得有些诧异，问道："这是什么意思？"

我笑了："这其实很简单。想想看，如果您是一个农夫，会这样想吗？现在冬天已经到来两个月了，但天气还是越来越冷。完蛋了，会不会永远这样冷下去？我永远都种不了庄稼了吧？那我怎么办，吃什么呢？我后半辈子怎么过呢？"

荣山行也笑了："当然不会。"

"那您会怎么看待这件事？"

"我知道冬天会过去，再过两个月春天就会来。所以，安心等待就可以了。"

"好的。那么假如在一个奇怪的星球上，春天每年都会来一次，但冬天的时长却不太固定。有时是 1 个月，有时是 5 个月。如果您是这里的农夫，冬天会做点什么呢？"

荣山行想了想，说道："既然春天总是会来，那也只好安心等待了。冬天可以准备春天的种子和用具之类的，一旦开春，就要抓紧时间好好种庄稼，因为不知道下一个冬天什么时候会来。"

"太好了，这就是穿越周期的视野。身处冬天时，不只是看到冬天，也能看到未来的春天。身处春天时，不只是看到春天，也能看到未来的冬天。看到了吗？我们已经穿越了一个周期。"

"我明白了！这样的冬天和春天，就像是荣誉的状态周期。现在是冬天，但春天总会到来。"

"没错。比如荣誉现在排斥学校和学习，这是一个周期的低谷状态。如果我们只盯着她目前不上学的状态，就是被困在了这个周期里。所以，我们可以如实看到，一切流动的都会过去，当前的状态只是从过去到未来无数个起起伏伏中的一个环节而已，这样就能把被困住的思维解脱出来，把精力放在真正最有价值的东西上面。"

"什么是最有价值的东西？"

"最有价值的东西，就是能穿越周期的东西。找到无论在高峰还是低谷的状态下，都会发挥重要作用的那些因素，都同样会感受到的那些需求。我们要做的是把精力集中起来，投入到这样的点上。比如对于荣誉来说，目前最能穿越周期的点莫过于帮助她培养稳固的自我内核了，协助她的骑手和元认知能力成长起来，能充分判断怎样做能让自己幸福，有动力去做这样的事。无论上学还是不上学，稳固的自我内核都同样重要，这就是能够穿越周期的点。"

本节知识点总结

　　亲子关系中，我们将父母的最佳角色称为"陪伴师"，是以元认知能力为基础，采用温暖、清晰和有效的方式去陪伴孩子的心理状态。

　　陪伴的出发点是感知和帮助孩子达到更好的心理状态，由这个纯净的目的驱动的语言和行动，即使没有任何技巧，也能达到亲子交流的最佳结果。而当父母的目的是控制孩子的时候，则很可能被相应地"反控制"。

　　父母在陪伴的过程中调整自己心态的有效方法，是尝试将视野从当下困住自己的事件上暂时脱离，拓展视野的宽度，让它能够穿越时间、穿越事件、穿越周期，将精力投入在高峰和低谷状态下都同样会发挥重要作用的因素上。

第十一节　如何做孩子的陪伴师

荣山行忽然"腾"地一下站起来，匆匆走到柜子边又转了回来。他喃喃自语："对啊！我怎么没想到呢？"

看到我有些疑惑的眼神，他解释道："其实我业余时间也在研究投资。在投资市场上，我看的周期真是太多了，有跌就有涨，下去又上来。我一直都奉行价值投资的理念，认为标的质量好就不怕周期，可以越跌越买，甚至还经常去嘲笑别人说他们被周期牵着鼻子走。你说，到了女儿这，我怎么也成了被周期牵着鼻子走的人了呢？"

"原来是这样！"我笑了。

"是啊，您说的我完全明白了！荣誉要是能清晰地知道怎么做会让自己真正幸福，能对自己的行为真正负责起来，迟早是要去上学的。要是她不能为自己的行为负责，就是上了学也会麻烦不断。所以我的目标根本就不是让她上学，而是让她有好的心理状态！从这个点出发当然能得到最好的效果，也就回到您开始说的那个，陪伴师的最干净的动机了。对吗？"

"没错，没错。"我仰头看着他，竖起大拇指。

也许是为了让我的脖子不要因为仰头看着他而越来越酸，荣山行重新坐回了沙发上。

这一次，他的语气显得清脆而欢快："我觉得我有做陪伴师的动机了。告诉我陪伴这个活儿，具体应该怎么干？"

"陪伴师角色中的父母是真实的、平等的、友爱的。最简单的方式是，当孩子的骑手在线，比如她去主动学习有价值的学科或技能的时候，我们就可以提醒孩子：现在你做完这件事，内心那种充实而放松的感受，这就是一个骑手、白马和黑马合一的瞬间，也就是'珍珠瞬间'。我们给予她的骑手一个可以模仿的对象，协助她如其所是地看到自己，这是父母可以做到的对孩子益处最大的一件事。"

荣山行思考了一会，说道："老师，我好像明白您让她做游戏微视频的用意了。她能从这个任务当中体会到这种骑手和白马、黑马提供正向反馈的感觉，这个感觉才是目的，是吗？"

"谢谢您的理解！"我笑着回答，"就是这样。她现在的心理状态比较低落，可能已经很久都没有过'珍珠瞬间'的感受了。即使是每天在休息、在玩，也只是能短暂地刺激黑马的本能反馈而已，这种被动消耗注意力的事情是无法给她真正带来有清晰幸福感的'珍珠瞬间'的。所以，无论是怎样的路径，只要能帮助她找回这样的心理状态，就会非常有利于她的康复。"

荣山行继续问道："那么，假如她很长一段时间都找不到骑手，处在一种低迷的状态，使我没有机会提醒她的'珍珠瞬间'呢？"

"假如在这种状态下，陪伴师角色中的父母会将自己的控制和要求转换为祝福，无论从心底还是语言上，都将祝福给予孩子。父母的心理状态和语言都是有力量的，可以改变孩子。在控制和要求当中，包含着'你现在的状态不好，我不接纳这样的你，你要改掉以后我才会接纳你'，它形成了一个隐含的攻击，会激起孩子内心的反抗。而'祝福'的力量则不同，它在接纳当前状态的同时，给予了孩子一个方向。

"比如孩子说：'让我主动学习，我做不到。'父母可以说：'没关系的，我在你这么大的时候也做不到。但是，做到的感受是很棒的，我相信你以后会做到，并且会喜欢上能做到的自己。'慢慢尝试和练习，会发现陪伴师的角色可以在最大程度上顺畅亲子之间的交流。"

"进入陪伴师的角色，是不是亲子之间交流就没有障碍了？"荣山行忽然问道。

"嗯，不完全是这样的。陪伴师能够在元认知的范围内避免对孩子的攻击、标签化评价和自身负面情绪的作用。但超出元认知范围的幻想，我们无法觉察，自然也就不容易破解。元认知能力可以在冥想练习和日常如其所是的观察中渐渐提升。"我说道。

"也有些时候，我并不完全能感觉到荣誉在想什么。"荣山行的眼神有点黯淡。

"我们举个例子：荣誉告诉您自己在学校怎样被同学欺负了，您会怎么做？"

荣山行回答道："如果是过往的我，会告诉她，如果自己确实有理就去找老师裁决，如果自己也有错那就只好咽下这口气，以后和这帮同学少来往就是了。"

"这是一个父亲为孩子解决问题的思路，却不是陪伴师的思路。"我笑着说，"很多时候，我们的交流模式都是在抓取信息，把它塞入自己思维体系的框架当中比对印证，就像药铺的郎中去小格子里抓药材一样，组合出解答问题的办法抛给对方。"

"好像确实是这样的，这个比喻很像我原来的样子。"荣山行笑了笑。

"当我们去观察这种交流模式的本质，也就是它背后的'心理状态'，会发现一个令人惊讶的事实：它更多是关于自己的，而不是关于对方：'她给我提出了一个问题，让我感到不安。所以我要赶快从自己的小格子里掏出解决方案拿给她，我的任务完成了，不安感就消失了。'看，如果说我们正在为改善谁的心理状态而努力，那么这个人应该是我们自己。"我笑着。

"如果我想为改善孩子的心理状态而努力的话，应该怎么做呢？"

"首先，要看到她为什么要向您倾诉这件事。一个人倾诉自己的遭遇，并不只有'寻求建议'这一种目的。也许她对同学怀有愤恨，想要您帮她一起声讨谴责同学，才能消除痛苦。也许她只是需要让自己的感受流动一下，并不需要任何解决方案。又也许，她觉得自己的力量无法对抗这群同学，需要您的力量帮助。看，进入陪伴师角色的父母，首先要着眼的并不是'事件'本身，而是孩子真实的状态和需求。"

"这可有点难。"中年男人的五官聚在了一起。

"试试用眼睛听，用耳朵看。在眼睛和耳朵中间，会经过心。"我轻轻地说，"试试短暂地从小格子中脱出来，看看孩子的眼神，听听她的语气，用心去倾听她的心。这一点都不难，我们很快就会看到和听到她真正想要什么。看到孩子真实的心理状态是好的，给予正向反馈。如果它并不好，给予接纳和祝福，这就是陪伴师要做的事。"

"我知道，成为一名优秀的陪伴师的路还很长，有很多'考题'要做，很多障碍要克服。"荣山行再次露出军人坚毅的一面，"但我已经明确知道自己的方向了，再多困难也不会退缩。"

"这就够了。"我认真地回答，"为了孩子，为了自己，为了爱。"

我把目光飘向窗外，木棉树光秃秃的树干上抽出了很多细小的鼓包，看着很不起眼。但我知道，这棵树悠长而热烈的花期，就要来了。

本节知识点总结

"陪伴师"角色中的父母是真实的、平等的、友爱的，最简单的方式是给予孩子的骑手和元认知能力一个可以模仿的对象，协助孩子如其所是地看到自己，当孩子的骑手在线的时候，给予他们正向反馈。这是父母可以为孩子做的益处最大的一件事。

如果孩子处于低迷状态，很长一段时间都找不到骑手和元认知能力，使父母没有机会提醒他们的"珍珠瞬间"，父母则可以将"控制和要求"改为"祝福"，在充分接纳当前状态的同时，给予孩子的心理状态一个流动的方向。

如果父母在交流中只是抓取信息，把它塞入自己思维体系的框架当中比对印证，像药铺的郎中去小格子里抓药材一样，组合出解答问题的办法抛给孩子，它背后的动机可能更多是为了改善自己的心理状态，而不是孩子的。有效地陪伴孩子要从真诚地探知和改善对方真实的心理状态开始。

尾记　来自荣誉的问候

一个月后，我的微信上收到了来自荣誉的一条信息，那是一段视频，里面是黄澄澄的一片油菜花花海。

"Hello，老师！没想到会收到我的视频吧？我和我老爸现在在云南，他难得休个假，表现不错。来，和老师打个招呼吧！"

镜头闪过荣山行略有些僵硬的面庞，他笑着向我打招呼，脖子上还挂着一台硕大的单反相机。

荣誉的声音继续响起："不知道为什么，看到这样大片的花，就会想起老师……我会问自己，我现在是什么感受？然后觉得想哭。不是难过得想哭，而是一种类似于感动的感觉，鼻子酸酸的，心里好像被开阔的美震撼到了，觉得只有流点眼泪，才能配得上这么强烈的感受，但它是舒服的。老师，我刚才这段觉知，观察得怎么样？如果在您身边，您肯定会夸我的吧？好吧，我就当您已经夸我了！"

荣誉不再出声，只是将手机镜头贴近一株油菜花的根部，很有艺术感地缓慢向上移动，到达它的茎、叶和花，随着微风自然地摆动着。最后，镜头迎向了天空中耀眼的太阳。

参考文献

［1］乔·卡巴金.正念：此刻是一枝花 [M].王俊兰，译.北京：机械工业出版社，2015.

［2］J. H. 弗拉维尔.认知发展 [M].邓赐平，译.上海：华东师范大学出版社，2002.

［3］温尼科特.婴儿与母亲 [M].卢林等，译.北京：北京大学医学出版社有限公司，2016.

［4］唐纳德·阿尔特曼.正念的革命 [M].龙彦，译.北京：九州出版社，2016.

［5］严虎.绘画分析与心理治疗手册 [M].长沙：中南大学出版社，2019.

［6］特纳.沙盘游戏疗法手册 [M].陈莹等，译.北京：中国轻工业出版社，2016.

［7］斯科特·利林菲尔德等.心理学改变思维 [M].方双虎等，译.北京：人民大学出版社，2016.

［8］沃尔特·艾萨克森.史蒂夫·乔布斯传 [M].管延圻等，译.北京：中信出版社，2014.

［9］伊莉莎白·布雷克本.端粒效应 [M].廖月娟，译.台北：天下文化，2017.

［10］许维素 . 建构解决之道：焦点解决短期治疗 [M]. 宁波：宁波出版社，2013.

［11］沙法丽·萨巴瑞 . 家庭的觉醒 [M]. 庞兰晶，译 . 上海：上海社会科学院出版社，2020.

［12］贝蒂娜·霍恩等 . 不可思议的青少年大脑 [M]. 任静，译 . 北京：中国青年出版社，2020.

［13］沙法丽·萨巴瑞 . 父母的觉醒 [M]. 王臻，译 . 上海：上海社会科学院出版社，2013.

图 1 深圳漫卷心理中心，这对沙发是所有故事发生的地方

图 2 武妍第二次到访时所坐的桌椅

图3　郭飞飞第一次到访时所坐的吧台

图 4　孟维浩和孟维瀚第一次到访时玩游戏的地毯

图 5　荣山行第一次到访时所坐的沙发